U0579318

DeepSeek
教师应用实战手册

主编　王克伟　张乐文

参编　于　敏　马丽丽　王烁晗　尤　磊

　　　刘清晨　刘维维　范　伟　时　菲

北京理工大学出版社
BEIJING INSTITUTE OF TECHNOLOGY PRESS

图书在版编目(CIP)数据

DeepSeek 教师应用实战手册 / 王克伟，张乐文主编.

北京 ：北京理工大学出版社，2025.7. -- ISBN 978 -7

-5763 -5677 -9

Ⅰ. G434 -62

中国国家版本馆 CIP 数据核字第 2025N8K264 号

责任编辑: 多海鹏　　　**文案编辑:** 辛丽莉
责任校对: 周瑞红　　　**责任印制:** 李志强

出　　版 /	北京理工大学出版社有限责任公司
社　　址 /	北京市丰台区四合庄路 6 号
邮　　编 /	100070
电　　话 /	(010) 68944451（大众售后服务热线）
	(010) 68912824（大众售后服务热线）
网　　址 /	http：//www.bitpress.com.cn

版 印 次 /	2025 年 7 月第 1 版第 1 次印刷
印　　刷 /	定州启航印刷有限公司
开　　本 /	787 mm×1092 mm　1/16
印　　张 /	18.5
字　　数 /	380 千字
定　　价 /	48.00 元

序 言

在生成式人工智能（Generative Artificial Intelligence，简称GAI）迅猛发展的今天，教育正经历一场深刻的数字化转型。从备课到课堂管理，从学生评价到学术研究，GAI正悄然改变着教师的工作方式。面对这一变革，许多教师既充满期待，又面临实际挑战：如何高效利用GAI提高教学效率？如何在技术应用中坚守育人的初心？如何平衡技术创新与教育的关系？这些正是《DeepSeek教师应用实战手册》试图解答的核心问题。

本书基于一线教师的真实需求，以"场景化应用"为导向，旨在使GAI成为教师的"智能教育工具箱"。教师需要的不仅是理论，更是可操作、能落地的实践指南。因此，本书内容涉及"智能备课""学术研究"等多个方面，覆盖教师教学全场景，通过"场景聚焦＋任务解析＋实战指南＋应用拓展＋技术与风险／技术与创新"的立体化设计，帮助教师快速掌握GAI的应用技巧，最终实现"技术赋能，减负增效"的目标。

本书第一章至第五章聚焦教学核心环节的智能化升级，构建"备课—课堂—作业—沟通—评价"的智能教育全链条。第一章智能备课，通过DeepSeek自然语言处理技术，帮助教师实现教案框架自动生成、教学设计优化以及说课稿智能润色，将教师从重复性工作中解放出来。第二章课堂记录，展现了DeepSeek在实时交互中的创新应用：动态板书生成技术打破了传统板书的静态局限；课堂金句捕捉系统精准提炼了教学重点；对学生学习成长档案的持续追踪，使教师得以实现"数据驱动"的教学节奏智能调整；智能分析课堂时间报告为教学反思提供了数据支撑。第三章作业管理，通过学情分析与机器学习算法，GAI可以帮助教师实现作业时长智能调控、错题归因分析以及分层作业动态生成，配合语音批注功能，使作业管理兼具科学性与人文关怀。第四章家校沟通创新方案，通过智能改写通知、学业报告可视化、智能客服系统的创建以及食谱周报的生成，帮助教师将单向信息传递转变为家校深度协同育人，重构家校沟通生态。第五章学生评价，以GAI融合技术为支撑，构建多维度的评价矩阵：个性化评语生成突破传统模板化的局限，成长对比可视化实现学习轨迹精准追踪，电子奖状机制与课堂积分系统有效激发学生的学习动力。

第六章至第十章构建起覆盖教学资源、班级管理、个人发展、学科特色与学术研究的立体化支持体系。第六章教学资源，系统梳理了DeepSeek与即梦AI、剪映、Kimi、Xmind等工具的协同应用技巧，在微课制作、习题变式、课件PPT的生成等领域形成新的解决方案。第七章班级管理，整合了DeepSeek分析能力与Cursor IDE开发优势，实现排座优化、成绩分析等流程的分级响应，通过多维度可视化报告推动教育决策从经验型向循证型转变。第八章个人发展，以GAI为教学助力，帮助教师构建"规划—记录—沉淀—提升"的专业成长路径。智能规划系统结合个人特质生成定制化发展方案，结构化听课记录实现教学反思的系统化，教学故事集的整合与读书笔记的梳理为教师聚合独特的数字知识资源。第九章学科特色，通过智能化工具链整合，打造精准分析学生学情、自适应学习路径与多学科知识联动的教育新生态，为素质教育数字化转型提供技术支撑。第十章学术研究，助力实现从文献分析到论文智创的全流程赋能。DeepSeek与飞书、知网深度融合，构建起文献智能检索、虚拟数据建模、课题框架生成以及学术论文润色的完整解决方案。同时，第十章特别强调人机协同模式下的学术规范，通过技术创新与伦理约束的平衡，为教育研究提供可复制的智能范式。

教育的核心理念在于"以心灵唤醒心灵"，这一深刻而富有哲理的教育思想，强调教师与学生之间的心灵沟通和情感共鸣，通过这样的互动，既能唤醒学生的内在潜能，又能激发其创造力。GAI技术的应用目标并不是取代教师，而是作为一种辅助工具，使教师得以从烦琐的重复性工作中解放出来，从而将更多的时间和精力投入更为重要的教育使命中，如激发学生的思维活力、塑造学生的品格等。

通过阅读本书，教师可以更加高效地利用GAI，以智慧与温情并重的方式，谱写未来教育的新篇章。愿本书能够成为教师在探索智能教育旅程中的可靠伙伴，帮助每一位教师在技术迅猛发展的浪潮中找到自己的方向。

目　录

第一章　智能备课

1-1　教案模板速成

📽 场景聚焦

在开学准备阶段，张老师面对新课程既充满期待又略感焦虑。距离新学期开课仅剩一周，他还未准备好教案模板。以往，教案编写过程烦琐，从学习目标到学习内容，再到学习方法与步骤，每一个环节都需要细细打磨，耗时费力。

正当张老师为此苦恼时，同事向他推荐了DeepSeek。这款工具能够基于教师的教学需求和课程特点，自动生成个性化的教案模板。张老师尝试使用后，发现只需在对话框中输入课程基本信息和教学需求，系统便能快速生成一份结构清晰、内容翔实的教案模板。这极大地节省了张老师的时间与精力，让他对即将开始的新学期充满了信心与期待。

📖 任务解析

教案作为教学实践中重要的一环，它不仅涵盖了教学目标、教学方法、教学重难点以及教学流程，还能体现出教师的个人风格与教学理念。本节内容将以DeepSeek为例，遵循"教学评"一体化的备课流程，从课标分析、学情分析、教材分析和教学过程设计、课堂评价量规制定5个方面进行案例分析，借助大语言模型平台深度赋能教师备课。本节中所需工具如表1-1-1所示。

表 1-1-1　所需工具表

案例	工具融合
课标分析	DeepSeek
学情分析	DeepSeek+Excel
教材分析和教学过程设计	DeepSeek
课堂评价量规制定	DeepSeek

⬇ 案例一 　课标分析

　　分析学科课程标准是设计优秀教案的第一步。众多教师虽常闻课程标准之名，却未曾深入研读，往往被其篇幅劝退。使用DeepSeek进行精准的课标内容提取和课标分析，能有效减轻教师负担，让教师的教学设计事半功倍。

● 第一步：认识DeepSeek

　　打开DeepSeek官网并注册账号。在官网的首页设有对话框及"深度思考"和"联网搜索"选择项，便于用户操作。DeepSeek部分页面如图1-1-1所示。

🐋 我是 DeepSeek，很高兴见到你！

我可以帮你写代码、读文件、写作各种创意内容，请把你的任务交给我吧~

给 DeepSeek 发送消息

⊗ 深度思考 (R1)　⊕ 联网搜索　　　　　　　　　🔗 ↑

图1-1-1　认识DeepSeek

● 第二步：课标原文摘抄

　　在DeepSeek的对话框中输入提示语：请对《义务教育信息科技课程标准（2022年版）》中关于"算法的顺序结构"的要求进行原文摘抄。选择"深度思考""联网搜索"，DeepSeek生成的部分回答如图1-1-2所示。

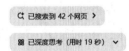

↻ 已搜索到 42 个网页 ＞

⊗ 已深度思考（用时 19 秒）　∨

根据《义务教育信息科技课程标准（2022年版）》的相关内容，关于"算法的顺序结构"的原文摘抄需结合课程内容模块中的具体要求。通过搜索结果分析，课程标准中未直接使用"顺序结构"这一术语，但在"身边的算法"模块及"计算思维"核心素养部分，对算法设计的基本逻辑和步骤分解有明确要求，相关内容摘录如下：

1. 课程内容模块要求
　　在"身边的算法"模块中，课程标准提出：

　　　从信息科技实践应用出发，注重帮助学生理解基本概念和基本原理……引导学生认识信息科技对人类社会的贡献与挑战，提升学生知识迁移能力和学科思维水平，体现'科'与'技'并重。
　　　借助学习与生活中的实例，用自然语言、流程图等方式描述算法，逐步形成解决问题的策略或方法。 ③

图1-1-2　课标原文摘抄

● 第三步：课标分析

完成原文摘抄后，需要DeepSeek对课程标准进行拆解，给出具体课标分析。在DeepSeek的对话框中输入提示语：请从以上摘抄中分析学生要学什么，学到什么程度。DeepSeek生成的部分回答如图1-1-3所示。

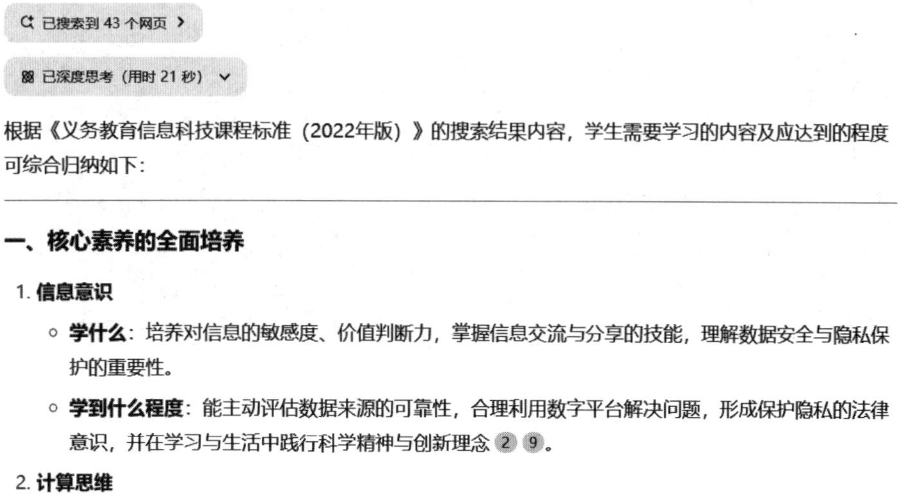

图1-1-3　课标分析

案例二　学情分析

在实际教学中，部分教师可能会承担多个班的学科教学任务，这通常需要耗费大量时间与精力分析班级学情，以便制定符合班级学情的个性化学习方案。针对这一问题，我们可以借助DeepSeek进行学情分析。

● 第一步：分析学生数据

打开DeepSeek官网，单击对话框右下角的"回形针"图标，上传附件。将学生作业文本、答题记录等相关数据整理后以Excel表格形式上传至DeepSeek，在对话框中输入提示语：根据上传的附件分析数据，了解学生在"课程相关知识点"方面的知识漏洞，给出可视化图表分析，并以HTML格式呈现。DeepSeek会深度思考、分析数据，给出HTML格式的可视化图表并输出学情报告，详细指出学生关于该内容的薄弱点，为教师制定教学目标提供数据参考，如图1-1-4所示。

以下是基于学生成绩数据和学习风格的可视化分析，重点识别学生在科学和数学科目中的知识漏洞，并结合学习风格提出教学建议：

```html
<!DOCTYPE html>
<html>
<head>
    <title>学生知识漏洞分析报告</title>
    <script src="https://cdn.plot.ly/plotly-latest.min.js"></script>
    <style>
        .chart { margin: 20px auto; width: 80%; }
        .analysis { padding: 20px; background: #f5f5f5; margin: 20px; }
    </style>
</head>
<body>
    <div class="analysis">
        <h2>核心发现</h2>
        <ul>
```

图 1-1-4　学情分析

● 第二步：生成学情分析报告

复制 DeepSeek 中生成的代码，新建文本文档，并把从 DeepSeek 复制的代码粘贴到文本文档中。然后，将文本文档另存为"学情分析.html"，打开"学情分析.html"文件，即可看到网页版学情分析报告。网页版分析报告如图 1-1-5 所示。

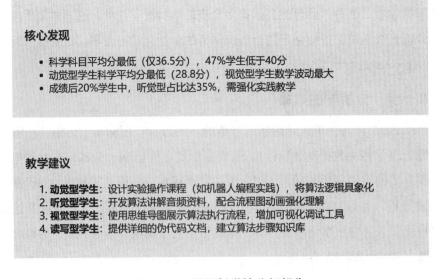

图 1-1-5　网页版学情分析报告

案例三　教材分析和教学过程设计

在教学设计环节，教师若对教材分析不够深入，往往会导致教学过程设计不完善、课堂架构不合理、课堂活动无创新等问题。为解决这一问题，可以使用DeepSeek在全网搜索的基础上进行再创新，为教学设计提供新思路。

● 第一步：分析教材

在DeepSeek的对话框中输入提示语：请对青岛版小学科学四年级下册第一单元第2课《小球的运动》进行深入分析，包括教材的编排意图、知识结构、与前后章节的联系以及教学重难点。DeepSeek会梳理教材内容，阐述教材为何这样编排，分析知识之间的逻辑关系，并指出教学的重点和难点，如图1-1-6所示。

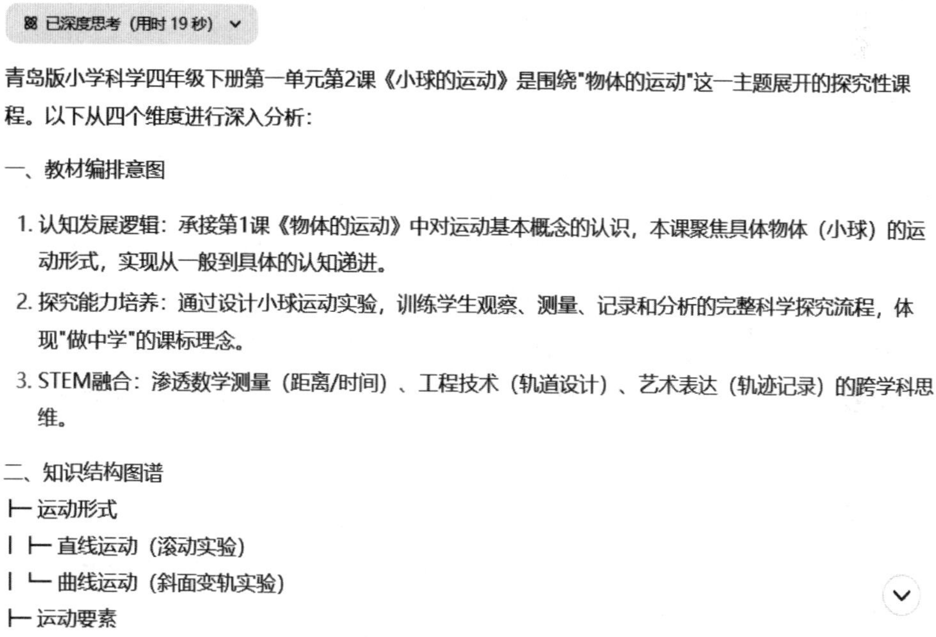

> **◉ 已深度思考（用时19秒）∨**
>
> 青岛版小学科学四年级下册第一单元第2课《小球的运动》是围绕"物体的运动"这一主题展开的探究性课程。以下从四个维度进行深入分析：
>
> **一、教材编排意图**
>
> 1. **认知发展逻辑**：承接第1课《物体的运动》中对运动基本概念的认识，本课聚焦具体物体（小球）的运动形式，实现从一般到具体的认知递进。
>
> 2. **探究能力培养**：通过设计小球运动实验，训练学生观察、测量、记录和分析的完整科学探究流程，体现"做中学"的课标理念。
>
> 3. **STEM融合**：渗透数学测量（距离/时间）、工程技术（轨道设计）、艺术表达（轨迹记录）的跨学科思维。
>
> **二、知识结构图谱**
> ├─ 运动形式
> │ ├─ 直线运动（滚动实验）
> │ └─ 曲线运动（斜面变轨实验）
> ├─ 运动要素

图1-1-6　DeepSeek生成的部分教材分析

● 第二步：设计教学过程

根据前面得到的课标分析、学情分析和教材分析结果，在DeepSeek的对话框中继续输入提示语：结合以上分析，为《××××》（填入"课程名称"）设计详细的教学过程，要包含导入、新授、练习、课堂小结、作业布置等环节，并融入分层教学设计。DeepSeek生成的部分教学过程框架如图1-1-7所示。需要指出的是，这个框架是否合理还要教师根据经验和专业知识进行判断，GAI并不是万能的，教师的干预和纠正是必不可少的。

⊠ 已深度思考（用时 16 秒）⌄

以下是针对青岛版小学科学四年级下册第一单元第2课《小球的运动》的详细教学设计，融入分层教学策略，兼顾不同学习能力的学生需求。

___

《小球的运动》详细教学设计

一、教学目标

1. **科学观念**：
   ○ 能通过实验观察，描述小球的直线运动和曲线运动，理解运动路线的分类标准。
2. **科学思维**：
   ○ 运用比较、分类等方法分析实验现象，用图示符号记录轨迹。
3. **探究实践**：
   ○ 设计对比实验探究不同条件下小球的运动路线，规范操作并记录数据。
4. **态度责任**：
   ○ 通过合作实验，体会科学探究的严谨性，关注生活中的科学现象。

⌄

图1-1-7　DeepSeek生成的部分教学过程框架

⬇ 案例四　课堂评价量规制定

评价量规是教学评价的一种常用手段。在DeepSeek的对话框中输入提示语：根据《观潮》的学习目标，制定一份课堂评价量规，涵盖知识掌握、能力提升、学习态度等方面，要明确不同等级的评价标准。DeepSeek会生成一份评价量规，在知识掌握、能力提升、学习态度等多个方面对学生的课堂表现进行评估。DeepSeek生成的部分评价量规如图1-1-8所示。

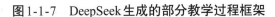

⊠ 已深度思考（用时 25 秒）⌄

以下是为《观潮》一课设计的课堂评价量规，涵盖知识、能力和态度三个维度，采用四级评价标准（优秀、良好、合格、待提升），供参考：

___

《观潮》课堂评价量规

一、知识掌握（30%）

等级	评价标准
优秀	能完整复述文章内容，准确掌握潮水变化过程（如"潮来前-潮来时-潮去后"）；熟练运用"天下奇观""若隐若现"等关键词；能结合注释理解古文语句。
良好	能概括主要内容，基本描述潮水变化阶段；正确使用大部分关键词；能理解古文大意。
合格	能简述文章梗概，但对潮水细节记忆模糊；关键词使用存在少量错误；古文理解需提示。
待提升	

图1-1-8　DeepSeek生成的评价量规

应用拓展

使用DeepSeek为《搭船的鸟》一课设计一个完整的教案，要求其从教学目标、教学过程、分层设计等方面进行分析，教师针对生成的教案的优缺点进行分析，并提出改进建议。

技术与风险

在信息化教育背景下，GAI技术的创新应用极大地提升了课堂效率，并能实现跨区域、跨时空的人文连接。以《观潮》这类写景类课文为例，教师可借助GAI技术实时、动态地展示钱塘江地理特征，使课文中描写的画面更加直观。针对课堂互动难题，GAI技术能够提供多维解决方案。它可以根据学情分层设计教学内容，自动分析数据并生成个性化学习报告，从而精准分析学生的学习特点及不足。

GAI的介入为教学设计带来新可能，但需建立审慎的应用机制。使用GAI进行教学设计需注意检查教学目标的准确性、教学活动的可行性、分层设计的合理性等内容。对关键知识点、引用内容等应反复求证，使之更符合小学生认知水平。对于涉及文化价值观渗透的内容，应及时补充相关德育内容，防止出现过分依赖技术工具而导致的人文关怀缺失。

1-2 优化教学设计

📽 场景聚焦

　　张老师参加了学校组织的数学教学设计大赛，遗憾地在第一轮遭到淘汰。不久后，教学指导中心主任致电询问："张老师，你的教学设计是不是借助了人工智能工具？"张老师面露尴尬，她心里想："主任是怎么知道的呢？"主任接着说："你看你的教学设计中的教学目标还是多年以前的，没有紧扣新课标的要求。还有，人工智能语言风格独特，你并没有进行适当调整。"确实，GAI辅助教学设计已非新鲜事物，但怎样才能利用它做出既符合当下教学情况又符合课标要求的教学设计呢？

📑 任务解析

　　在第一节中，GAI能够辅助教师制订既符合课程标准又贴合教学目标的教学计划和教案，提高教学准备的效率和质量。本节需要教师结合自身的教学设计，实现DeepSeek辅助教学设计从"会使用"到"用得好"的转变。本节的案例重点关注教学设计的优化与提升，所需工具如表1-2-1所示。

表1-2-1　所需工具表

案例	工具融合
教学设计优化	DeepSeek

👆 实战指南

⬇ 案例　教学设计优化

● 第一步：任务导向的RTFC提示语撰写

　　任务导向提示语简称为RTFC，具体为角色（Role）+任务（Task）+要求（Format）+说明（Comment）。其中角色为指定GAI所扮演的角色；任务为明确告诉GAI能要完成的任务；要求为概述这个任务需要遵守的规则、标准和实现的结果；说明为提供更多关于任务和要求的详细、具体的上下文信息。RTFC公式举例如图1-2-1所示。

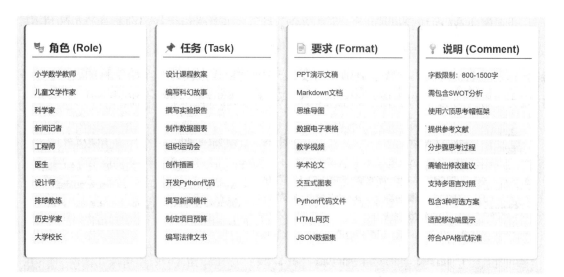

🖐️ 角色 (Role)	📌 任务 (Task)	📄 要求 (Format)	💡 说明 (Comment)
小学数学教师	设计课程教案	PPT演示文稿	字数限制: 800-1500字
儿童文学作家	编写科幻故事	Markdown文档	需包含SWOT分析
科学家	撰写实验报告	思维导图	使用六顶思考帽框架
新闻记者	制作数据图表	数据电子表格	提供参考文献
工程师	组织运动会	教学视频	分步骤思考过程
医生	创作插画	学术论文	需输出修改建议
设计师	开发Python代码	交互式图表	支持多语言对照
排球教练	撰写新闻稿件	Python代码文件	包含3种可选方案
历史学家	制定项目预算	HTML网页	适配移动端显示
大学校长	编写法律文书	JSON数据集	符合APA格式标准

图1-2-1　RTFC公式举例

● **第二步：教学环节中具体方法指导**

对于生成的分数部分的教学设计，教师可以针对具体的教学环节选择相应的教学方法。在DeepSeek的对话框中输入提示语：假如你是一位优秀的小学数学老师，有学生对小学分数部分的内容理解有困难，请给出理解这部分内容的学习方法，并举出1个例子，适合小学分数部分理解能力较差的学生。DeepSeek生成的部分回答如图1-2-2所示。

分数学习方法（适合小学生）

一、学习步骤：从直观到抽象

1. **实物操作**：用实物（水果、积木、纸张）分割，理解"平均分"是分数的核心。
2. **图形辅助**：用圆形、长方形等图形涂色，直观感受"整体→部分→分数表达式"的关系。
3. **生活联系**：将分数融入分蛋糕、分糖果等生活场景，降低抽象性。
4. **循序渐进**：从"认识分数"到"比较分数"，再到"简单计算"，逐步进阶。

二、教学示例：分苹果（适合理解能力弱的学生）
目标：理解分数 $\frac{1}{2}$ 和 $\frac{1}{4}$ 的含义。

步骤1：实物操作

• 准备1个苹果，问："如果平均分给2个人，每人分到多少？"

图1-2-2　DeepSeek生成的具体方法指导

● 第三步：教学模式优化

为了解决GAI的创新性问题，需要结合学科特定的教学模式或当前教学改革的热点输入精准要求，从而提高生成回答的质量及其精准性。在DeepSeek的对话框中输入提示语：假如你是一名优秀的小学数学老师，需要以5E教学模式来设计一个跨学科的教案，教学内容为"烙饼问题"，以表格形式呈现。DeepSeek生成的部分回答如图1-2-3所示。

教学环节	具体活动设计	学科关联	教师指导要点	资源/工具
Engage	1. 创设情境：妈妈需要烙3张饼，平底锅每次最多烙2张，每面需3分钟，如何做最省时？ 2. 学生猜测时间，记录初始想法	数学（问题建模） 语文（表达观点）	引导学生关注"最少时间"的优化思想，鼓励多样化猜想	实物平底锅、饼模型、计时器
Explore	1. 分组实验：用纸板锅和圆片模拟烙饼，尝试不同数量（3张、4张）的烙法，记录时间。 2. 对比不同方案的异同，绘制流程图	数学（操作验证） 劳动教育（动手实践）	观察小组合作，提示"交替烙饼"策略，引导发现"锅不空转"原则	纸板锅、圆片道具、实验记录单
Explain	1. 学生展示流程图，总结最优策略：总时间=饼数×单面时间（饼数≥2）。 2. 结合科学知识解释"锅的受热面积"与同时烙饼数量的关系	数学（规律总结） 科学（热传导原理）	用表格归纳烙不同饼数的时间对比，强调"优化"的数学思想	课件动画演示、科学实验视频片段
Elaborate	1. 迁移应用：设计"煎牛排问题"（两面时间不同）。 2. 结合劳动教育，讨论家务中的时间统筹（如煮饭+炒菜）	数学（拓展应用） 生活技能（时间管理）	提供分层任务卡，鼓励用流程图或算式表达解决方案	任务卡片、生活场景图片
Evaluate	1. 完成分层练习：基础题（计算时间）、挑战题（设计复杂方案）。 2. 小组间互评流程图，撰写反思日记	数学（能力检测） 综合素养（反思评价）	采用"星级评价表"，关注策略创新性与表达逻辑性	评价量表、学生作品展示板

图1-2-3 DeepSeek生成的教学模式优化

● 第四步：创建个性化教学模式

在DeepSeek的对话框中输入提示语：以"CHERRY"为例，拆解成一个教学模式，应用在"烙饼问题"的教学设计中，以表格形式呈现。DeepSeek生成的部分回答如图1-2-4

所示。

教学环节	具体活动设计	学科关联	教师指导要点	资源/工具
C (创设情境)	生活问题引入： 1. 播放动画《妈妈忙碌的早晨》，展示妈妈需要快速烙3张饼的难题。 2. 提问："如何用最短时间完成？你有哪些好方法？"	数学（问题提出）语文（语言描述）	通过故事情境激发兴趣，强调"时间优化"的实际意义	动画视频、实物饼模型
H (动手操作)	劳动实践体验： 1. 学生分组用纸板锅和圆片模拟烙饼，记录不同饼数（3张、4张）的烙法。 2. 结合劳动教育，讨论"如何翻面更省力"	数学（操作验证）劳动教育（技能实践）	观察学生操作，提示"交替烙饼"技巧，避免空锅浪费	纸板锅、彩色圆片、操作记录单
E (探究发现)	科学规律探索： 1. 实验对比：同时烙2张饼 vs 交替烙3张饼的时间差异。 2. 结合科学知识分析"锅的受热面积"与能源效率的关系	数学（规律总结）科学（热传导原理）	引导学生发现"总时间=饼数×单面时间"的数学模型	测温仪、热成像图（动画演示）
R (反思优化)	策略升级改进： 1. 小组讨论：如何优化烙5张饼的方案？ 2. 分析错误案例(如频繁翻面导致焦糊)，总结"统筹兼顾"原则	数学（逻辑推理）德育（耐心与细心）	用思维导图对比不同方案，强调"时间与质量并重"	错误案例图片、优化对比表
R (现实应用)	跨学科迁移： 1. 解决"煎牛排问题"（正面2分钟，反面1分钟）。 2. 设计家务计划表(如煮饭的同时整理房间)	数学（拓展应用）生活教育（时间管理）	提供分层任务卡，鼓励创新解决方案（如流程图、数学公式）	任务卡、家务场景图片
Y (成果分享)	创意成果展示： 1. 小组用海报/数字故事展示最优方案。 2. 撰写数学日记："我从烙饼中学到的生活智慧"	数学（表达建模）美育（创意设计）	采用"3星评价法"（准确、创新、美观），鼓励多元表达	展示板、评价量表、多媒体工具

CHERRY模式内涵解析：

- **C (Contextualize)**：真实情境引发认知冲突
- **H (Hands-on)**：动手实践促进自身学习
- **E (Explore)**：科学探究发现内在规律
- **R (Reflect)**：反思迭代优化解决方案
- **R (Reality)**：现实迁移培养综合素养
- **Y (Yield)**：成果分享实现深度学习

图 1-2-4　DeepSeek 创建的教学模式

● 第五步：提取教学设计中的教学理论

继续在 DeepSeek 的对话框中输入提示语：生成的"CHERRY"教学模式，依据的教育理论有哪些？DeepSeek 生成的部分回答如图 1-2-5 所示。

基于"CHERRY"教学模式的设计，其核心教育理论支撑可以拆解如下，体现了多元教育理论的深度融合：

---

1. 建构主义理论（C / H / E环节）

- **理论核心**：知识是学习者在情境中主动建构的（皮亚杰、维果茨基）。
- **教学模式中的应用**：
  ○ **C（创设情境）**：通过真实问题（烙饼时间优化）引发认知冲突，驱动学生主动思考。
  ○ **H（动手操作）**：借助实物操作（纸板锅、圆片）实现"自身认知"，将抽象数学概念具象化。
  ○ **E（探究发现）**：学生通过实验对比不同方案，自主发现"锅不空转"的优化规律。

---

2. 杜威"做中学"理论（H / R环节）

- **理论核心**：学习应通过实践与反思的循环实现（约翰·杜威）。
- **教学模式中的应用**：
  ○ **H（动手操作）**：模拟烙饼过程，在劳动实践中体验数学策略。
  ○ **R（反思优化）**：分析错误案例（如煎糊饼），反思操作流程，迭代优化方案。

图 1-2-5　DeepSeek 生成的理论

📖 应用拓展

"烙饼问题"是小学数学广角的一个重要问题。如果仅仅停留在数学学科内部，不采用跨学科的教学方式，将很难突破其难点。请借助 DeepSeek，与信息科技学科进行深度融合，生成"烙饼问题"的跨学科教学设计。

📊 技术与创新

在 GAI 日益普及的今天，我们的生活与学习已经离不开它。利用 GAI 辅助教学设计实现从"会使用"到"用得好"的转变，优化提升教学设计，可以从以下的几个路径展开：一是嵌入人工智能脚手架，以一定的教育理论为基础，与 GAI 进行深度互动；二是动态交互，通过深度追问形成自己真正需要的内容；三是创造性应用，激发创意，提升教学设计的理论层次。通过这三个阶段的循环使用，实现从工具性"会使用"到创造性"用得好"的跃升，构建 GAI 与教学设计的共生系统。

1-3 课堂活动设计

步入九年级，学生们的学业更紧张了，课堂中与老师的互动也明显减少。怎样设计一些有趣的课堂活动，让学生们既能学到知识又能体会到学习的快乐呢？张老师上网检索了一番，查到的案例要么太幼稚，要么不适合九年级的学情。这时，他想到了儿子常用的DeepSeek。

张老师打开网站，输入了自己想设计的课题、学段、目标及活动方式，DeepSeek快速生成了多个活动方案。然而，张老师看后都不满意。于是，他继续追问，进一步明确了内容和要求，DeepSeek终于生成了张老师满意的答案。张老师结合课堂实际，将活动融入教学中，结果同学们的反响非常热烈。看着同学们的一张张笑脸，张老师成就感满满。

任务解析

课堂活动是教学设计中的关键环节。利用人工智能工具实现教案到课堂活动的智能转化，可以大大减少教师的重复性劳动，同时提升活动的趣味性和互动性。本节将从活动设计、资源生成、交互优化三个维度展开，结合DeepSeek的自然语言处理能力和其他人工智能工具的自动化设计能力，实现"智能生成—个性调整—课堂应用"的全流程支持，推动教师更加高效地完成课堂活动设计，确保活动的趣味性和互动性，实现教学目标与学生兴趣的完美结合。本节中所需工具如表1-3-1所示。

表 1-3-1　所需工具表

案例	工具融合
游戏化复习课活动设计	DeepSeek+ 班级优化大师
实验课活动设计	DeepSeek+Word

⬇ 案例一　游戏化复习课活动设计

课堂中的活动设计是活跃课堂氛围的关键。以往的活动设计常受限于教师的个人风格、经验等，形式不够丰富。有了人工智能工具的辅助，活动设计集全网之力，形式、内容等都有了较大的丰富和提升。

● **第一步：提出要求**

打开DeepSeek，在对话框中输入课题和具体要求，注意勾选"深度思考"和"联网搜索"。如：我是一名小学数学老师，帮我生成《分数加减法》游戏化复习课方案，目标是掌握异分母加减法，活动时长40分钟，设计不少于3个课堂活动，结合"班级优化大师"完成。DeepSeek生成的部分回答如图1-3-1所示。

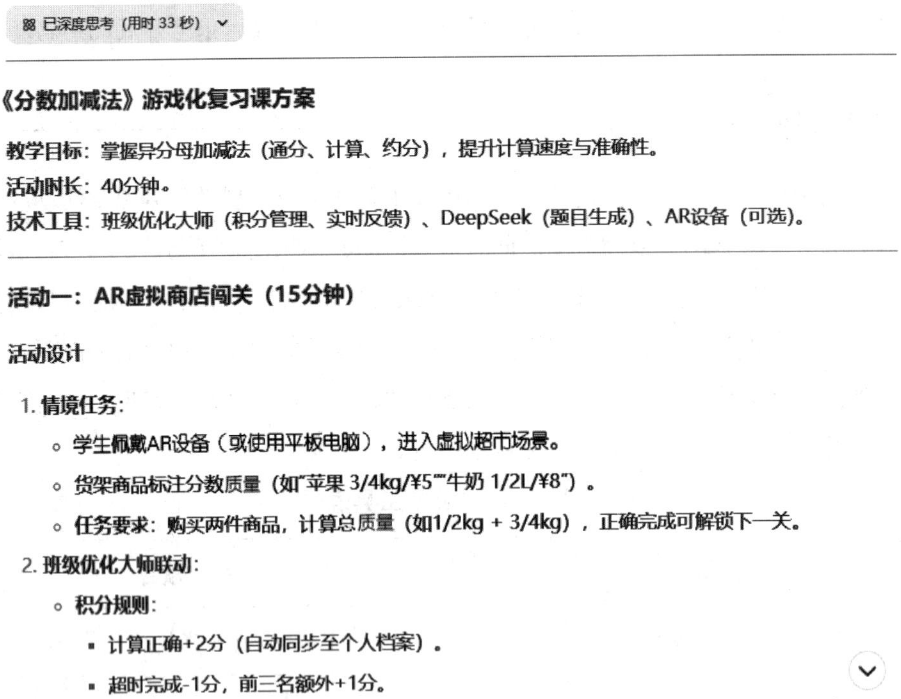

⊠ 已深度思考（用时33秒）⌄

《分数加减法》游戏化复习课方案

教学目标： 掌握异分母加减法（通分、计算、约分），提升计算速度与准确性。
活动时长： 40分钟。
技术工具： 班级优化大师（积分管理、实时反馈）、DeepSeek（题目生成）、AR设备（可选）。

活动一：AR虚拟商店闯关（15分钟）

活动设计

1. 情境任务：
   ○ 学生佩戴AR设备（或使用平板电脑），进入虚拟超市场景。
   ○ 货架商品标注分数质量（如"苹果 3/4kg/¥5""牛奶 1/2L/¥8"）。
   ○ 任务要求：购买两件商品，计算总质量（如1/2kg + 3/4kg），正确完成可解锁下一关。
2. 班级优化大师联动：
   ○ 积分规则：
     ▪ 计算正确+2分（自动同步至个人档案）。
     ▪ 超时完成-1分，前三名额外+1分。

⌄

图1-3-1　DeepSeek生成的活动内容

● **第二步：优化联动**

根据教学实际，在DeepSeek生成的活动内容中选择一些适合本班的活动，并根据学情进行微调。

打开"班级优化大师"网页版并登录，在活动实施过程中通过此工具对每个学生的活动效果进行评价，如图1-3-2所示。

图1-3-2　优化联动

案例二　实验课活动设计

常规实验课通常以教师演示实验为主，学生按部就班模仿完成实验操作，对课程目标、实验过程中的现象思考不深入，对实验步骤印象不深刻，动手操作时易混淆或遗忘。面对这些情况，教师可以使用DeepSeek设计实验课活动，激发学生的学习兴趣。

● 第一步：提出要求

打开DeepSeek，在对话框中输入课题和具体要求，注意勾选"深度思考"和"联网搜索"。输入提示语：我是一名小学科学老师，我即将讲授《空气占据空间吗？》这一课的内容。请你帮我设计一个实验课教案，要求紧扣核心素养，训练学生的科学思维，提升学生的探究能力。教案内设计3个活动，循序渐进，逐步提升。DeepSeek生成的部分回答如图1-3-3所示。

⊗ 已深度思考（用时 21 秒）︾

以下是为《空气占据空间吗？》一课设计的核心素养导向实验课教案，包含3个递进式探究活动，体现科学思维进阶：

《空气占据空间吗？》实验课教案

年级：小学三年级
课时：1课时（40分钟）

︾

图1-3-3　DeepSeek生成的活动内容

● 第二步：深度追问

在上文中，DeepSeek根据输入在对话框中的要求设计了3个进阶式活动。为了使课堂效果更加突出，教师可以继续追问DeepSeek，生成课堂中其他所需内容，如导学案、评价标准、实验器材清单等，如图1-3-4所示。

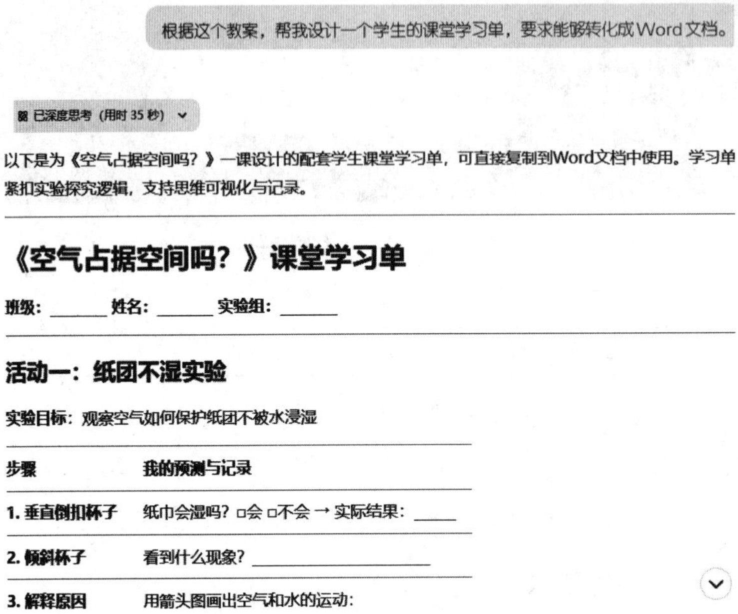

根据这个教案，帮我设计一个学生的课堂学习单，要求能够转化成Word文档。

⊠ 已深度思考（用时35秒）∨

以下是为《空气占据空间吗？》一课设计的配套学生课堂学习单，可直接复制到Word文档中使用。学习单紧扣实验探究逻辑，支持思维可视化与记录。

《空气占据空间吗？》课堂学习单

班级：_____ 姓名：_____ 实验组：_____

活动一：纸团不湿实验

实验目标：观察空气如何保护纸团不被水浸湿

步骤	我的预测与记录
1. 垂直倒扣杯子	纸巾会湿吗？□会 □不会 → 实际结果：_____
2. 倾斜杯子	看到什么现象？_____
3. 解释原因	用箭头图画出空气和水的运动：

∨

图1-3-4　深度追问

● 第三步：制作学习单

新建Word文档，复制DeepSeek生成的内容粘贴到文档中，制作学习单。如图1-3-5所示。

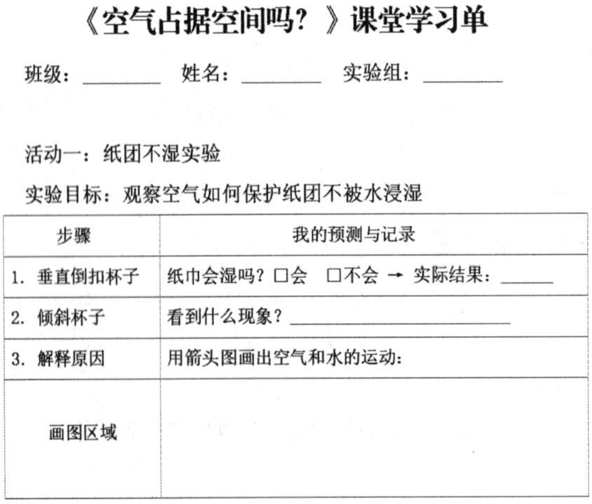

《空气占据空间吗？》课堂学习单

班级：_____ 姓名：_____ 实验组：_____

活动一：纸团不湿实验
实验目标：观察空气如何保护纸团不被水浸湿

步骤	我的预测与记录
1. 垂直倒扣杯子	纸巾会湿吗？□会　□不会 → 实际结果：_____
2. 倾斜杯子	看到什么现象？_____
3. 解释原因	用箭头图画出空气和水的运动：
画图区域	

图1-3-5　制作学习单

📠 应用拓展

使用DeepSeek为《地球公转与四季变化》一课设计一个"模拟太阳系"小组活动，要求包含角色分工和评价标准。

📊 技术与风险

GAI在课堂教学应用中展现了巨大的技术潜力。教师可以使用GAI根据当前学情设计分层教学活动，进行实时的反馈与指导，辅助教师批改作业、整理数据等。这极大减轻了教师的负担，让教师得以从繁重的教学任务、班级管理中暂时解脱。但在减轻工作压力之余，教师更应深度学习与思考，避免因过度依赖GAI而形成思维惰性，防止被GAI"主导"。

使用GAI辅助课堂教学，教师还需要警惕技术和伦理上的风险。从技术层面来说，GAI可能生成看似合理但存在科学错误的教案，如错误的实验步骤、违背物理原理的结论等。因此，教师需认真审核生成内容，并结合权威的教材和实际的教学经验对生成的内容进行修正。从伦理层面来说，GAI可能基于训练数据中的刻板印象生成内容，从而无意中强化性别、文化等方面偏见。这就要求教师在使用GAI生成的案例、图片描述等时，应认真审查，确保内容包含多元价值观，避免对学生造成不良影响。

1-4 说课稿生成

场景聚焦

为了准备即将到来的说课比赛，李老师愁眉不展。传统的说课稿包括教学内容、教学方法、教学流程等几大环节，模式比较单一，使用这样的说课稿是没法在比赛中脱颖而出的。可怎么设计一个完整又有创意的说课稿呢？

信息科技老师小希向李老师推荐了DeepSeek。李老师进行了尝试。在简单输入几个关键词后，DeepSeek便迅速生成一份结构完整、条理清晰的说课稿初稿，不仅涵盖所有关键要素，还包括丰富的教学设计方案和实施建议。李老师十分惊喜，随即根据自己的教学特色对初稿进行了调整。在DeepSeek的帮助下，李老师大幅缩短了说课稿的撰写时间，为即将到来的说课比赛做好了充分准备。

任务解析

说课稿是教师在备课的基础上，向同行、专家或评委系统而全面地阐述自己对某一课时或课题的教学设计及其理论依据的一种教学研究形式。通过引入GAI工具，我们可以快速构建说课稿框架，精准提炼教学内容与方法，有效避免传统撰写说课稿的低效问题。同时，GAI工具还能根据教学主题和目标，智能推荐相关教学资源与案例，丰富说课内容，增强说课的说服力。本节中所需工具如表1-4-1所示。

表 1-4-1 所需工具表

案例	工具融合
说课稿生成	DeepSeek

实战指南

案例一 简易版说课稿

说课稿涵盖教材分析、学情分析、教学目标、教学重难点、教学方法与手段、教学过程设计等多个部分，通过系统化、结构化的方式展现教师的教学设计与思路。在大多数情况下，教师只需要使用简易说课稿展示教学思路。这时，教师可以使用DeepSeek生成说课稿。例如，在对话框中输入提示语：我是一名小学语文教师，即将讲授部编版小学语文四年级下册《乡下人家》这一课，请帮我生成一份简易说课稿。DeepSeek生成的部分回答如图1-4-1所示。

已搜索到 50 个网页 >

已深度思考（用时 30 秒）

以下是根据部编版小学语文四年级下册《乡下人家》的课文特点及教学需求，结合多篇说课资源整理生成的**简易说课稿**，供参考：

一、说教材

《乡下人家》是部编版四年级下册第一单元的精读课文，作者陈醉云通过细腻的笔触，按房前屋后的空间顺序和春夏秋三季的**时间顺序**交叉描写，展现了乡村生活的自然和谐与独特诗意。文章语言质朴优美，既有对田园风光的生动描绘，也隐含对乡下人家热爱生活、勤劳质朴的赞美 6 9 12。

二、说学情

四年级学生已具备一定的自主阅读能力，但对平凡景物的深层美感感知较弱，需通过情境引导其体会文字背后的意境。此外，学生对空间与时间交叉的叙述顺序理解可能存在困难，需结合画面想象与语言品析突破点。

图1-4-1 DeepSeek生成的简易版说课稿

案例二 教研版说课稿

在一些特殊场景如集体教研活动中，简易版说课稿无法满足教师的需求，教师需要根据场景内容增加不同要求，注重教学设计的理论支撑和实践探索，细化说课内容。

● 第一步：提出要求

打开DeepSeek，在对话框中输入课题和具体要求：我是一名初中生物老师，我即将参加教研活动。请你帮我生成八年级上册第一单元第三节《节肢动物》的说课稿，要求增加“学情数据分析”“课后反思预判”环节，体现差异化评价。DeepSeek生成的部分回答如图1-4-2所示。

已深度思考（用时 37 秒）

以下是为您设计的八年级上册第一单元第三节《节肢动物》说课稿，包含学情数据分析、差异化评价和课后反思预判环节：

《节肢动物》说课稿

年级：八年级上册　单元：第一单元 第三节

一、教材分析

本节内容属于"生物多样性"主题，是继鱼类、两栖类、爬行类后的重要无脊椎动物类群。教材通过蝗虫、虾、蜘蛛等典型动物，引导学生归纳节肢动物的共同特征，理解其与人类的关系，为后续学习生物分类奠定基础。

二、学情数据分析（基于前期调研）

1. **知识基础**
   - 75%的学生能列举3种以上昆虫，但仅30%能区分节肢动物不同类群（如甲壳纲、蛛形纲）。
   - 前测显示：60%的学生误认为"所有多足动物都是昆虫"。

图1-4-2　DeepSeek生成的教研版说课稿初稿

● 第二步：追问优化

根据教研场景要求和已生成的初稿，对DeepSeek进一步追问，输入提示语：添加关键词“大单元教学理念”。追问后的部分结果如图1-4-3所示。

已深度思考（用时 34 秒）

以下是修改后的说课稿，**融入大单元教学理念**，突出知识结构化与跨课衔接，并强化核心素养导向：

《节肢动物》说课稿

年级：八年级上册　单元：第一单元"生物类群与多样性"第三节

一、大单元整体分析

单元主题：通过对比脊椎动物与无脊椎动物的形态、结构与适应性，构建生物分类逻辑，理解生物多样性价值。

单元主线：

1. **知识链**：鱼类（水生脊椎）→两栖类（过渡形态）→爬行类（陆生脊椎）**→节肢动物（陆/水生无脊椎）**→后续鸟类、哺乳类

图1-4-3　追问后的结果

案例三 竞赛版说课稿

对教师而言，参加说课竞赛是教育生涯不可或缺的一环。竞赛版说课稿，作为教研版说课稿的升级版，更加注重教学设计的创新性和亮点展示。在撰写时，应结合现代教育理念和技术手段，充分展现教师的教学特色和风格，同时确保语言表达精练、生动，能吸引听众并给其留下深刻印象。

● 第一步：提出要求

打开DeepSeek，在对话框中输入课题和具体要求，例如：我是一名初中数学老师，即将参加说课比赛。请你帮我生成八年级下册《勾股定理》的说课稿，要求含有"古今证明法对比""数学建模素养培养路径""课堂生成问题预案"等环节。DeepSeek生成的部分回答如图1-4-4所示。

> **已深度思考（用时 29 秒）** ✓
>
> 以下是为您设计的八年级下册《勾股定理》说课稿，包含指定创新环节：
>
> ---
>
> **《勾股定理》说课稿**
>
> **一、教材分析**
> 《勾股定理》是初中数学的核心定理，贯穿几何与代数两大领域。教材通过"观察-猜想-证明"逻辑链，培养学生从特殊到一般的数学思维，并为后续三角函数学习奠基。
>
> **二、学情分析**
> 学生已掌握直角三角形性质及平方运算，但存在三点认知障碍：
>
> 1. 定理证明的抽象性
> 2. 代数与几何的思维转换
> 3. 实际问题的数学建模
>
> **三、教学目标**
>
> 1. **知识与技能**：理解定理内容，能进行基本运算
> 2. **过程与方法**：通过古今证法对比体会数学思维发展
> 3. **素养目标**：培养数学建模能力与数学文化认同
>
> **四、创新教学环节设计**
>
> ⌄

图1-4-4 DeepSeek生成的竞赛版说课稿初稿

● 第二步：追问优化

根据初稿和竞赛要求，对DeepSeek进一步追问，如添加关键词"创新点提炼""核心素养落实路径图"等。追问后的部分结果如图1-4-5所示。

以下是补充完善后的《勾股定理》说课稿新增部分，已融入您要求的两个模块：

五、创新点提炼（新增模块）

1. 跨文化对比教学创新

- 首创"双线并进式"历史脉络梳理：
  东方证法（赵爽弦图）→算法思维渗透
  西方证法（欧几里得）→演绎推理启蒙
  通过思维导图对比数学文明差异

2. 建模素养阶梯培养创新

- 提出"生活问题—几何模型—代数模型—实践验证"四阶建模路径
  例：旗杆测量问题→直角三角形抽象→方程建立→误差分析

图1-4-5　追问后的结果

应用拓展

　　使用DeepSeek为《光合作用》一课生成说课稿，添加"学科前沿链接"，并尝试使用Kimi生成说课课件，将说课稿中的"教学流程图"转为PPT智能图表。

技术与风险

　　GAI为教师教学带来了巨大的便利，但在享受这种便利的同时，教师也应进行深入反思：为何要选择这样的教学策略？如何实现学科核心素养的有效转化？

　　GAI赋能教师教学，关键在于平衡"人"与"机"的关系。教师应将GAI视为帮手、助理，而非完全依赖它。教师应以自身教学经验和个人素养为本，对GAI生成的内容进行二次加工，为其注入人文底色。在输入提示语时融入独创性活动设计，并在系统分析的学情数据基础上进行差异化调整，最终使说课稿成为承载教育理念、彰显教学风格的专业创造。

第二章　课堂记录

2-1　板书智能美化

场景聚焦

杨老师执教《滕王阁序》时，发现传统板书难以呈现"层峦耸翠"之美。正在她为此困惑之际，学校专题会上的GAI工具应用方法介绍启发了她，于是她决定尝试借助DeepSeek设计板书。她输入相关提示语，DeepSeek便将其转化为动画元素，如将"飞阁流丹"化为动态山峦，将"桂殿兰宫"转为琉璃瓦纹理。再借助"锦书—创新艺术字"（以下简称"锦书"）生成古朴的艺术字，嵌入代码建构虚拟板书。通过手动调节参数，山色随滚动条透视变化，朱红阁楼云雾缭绕。原本需要整晚制作的素材，半小时就完成了。

任务解析

借助人工智能工具可以实现板书核心内容的智能美化。通过DeepSeek，课文关键词被转化为结构化框架，包含HTML/CSS排版布局、JavaScript动态交互逻辑及意境转译代码。"锦书"依据"书法＋浮雕质感"提示生成PNG格式的艺术字，标签嵌入后适配CSS阴影特效，增强了视觉效果。HTML技术栈驱动CSS关键帧山水动效模拟"川泽纡其骇瞩"，JavaScript悬停监听触发文字涟漪扩散交互，媒体查询保障多端显示兼容。通过手动微调动画参数与艺术字透明度，最终输出轻量化HTML文件。该方案深度融合DeepSeek逻辑编排、"锦书"视觉美学与HTML动态载体能力，构建内容解析至形式呈现的完整技术链路。本节中所需工具如表2-1-1所示。

表2-1-1　所需工具表

案例	工具融合
板书智能设计	DeepSeek+Mermaid
智绘板书	DeepSeek+ 锦书—创新艺术字 +HTML

案例一　板书智能设计

基于教学设计提取板书核心要素时，人工梳理效率低下，DeepSeek可以智能解析教案文本，识别知识脉络与重难点，输出结构化板书框架。

● 第一步：上传或生成教学设计

DeepSeek支持专业教学设计生成与教案智能解析，教师可选择自动生成完整教学方案或上传已有教案，由系统提取核心知识点、情感脉络及重难点，基于结构化分析输出精准凝练的板书框架。在DeepSeek的对话框中输入提示语：我是一名高中语文教师，需为《荷塘月色》设计一份结构化板书，要求涵盖课文脉络、情感线索、写作手法等核心要素，适合高一学生理解。DeepSeek生成的部分板书设计如图2-1-1所示。

> ⊠ 已深度思考（用时26秒）︿
>
> 嗯，用户是一位高中语文教师，需要为《荷塘月色》设计一份结构化的板书，涵盖课文脉络、情感线索、写作手法等核心要素，适合高一学生理解。首先，我需要回顾之前提供的教学设计，看看里面有哪些重点内容可以整合到板书中。
>
> 用户的教学设计里提到了双线结构（游踪和情感变化）、语言品鉴部分的分析（比喻、通感、叠词）、文化拓展以及读写结合。这些内容都是板书需要涵盖的核心要素。但板书需要简洁明了，结构清晰，所以需要将这些信息进行提炼和整合。
>
> 首先考虑课文脉络，也就是游踪图，用户之前有提到家→小径→荷塘→家的路径，这可以作为明线。情感线索则是暗线，从"不宁静"到"暂得超脱"再到"回归怅惘"，形成一个圆形结构。这两部分可以用双线并列的方式展示，帮助学生理解散文"形散神聚"的特点。
>
> 写作手法方面，比喻、通感、叠词是关键，需要举例说明，比如"舞女的裙"作为比喻，"清香如歌声"是通感，叠词如"田田""层层"。这些例子要简明扼要地列出来，方便学生记忆。
>
> 另外，用户提到的"荷月"意象和时代背景也需要在板书中体现，但可能需要简化，避免信息过载。比如，可以放在意象解析部分，结合朱自清的改名背景，点出知识分子的精神困境。
>
> 考虑高一学生的理解水平，板书不能太复杂，要结构清晰，使用图形和符号来连接各部分内容。可能用树状图、流程图或者分栏的形式。例如，左边是课文脉络（游踪），右边是情感变化，中间是写作手法，底部是意象解析和文化内涵。
>
> 同时，用户之前的设计亮点中有双线并进、文化勾连和语言实践，这些也应该在板书中有所体现。比如用不同颜色的粉笔区分明线和暗线，用图标或简笔画增强视觉效果，帮助学生记忆。
>
> 需要检查是否有遗漏的重点，比如文眼"这几天心里颇不宁静"需要特别标注，因为这是情感线索的起点。还有重点句子如"热闹是它们的，我什么也没有"也要提及，以展示情感的变化。
>
> 最后，板书的结构要逻辑清晰，层次分明，可能需要分区块来展示不同部分，确保学生一目了然。同时，使用符号如箭头、大括号等来连接相关部分，增强整体感。
>
> 以下是为《荷塘月色》设计的结构化板书方案，采用模块化布局兼顾知识逻辑与视觉美感，适用于高一学生认知特点：

图2-1-1　DeepSeek生成的板书设计

《荷塘月色》结构化板书设计

板书框架（树状图结构）

核心模块解析（彩色粉笔标注）

一、课文脉络（蓝色粉笔）

- **动态箭头**：用虚线箭头连接游踪节点
- **文眼标注**：在"家"旁批注"这几天心里颇不宁静"

二、情感线索（红色粉笔）

- **情绪符号**：在关键词旁绘制 😊→🙂→☹ 表情符号
- **重点句聚焦**：框出关键句强化记忆

三、艺术手法（绿色粉笔）

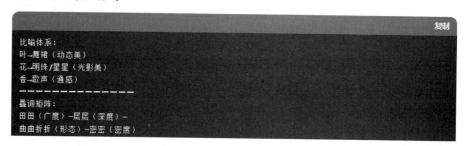

图2-1-1　DeepSeek生成的板书设计（续）

● **第二步：将结构化板书用Mermaid生成思维导图**

　　根据上文生成的《荷塘月色》板书内容，让DeepSeek根据上下文的内容生成一份思维导图。在DeepSeek的对话框中输入提示语：基于上文《荷塘月色》的板书内容，用Mermaid生成一份包含文章结构、情感脉络与文学手法的思维导图。DeepSeek生成的部分回答如图2-1-2所示。

```
mermaid                                                                    复制

graph TD
    A[《荷塘月色》朱自清] --> B[文章结构]
    A --> C[情感脉络]
    A --> D[文学手法]

    B --> B1["1. 月夜出门<br>（文眼：颇不宁静）"]
    B --> B2["2. 小径独行<br>（幽僻煤屑路）"]
    B --> B3["3. 荷塘主体<br>（荷叶/荷花/荷香）"]
    B --> B4["4. 月色流光<br>（月光/月影/光影）"]
    B --> B5["5. 四周景色<br>（蝉蛙/采莲联想）"]
    B --> B6["6. 推门回家<br>（首尾呼应）"]

    C --> C1["现实压抑"]
    C --> C2["暂得超脱"]
    C --> C3["物我相融"]
    C --> C4["朦胧慰藉"]
    C --> C5["怅然若失"]
    C --> C6["回归现实"]

    D --> D1["通感手法<br>（光与影的旋律）"]
    D --> D2["比喻链<br>（舞裙→明珠）"]
    D --> D3["动词炼字<br>（泻/浮/笼）"]
    D --> D4["虚实结合<br>（采莲联想）"]
    D --> D5["反衬手法<br>（蝉蛙衬静）"]
    D --> D6["圆形结构"]

    classDef structure fill:#e6ffe6,stroke:#4CAF50;
    classDef emotion fill:#e6f3ff,stroke:#2196F3;
    classDef technique fill:#ffe6e6,stroke:#f44336;

    class B,B1,B2,B3,B4,B5,B6 structure
    class C,C1,C2,C3,C4,C5,C6 emotion
```

图2-1-2　DeepSeek生成的结果

● **第三步：生成思维导图板书**

打开Mermaid在线编辑器官网，进入编辑页面后，将DeepSeek生成的Mermaid代码复制粘贴到指定的代码区域，即可生成本节课所需的思维导图板书。待板书生成完毕，通过单击操作菜单内的"下载PNG图片"按钮，便可轻松地将思维导图保存至本地，供后续使用，如图2-1-3所示。

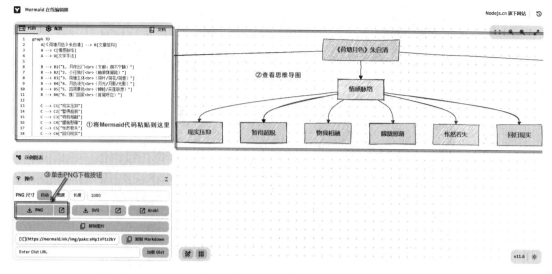

图 2-1-3　生成、下载思维导图

案例二　智绘板书

使用 DeepSeek+HTML 将静态板书转化为动态交互式数字内容，利用 DeepSeek 推理能力生成相关动态图表、动画或交互元素，再通过 HTML 编程特性嵌入网页，可以增强板书的吸引力和学习体验。而 DeepSeek+"锦书"，可以发挥两者的优势，设计艺术感板书字体——DeepSeek 提供创意设计思路，"锦书"将其转化为艺术字体，快速生成既符合教学需求又具艺术美感的板书，丰富视觉表现力，提升教学趣味性。

● 第一步：生成板书网页

打开 DeepSeek 官网，根据想要做成动态特效的主题或内容，输入对应提示语，随后在网站上预览生成的网页效果图，并复制网页代码至本地存储。在 DeepSeek 的对话框中输入提示语：以专业前端工程师的身份，制作动态水墨风"荷塘月色"主题网页。代码生成后，单击"运行"，即可预览生成的网页。DeepSeek 生成的动态网页如图 2-1-4 所示。

图 2-1-4　DeepSeek 生成的网页

● 第二步：让板书更生动

在 DeepSeek 生成的板书内容基础上，为了让文字更加生动，可进一步利用"锦书"。该平台允许个人根据自己的喜好或特定风格需求，自定义艺术字的表现形式，从而提升板书的整体美观度。

准备好要转化为艺术字的内容并复制后，打开"锦书"官网，进入后需登录才能使用艺术字功能。该平台首页如图 2-1-5 所示。

图 2-1-5　"锦书"首页

登录账号后，在导航菜单中选择"艺术字创作"。①进入艺术字设置区域后，输入需转换成艺术字的文字内容；②根据个人喜好自定义文字风格；③选择字体、图片规格和是否去除背景。参数设置如图 2-1-6 所示。

图2-1-6 艺术字参数设置

　　设置好参数之后，单击"生成创意艺术字"按钮即可生成对应风格的艺术字。生成的艺术字效果如图2-1-7所示。

图2-1-7 艺术字效果图

📖 应用拓展

教师运用DeepSeek、"锦书"、Mermaid和HTML等技术，可拓展教学资源自动化生成、课堂互动及教学管理应用。请选择上述三个应用中的一个，对你所教授的学科中的某一课进行融合创新。

📊 技术与风险

DeepSeek与其他工具结合使用，能显著美化板书视觉效果。它们能自动排版板书内容，调整字体大小、颜色，并优化布局，让板书更加整洁美观有视觉冲击力，能有效吸引学生注意力，提升教学效果。这些工具能根据教学内容自动添加图片、图表等元素，丰富板书内容，使教学更生动有趣。这一创新弥补了传统板书在美观性、信息量及趣味性方面的弱点，使板书更符合现代教学需求，推动教育体验迈向新台阶。

使用人工智能工具辅助美化板书，需提升技术精准度和稳定性。因板书内容复杂，容易出错或内容不达标，需保障技术的稳定性，否则会导致教学活动中断。数据安全和个人隐私保护至关重要，教师在处理板书数据时，需确保数据安全，防止泄露。

2-2　课堂金句记录

🎬 场景聚焦

　　林老师疲惫地坐在办公桌前，电脑循环播放着《荷塘月色》课堂录像。她用红笔在教案上反复勾画着，寻找授课中的金句。她忽然想起人工智能工具，接着导入视频至"通义听悟"。10分钟后，手机振动显示时间轴标记学生提问的思维碰撞时刻，自动摘录金句并统计频次，还诊断出她的口头禅和教学盲区。两万字的课堂实录经DeepSeek解析后，生成《散文教学五维通感训练法》一文，指出互动率下降的案例并建议替换，金句能量曲线图显示"比喻"教学环节学生思维活跃度高涨。DeepSeek的批注让她顿悟：人工智能工具在教学中应用的目的并非替代教师，而是将机械劳动转化为教学智慧，让教育灵光绽放。

📖 任务解析

　　通过DeepSeek与"通义听悟"配合使用，实现课堂语言智能处理："通义听悟"负责音频转写与标注，抓取教学片段；DeepSeek深度分析课标核心素养，优化金句。具体流程涵盖课前预设的"编程思维"等关键词标签库，课中实时抓取"变量如魔术盒"等对话，课后用DeepSeek三维筛选高频金句，关联课标分级。这一组合还能生成语言热力图与"脚手架"等高频词云，建立含"调试口诀"标签的动态数据库。双工具的融合使金句记录效率大幅提升，有效推动教学语言精准度与感染力升级。本节中所需工具如表2-2-1所示。

表 2-2-1　所需工具表

案例	工具融合
高效听课	DeepSeek+ 通义听悟
高效课堂教学研究	DeepSeek+ 通义效率

✋ 实战指南

⬇ 案例一　高效听课

通过DeepSeek智能助手实时提炼课程要点，结合"通义听悟"的语音转写和语义分析功能，实现课堂内容同步文字化、结构化。

● **第一步：上传音频、视频**

"通义听悟"在转写速度和精度方面表现出色，无论是快速还是复杂的语音内容，它都能准确且高效地转化为文字，为教师带来便捷与高效的使用体验。

访问"通义听悟"官网，单击页面中的"上传音视频"按钮。如图2-2-1所示。

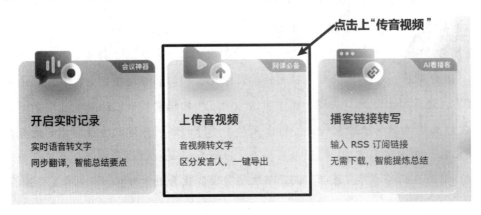

图2-2-1　上传音视频

单击"上传音视频"后，可选择本地或云盘中的音视频文件。选定文件，进入设置界面，根据原始文件选择语言及是否翻译，并启用"区分发言人"功能以清晰地区分每位发言者。设置完毕后，单击"开始转写"，如图2-2-2所示。

图2-2-2　开始转写

● **第二步：查看、导出转写结果**

转写结果页面上方的关键词，可以引领我们迅速把握核心内容。页面还提供了多种查看选项。章节速览功能允许用户快速浏览各个章节的核心要点，发言总结汇总了课程中各位发言者的精彩观点，问答回顾区域则精心收录了课程中的互动问答，如图2-2-3所示。

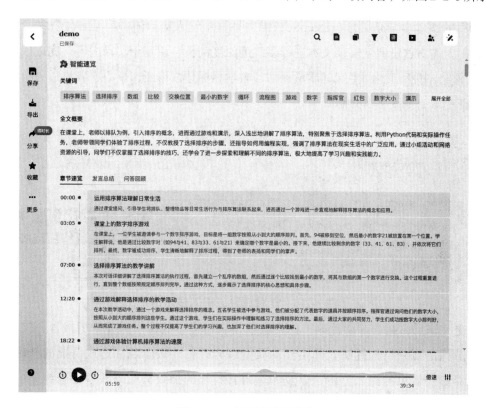

图2-2-3　转写结果页面

在进行文件导出操作时，教师可根据实际需求选择多种形式，包括原文、智能速览及音视频资料，自定义选择需要显示的信息内容及格式，将文件导出到本地或云盘，如图2-2-4所示。

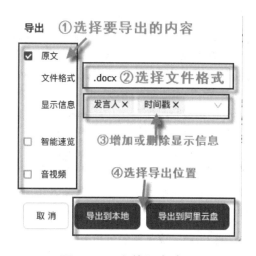

图2-2-4　文件导出选项

● **第三步：分析课堂实录**

打开并登录DeepSeek官网，关闭"联网搜索"，单击上传附件图标，选择"通义听悟"转写的课堂实录原文，在DeepSeek的对话框中输入提示语：我是一位资深的课堂教学分析师，需对这份课堂实录文本进行多维度深度剖析。请基于实录内容，完成以下分析任务：课堂结构拆解、师生互动质量评估、教学目标达成诊断、核心素养渗透分析、课堂语言特征提取，如图2-2-5所示。

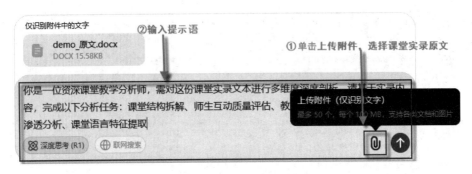

图2-2-5 上传附件、输入提示语

提交完毕后，耐心等待片刻，你将会获得一份详尽的课堂深度分析报告，该报告将涵盖本节课的课堂结构拆解、师生互动质量综合评估、教学目标达成情况的精确诊断、核心素养渗透效果的深入分析，以及课堂语言特征的细致提取等课堂各个维度的分析。DeepSeek生成的部分结果如图2-2-6所示。

> **已深度思考（用时20秒）**
>
> 嗯，这个课堂实录看起来是关于选择排序算法的教学。首先，我需要拆解课堂的结构，看看老师是如何安排教学步骤的。开头老师通过提问学生日常生活中的排序例子引入主题，比如排队、整理房间等，这应该属于导入部分。然后通过一个小游戏让学生实际操作排序，可能是实践活动环节。接着老师用Python代码演示排序过程，属于知识讲解和应用。最后有小组合作完成任务，以及总结和拓展，应该是巩固和延伸环节。
>
> 接下来评估师生互动质量。老师频繁提问学生，鼓励学生回答问题，并且通过游戏和实践活动让学生参与进来，互动看起来比较积极。但需要看看学生回答的质量如何，是否有深度思考，还是只是表面的回应。
>
> 教学目标达成方面，主要目标是让学生理解选择排序的原理，并能够用Python实现。实录中学生能够描述排序步骤并操作代码，可能目标基本达成。但需要检查是否所有学生都掌握了核心概念，或者有没有学生存在理解上的困难。
>
> 核心素养方面，可能涉及逻辑思维、问题解决能力、合作学习等。通过排序算法的学习和实践，学生需要运用逻辑分析，同时在小组活动中培养合作能力。需要分析这些素养是否在课堂中有体现。
>
> 课堂语言特征，老师使用了很多引导性的提问，生活化的例子，以及鼓励性的话语。同时，在讲解技术内容时使用了一些专业术语，但通过游戏和比喻帮助学生理解。需要看看语言是否适合学生水平，是否有效促进理解。
>
> 现在需要将这些观察系统化，并按照要求的结构进行分析。可能需要进一步细化每个部分的具体内容，确保覆盖所有要求的分析维度。

图2-2-6 课堂实录分析与教学评估

课堂结构拆解

1. **导入环节 (5分钟)**
   - 通过提问学生日常生活中的排序行为（如排队、整理房间等）激发兴趣，引出"排序算法"的概念。
   - 利用生活实例（如身高排序）类比算法逻辑，降低抽象概念的难度。

2. **实践活动 (15分钟)**
   - **游戏1（数字排序）**：学生上台操作"移动数字"游戏，模拟选择排序过程，强调"比较"和"交换"的核心思想。
   - **游戏2（角色扮演）**：五位学生扮演数字，指挥官通过询问比较完成排序，强化对"逐个比较"和"循环执行"的理解。

3. **知识讲解与代码演示 (10分钟)**
   - 将游戏过程抽象为选择排序的流程图，分步骤讲解算法原理（找最小数→交换位置→循环执行）。
   - 用Python代码动态演示排序过程，对比人工与计算机的执行效率。

4. **小组合作与任务检验 (10分钟)**
   - 学生分组完成黑板上的排序任务，通过代码实践验证算法逻辑。
   - 教师实时检查小组成果，引导学生解释每一步的排序逻辑。

5. **总结与拓展 (5分钟)**
   - 学生总结学习内容，教师补充排序算法的实际应用（如短视频推荐、金牌榜排序等）。
   - 推荐AI工具（海螺AI）鼓励课后自主探索其他算法。

师生互动质量评估

1. **互动形式多样：**

图2-2-6 课堂实录分析与教学评估（续）

案例二 高效课堂教学研究

在经历了一整天紧凑的课程听讲之后，杨老师与数位教研专家及资深骨干教师共同展开了对当前课堂内容的深入讨论。会议中，每位教师都表现出极高的积极性，他们热烈探讨课堂细节，对课程内容进行了细致点评，并纷纷提出建设性的改进建议。鉴于传统记笔记的方式在此情境下效率低，且容易遗漏关键信息，故决定采用"通义效率"工具进行实时记录。该工具能利用DeepSeek对各位教师的点评内容进行总结与提炼，确保课堂教学研究既全面又高效。

● 第一步：进入"通义效率"小程序

在记录会议内容或课堂实录过程中，采用电脑采集音频或视频的方式存在诸多不便，我们可以使用微信上的"通义效率"小程序作为替代。使用方法：打开微信应用，在搜索框内输入"通义效率"，单击搜索结果"通义效率助手"即可直接进入"通义效率"小程序，从而轻松实现会议与课堂内容的便捷记录，如图2-2-7所示。

图 2-2-7　进入"通义效率"小程序

● **第二步：使用"实时记录"开始录音**

单击"实时记录"功能按钮，随后在弹出的界面中选择音频的语言种类以及是否需要翻译。完成这些设置后，单击"开始录音"按钮，即可启动录音功能，如图 2-2-8 所示。

图 2-2-8　使用"实时记录"录音

启动录音功能后，系统能实时将音频内容转写为文本，在小程序界面下方直观展示着录音的时长。当录音完毕，单击"结束录音"按钮，此时系统会弹出一个提示窗口："确定结束录音吗？"在提示窗口中，我们可以根据实际情况调整发言人数量，完成设置选择后，单击"结束录音"确认操作，如图2-2-9所示。

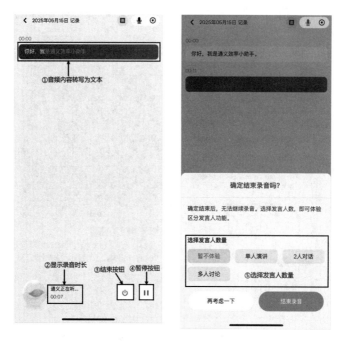

图2-2-9 "实时记录"界面

● **第三步：查看、导出转写文本**

完成录音后，返回"通义效率"首页，单击"我的"进入个人中心，找到并打开之前创建的记录，即可轻松查阅课堂教学研讨的详细文本内容。除此之外，还能一并获取文本的全文概要、章节速览、要点回顾、发言总结、待处理的事项列表以及关键词，便于我们全方位地管理信息和快速查阅，如图2-2-10所示。

图2-2-10 智能速览记录内容

单击导出按钮后，选定需导出的内容范围，选择需要的文件格式，并设置是否显示发言人和时间戳信息，最后单击"导出文件"，并将文件妥善保存在适当位置，如图2-2-11所示。

图2-2-11 导出文件

● **第四步：分析课堂教学研讨记录**

在DeepSeek中上传课堂教学研讨记录的Word文档。在DeepSeek的对话框中输入提示语：请深度分析课堂教学研讨记录文本。接下来就可以查看DeepSeek对本次课堂教学研讨记录内容的深入分析过程，如图2-2-12所示。

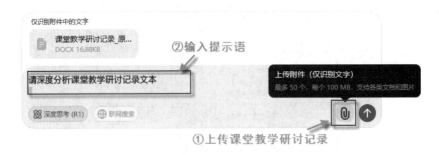

图2-2-12 分析课堂教学研讨记录内容

提交完毕后，DeepSeek将在30秒左右自动生成本次课堂教学研讨记录的核心主题与讨论重点概览。系统在最下方将提供一份总结，概括研讨记录的要点，如图2-2-13所示。

课堂教学研讨记录深度分析

一、核心主题与讨论重点

1. 教师专业发展

- **年轻教师培养**：发言人1指出年轻教师（如张老师）课堂活力足、创意新颖，但需加强学习活动设计的针对性和明确教学目标，建议通过骨干教师引领和教研活动积累经验。
- **教师分层培训**：发言人3和发言人7强调需完善层级化教师发展制度（如青年教师、骨干教师），通过个人成长档案和定向培养措施提升专业能力。

2. 课堂教学改进

- **学科特色与课标对接**：
  - **数学**：发言人3提出需改变传统教学方式，注重知识迁移（如加法交换律到乘法交换律的迁移），倡导以"探究式学习"为主线，减少教师主导，增加学生自主思考。
  - **美术**：发言人1建议加强一年级新教材研究，结合团队优势设计单元化教学。
  - **科学**：发言人4肯定教师科学素养，但需优化实验课流程，建议从"带知识走向学生"转为"带学生走向知识"。
  - **道德与法治**：发言人5强调实践性与生活化，建议通过图片、活动激发学生情感共鸣，深挖教材与"课标"。
- **学生参与度**：多人提到需减少教师讲授，增加学生自主探究（如语文课建议"大胆放手"，数学课强调"教是为了不教"）。

3. 教研活动优化

- **主题化教研**：发言人1指出当前教研活动"缺乏主题"，建议围绕具体问题（如大单元教学、跨学科整合）开展，提升实效性。
- **集体备课与资源共享**：发言人6肯定语文组集体备课成果，但需解决新模板填写难题；数学组建议加强团队协作，避免"一言堂"。

4. 学校管理与迎检策略

- **材料规范性**：发言人3和发言人7提到档案材料需完善（如教师发展目标、教研员培养措施），建议对照市级标准查漏补缺。
- **特色项目筹备**：发言人7详细规划科学现场会，提出采用"逆向设计"思路，展示学生科学素养和跨学科成果，强调项目负责制与市、区联动。
- **村校管理**：建议采用"人盯人"策略，确保村校业务与课堂教学质量对标中心校。

二、存在问题与挑战

1. 教学理念落地不足：部分教师仍依赖传统讲授法，新课标倡导的"学生主体""探究式学习"未充分融入课堂（如数学课仍需调整教学方式）。

2. 教研活动实效性弱：缺乏系统性主题，部分教师参与度低（发言人3提到"教师不发言"），团队协作待加强。

3. 学科发展不均衡：

- 美术、科学等学科需加强教材研究和资源整合；
- 道德与法治课需深化实践性，避免脱离学生生活。

图2-2-13 深度分析课堂教学研讨记录

4. 迎检压力与材料形式化：部分档案内容与实际教学脱节，存在"为检查而准备"倾向。

三、改进建议与未来方向

1. 完善教师发展体系

- 建立"导师制"，由骨干教师带领青年教师进行课题研究；
- 分层制订培训计划（如新教师重基础、骨干教师重创新）。

2. 深化课堂教学改革

- 推广跨学科教学案例（如科学与戏剧融合）；
- 设计"任务驱动型"课堂，增加学生探究环节（如数学迁移任务、道法课社会实践）。

3. 优化教研机制

- 每学期设定1-2个核心主题（如"大单元教学设计""学生高阶思维培养"），围绕主题开展系列研讨；
- 引入"微格教研"模式，通过课堂实录分析具体问题。

4. 强化特色项目与资源整合

- 科学现场会可联合高校或科研机构，提升专业性；
- 建立学科资源库，共享优质教案、课件和活动设计。

5. 规范管理与减负并行

- 简化重复性材料整理，聚焦核心指标（如学生素养提升、教师成长案例）；
- 村校管理采用"结对帮扶"，定期组织联合教研与质量监测。

四、总结

本次研讨会反映出学校在教师培养、课堂教学和教研活动上的积极探索，但也暴露出理念落地不足、学科发展不均衡等问题。未来需以"学生核心素养"为导向，通过系统化改革（如主题教研、跨学科整合）和资源统筹，推动教学质量的全面提升，同时平衡迎检要求与实际教学需求，避免形式化倾向。

图 2-2-13　深度分析课堂教学研讨记录（续）

应用拓展

结合实际情况，请你设计一个能够管理碎片化学习的系统。该系统须具备课程摘要自动生成功能，通过自然语言处理技术抓取课程关键信息，生成简洁明了的摘要，便于学生和家长快速了解课程要点。该系统还能制作家长学习卡片。请你根据学生的学习进度和个性化需求，动态生成包含核心知识点、学习目标及家长辅导建议的卡片。

技术与风险

利用DeepSeek、"通义听悟"和"通义效率"小程序，教师可拓展教学场景与功能。在教学场景方面，使用DeepSeek、"通义听悟"等，教师可智能拆解课堂实录，生成逐字稿与关键节点，对比同课异构，提炼优质范式，并获取教学诊断报告。在学生互动方面，使用DeepSeek、"通义听悟"等，教师可以评估互动质量，生成错题回溯图谱，定制个性化学习方案，同时捕捉学生情感反馈。在学习成果转化方面，利用相关GAI工具，教师可以结构化辩论素材，孵化创意作品，并萃取优质课资源，动态更新校本知识库，促进学习成果的转化与应用。

　　使用GAI工具记录课堂金句虽然便捷，但也存在风险，教师需谨慎对待。在使用时可能因技术或理解偏差出现记录不准确的情况，尤其面对复杂的术语、方言或特殊语境。同时，使用过程中还存在数据安全和隐私风险，课堂记录中含师生个人信息、敏感观点，不当使用或泄露将威胁隐私和知识产权。

2-3 学生表现追踪

中学英语教研组的李老师面对写有150名学生表现的纸质记录本，眉头紧锁。学期末需提交学生成长档案，但记忆模糊、数据碎片化、动态追踪困难等问题让李老师倍感压力，甚至质疑大班额下因材施教的可行性。正当他一筹莫展时，微信群中一篇文章《DeepSeek+"班级优化大师"实现学生表现追踪》让他看到了希望。文章介绍借助人工智能工具实现学生行为数据自动化采集、结构化存储与智能化分析，与李老师当下面临的困境高度契合。他立即下载了软件，开启了数字化实验。

一个月后，李老师在教研会上展示实验成果：150份个性化档案清晰地呈现学生表现，动态成长图谱揭示长期趋势，精准教学决策使班级平均分提升了12%，家长满意度达95%。教研组长感叹技术让教育回归"看见每个孩子"的本质。

任务解析

DeepSeek结合"班级优化大师"，可实现动态追踪与精准汇总学生表现，构建全流程管理闭环，实施路径包括数据整合、智能诊断与追踪干预。在数据整合方面，人工智能工具将课堂表现与学业数据同步上传，建立动态电子档案，自动生成成长曲线图。智能诊断基于多维数据生成《个体学情报告》，标注优势与风险指标，关联注意力波动预警。追踪干预针对高风险学生启动定制方案，推送个性化学习资源，设置正向激励任务，每周生成《家校协同建议书》，包含家庭辅导策略与在校表现图表。本节中所需工具如表2-3-1所示。

表2-3-1 所需工具表

案例	工具融合
学生表现追踪	DeepSeek+ 班级优化大师

实战指南

↓ 案例 学生表现追踪

考虑对学生表现评价便捷性的需求，本文决定采用移动设备端的"班级优化大师"应用程序，以实现对学生日常表现的即时记录与跟踪。"班级优化大师"APP兼容iOS与安卓系统，用户可直接在应用商店搜索并下载安装。安装完成后，注册教师账号，即可轻松创建班级，并邀请学生家长加入，共同参与学生的成长记录与管理工作。

● 第一步：进入班级，点评学生

启动"班级优化大师"APP后，教师需先进入"我的班级"界面，进入之后，界面会显示班级内所有学生，教师能够于课堂活动期间对学生的表现进行即时点评。该应用支持批量点评功能，使教师能够高效地反馈每位学生的课堂表现及参与度。"班级优化大师"应用界面如图2-3-1所示。

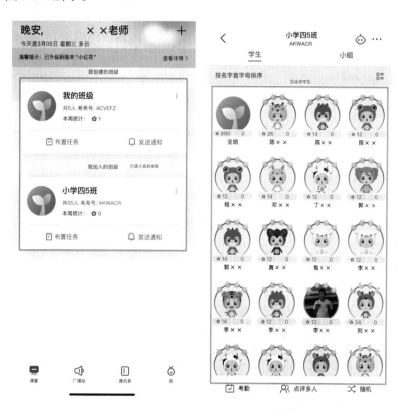

图2-3-1 "班级优化大师"应用界面展示

● 第二步：查看班级报表

单击班级页面右上角的拓展菜单项，在展开的详细菜单中选择并单击"班级报表"，即可查看包括点评数据及智能分析在内的班级报表详细内容。班级报表总览如图2-3-2所示。

图2-3-2　班级报表总览

● **第三步：查看、导出数据**

在班级报表界面的右上角，单击拓展菜单选项，将看到两个主要功能：一是查看数据，二是导出数据明细。若选择导出数据，可将所需数据保存至本地。查看或导出数据明细，如图2-3-3所示。

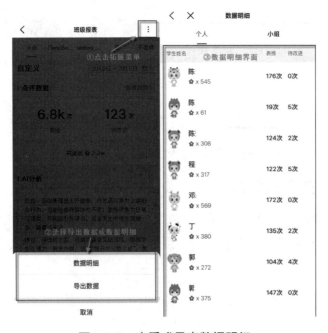

图2-3-3　查看或导出数据明细

● 第四步：分析、追踪学生的表现

在DeepSeek中上传本地存储的"学生表现追踪报表"。完成上传工作，撰写相应的提示语，系统即可自动生成班级学生表现的数据分析报告。提示语示例：作为拥有10年教育数据分析经验的班主任，我需要你基于提供的班级学生表现数据表，分析和追踪学生表现。DeepSeek生成的部分分析结果如图2-3-4所示。

班级学生表现数据分析报告

一、总体表现概览

1.表扬与待改进分布

- **表扬总次数**：全班共 **4562次**，平均每人 **78.66次**（按58名学生计算）。
- **待改进总次数**：全班共 **122次**，平均每人 **2.10次**。
- **两极分化明显**：
  - **高表扬学生**：孙××（219次）、杨××（204次）、刘××（206次）。
  - **高待改进学生**：赵××（10次）、肖××（11次）、李××（6次）。

2.红花数量与表扬次数相关性

- **高度正相关**（r=0.92）：红花数量与表扬次数基本同步（如×××：768红花/219表扬）。
- **例外情况**：×××（74红花/9表扬），可能存在特殊评价规则或数据误差。

二、表扬项目深度分析

1.高频表扬项：

- **按时打卡**（占比54%）：×××、×××等学生表现稳定。
- **作业完成质量高**（占比12%）：×××、×××持续领先。
- **坚持练字或阅读**（占比10%）：×××（14次）等学生习惯良好。

2.低频表扬项：

- **团队合作**（仅2次）、**有感情朗读**（43次）：需加强集体活动与语文表达能力培养。
- **习作优秀**（214次）：×××和×××等学生写作能力突出。

三、待改进项目关键问题

1.主要问题领域：

- **不遵守纪律**（30%）：×××（4次）、×××（4次）纪律意识薄弱。
- **书写潦草**（17%）、**写作业拖拉**（17%）：×××、×××需针对性训练。
- **背诵不达标**（8%）：×××、×××需加强记忆训练。

图2-3-4　DeepSeek生成的部分学生表现分析

2.特殊关注学生:

- ××× : 10次待改进（含作业拖拉3次、不遵守纪律2次）。
- ××× : 11次待改进（含书写潦草2次、卫生不达标1次）。
- ××× : 6次待改进（不遵守纪律4次）。

图2-3-4　DeepSeek生成的部分学生表现分析（续）

📺 应用拓展

继续优化上文中的学生跟踪分析，将学生成长的数据可视化。教师采用经验抽样法，结合数据，精准推断学生能力的发展，指导学生动态调整学习方法。

📊 技术与创新

教师运用DeepSeek与"班级优化大师"还可以在多个方面进行创新：在班级文化建设与制度制定方面，如生成班歌、班旗等文化标识，制定基于学生行为数据的个性化班级公约；在家校沟通与协同共育方面，通过智能话术优化家校合作共育，如分析家长情绪生成共情话术，推送个性化学生报告，促进家校共建；在学生个性化成长支持方面，精准规划学业生涯，识别并干预心理问题，如分析学生数据生成职业发展建议，提供心理知识库辅助疏导；在班级活动与教学创新方面，智能策划活动并执行活动，自动化生成教学资源，如生成创意活动方案、输出班会PPT大纲等。

2-4 教学时间轴

场景聚焦

　　教信息科技课的李老师在筹备"选择排序"课程时遇到了难题，在规划时间轴时，她总是容易忽略学生试错和深入理解算法的时间。课堂上，学生们在"最小值筛选"环节遇阻，导致实践时间不足，部分学生未能完成编程任务。课后，李老师深感自责。在查阅资料时，她偶然发现了DeepSeek和"通义听悟"两个智能教学分析工具。

　　她迅速上传了教案和课堂录像。教学热力图显示，学生在算法原理图示环节注意力下降，而在分组讨论时和实践操作环节的参与度较高。据此，李老师重新规划了时间轴，缩短了原理图示时间，延长了讨论和实践时间，并设置试错环节。李老师再次上课时，课堂变得生动有趣，学生的学习效率大幅提高，教学效果显著提升。

　　李老师深刻体会到，教育技术不仅能帮助教师精准规划时间，更能为学生提供自主探索的机会，让课堂成为学生成长的乐园。

任务解析

　　DeepSeek与"通义听悟"协同规划教学时间轴：用DeepSeek制订结构化教学计划，用"通义听悟"记录课堂实况，形成闭环。智能规划环节，在DeepSeek的对话框中输入教学需求，输出时间分配表。执行记录时，通过"通义听悟"录制课堂音频，生成时间戳标签，对比实际耗时与计划用时。偏差分析时，通过"通义听悟"统计超时环节，结合DeepSeek学情分析定位原因。动态优化策略环节，利用DeepSeek难度校准重组习题包，利用"通义听悟"提取高频提问，增加答疑环节。本节中所需工具如表2-4-1所示。

表2-4-1　所需工具表

案例	工具融合
规划教学时间戳	DeepSeek
分析教学时间戳	DeepSeek+ 通义听悟

⬇ 案例一　规划教学时间戳

运用DeepSeek对教学设计进行深入的剖析与评估，从而精确规划并合理设定每一个教学环节的起始与结束时间戳，以确保整个教学流程顺畅进行，高效实施。

● 第一步：上传教学设计并撰写提示语

打开DeepSeek官网后，关闭"联网搜索"功能，接着上传教学设计文件，在对话框中输入提示语：我是一名小学信息科技教师，请你以一个专业的课堂时间规划专家的身份，根据我上传的文档，帮我规划一份"选择排序"课程的教学时间戳。上传附件、撰写提示语如图2-4-1所示。

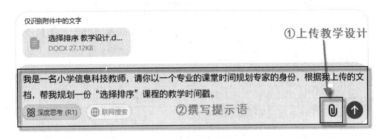

图2-4-1　上传附件、撰写提示语

● 第二步：规划教学时间戳

经过深度分析与推理，DeepSeek生成了一个相对合理的教学时间戳设计方案。生成的设计结果如图2-4-2所示。

"选择排序"教学时间规划（40分钟）

一、情境导入（5分钟）

- 时间戳：0:00 - 5:00
  - 教师提问互动（排队、整理物品等生活场景）
  - 学生分享排序经验，教师引出排序算法概念

图2-4-2　教学时间规划建议

二、探究新知（25分钟）

1. **任务1：认识选择排序（8分钟）**
   - **时间戳：5:00 - 13:00**
     - 教师演示"小房子"游戏，学生参与排序
     - 学生总结排序步骤，教师提炼选择排序原理
     - 师生共同梳理算法流程（找最小、交换位置、重复操作）

2. **任务2：理解选择排序（10分钟）**
   - **时间戳：13:00 - 23:00**
     - 学生分组进行"红包数字排序"游戏
     - 教师引导总结游戏规则与算法逻辑对应关系
     - 教师展示Python代码运行效果，对比人机排序速度

3. **任务3：设计并验证算法（7分钟）**
   - **时间戳：23:00 - 30:00**
     - 学生小组修改代码，完成指定数组排序（$23, 18, 6, \ldots$）
     - 教师巡视指导，学生代表演示并讲解设计思路

三、拓展提升（3分钟）

- **时间戳：30:00 - 33:00**
  - 教师简要介绍其他排序算法（如冒泡排序、快速排序）
  - 鼓励学生课后探索更多算法资源

四、总结收获（5分钟）

- **时间戳：33:00 - 38:00**
  - 学生分享学习感悟（如选择排序步骤、生活中的算法应用）
  - 教师总结课程重点，强调算法思维的重要性

五、课后延伸（2分钟）

- **时间戳：38:00 - 40:00**
  - 布置实践任务：设计个性化排序算法（如按颜色、形状排序）
  - 提醒学生整理设备，有序离开电脑教室

时间规划说明：

1. **弹性预留**：每个环节预留1-2分钟灵活调整，确保核心内容完成。
2. **互动优先**：游戏和分组实践占主导，避免单向讲授时间过长。
3. **技术衔接**：代码演示环节控制在3分钟内，避免学生因技术问题分心。
4. **生活关联**：总结环节强化算法与生活的联系，提升学习价值感。

图2-4-2　教学时间规划建议（续）

案例二 分析教学时间戳

"通义听悟"与DeepSeek强强联合,为教师提供了教学时间戳分析解决方案。通过"通义听悟",教师可以轻松上传课堂实录,系统智能识别并生成详细的教学环节时间戳,帮助教师精准掌握教学进度。DeepSeek则会进一步深入分析这些时间戳,提炼出关键教学点,为教师优化课程设计、提高教学效率提供有力支持。

● 第一步:获取课堂实录文本

登录"通义听悟"后,先将预先准备好的课堂实录音频或视频文件上传至系统。在上传过程中,按需选择文件的语言类型,并决定是否需要翻译以及是否要区分不同发言人的讲话内容。完成这些设置后,单击"开始转写"按钮,系统将自动转写出一份带有详细教学时间戳的课堂实录文本。转写的部分结果如图2-4-3所示。

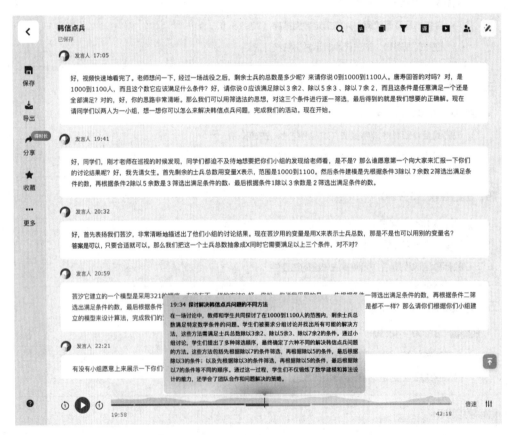

图2-4-3 带教学时间戳的课堂实录文本

● 第二步:分析教学时间戳

将"通义听悟"生成的课堂实录导出时,务必注意以下导出设置:在"显示信息"复选框里,确保勾选上"时间戳"这一关键要素,以保证导出的文件包含详细的时间标记信息。导出设置如图2-4-4所示。

图2-4-4　导出设置

　　在"通义听悟"导出文件后，打开DeepSeek官网，上传刚刚导出的包含时间戳的课堂实录文件，并撰写相应的提示语，确认无误后单击发送。在DeepSeek的对话框中输入提示语：你是一位精通中小学课堂时间管理的信息科技教育专家，请你基于提供的课堂实录文本及时间戳数据，完成以下分析任务：①分段统计各教学环节实际用时；②评估时间分配与教学设计预设的匹配度；③诊断时间利用效率问题；④提供优化调整建议。分析结果如图2-4-5所示。

"韩信点兵"课堂时间管理分析报告

1. 分段统计各教学环节实际用时

教学环节	时间戳范围	实际用时
课堂导入与纪律强调	00:00 - 03:03	3分03秒
游戏"小演员请就位"	03:03 - 07:32	4分29秒
筛选法原理讲解与验证	07:32 - 15:54	8分22秒
韩信点兵问题引入	15:54 - 17:05	1分11秒
小组合作建模与算法设计	17:05 - 22:21	5分16秒
算法效率对比与代码验证	22:21 - 41:53	19分32秒
生活案例拓展与总结	41:53 - 42:32	0分39秒
课堂收尾	42:32 - 结束	1分28秒

图2-4-5　教学时间戳分析结果

2. 时间分配与教学设计预设的匹配度评估

- **匹配度较高的环节**:
  - **筛选法原理讲解与验证**（预设目标：理解筛选法逻辑，实际用时合理）。
  - **算法效率对比与代码验证**（预设目标：实践与验证，时间占比最大，符合设计需求）。
- **匹配度较低的环节**:
  - **课堂导入与纪律强调**（预设目标：快速导入，实际耗时过长，超出预期）。
  - **生活案例拓展与总结**（预设目标：深化理解，实际仅用39秒，未充分展开）。
  - **韩信点兵问题引入**（预设目标：明确问题背景，实际仅1分11秒，讲解仓促）。

---

3. 时间利用效率问题诊断

- **问题1：导入与纪律管理耗时过长**
  - 原因：教师过多强调课堂纪律、设备使用规则，学生互动重复且低效。
- **问题2：代码验证环节超时严重**
  - 原因：学生调试代码时频繁遇到技术问题（如条件修改错误、代码粘贴位置错误），教师需反复指导。
- **问题3：核心知识讲解时间不足**
  - 表现：韩信点兵问题背景和筛选法原理讲解时间被压缩，部分学生未充分理解直接进入实践。
- **问题4：总结环节过于仓促**
  - 影响：未有效联系生活案例，学生难以形成完整的算法应用认知。

---

4. 优化调整建议

- **建议1：精简课堂导入环节**
  - 将纪律说明与设备操作合并为1分钟内完成，用可视化规则（如PPT提示）替代口头重复。
- **建议2：优化代码验证流程**
  - 提供标准化代码模板（如填空式代码），减少学生调试时间；分组时分配技术能力较强的学生担任"技术组长"。
- **建议3：强化核心知识讲解**
  - 增加5分钟用于韩信点兵问题背景和筛选法原理的动画演示，结合具体数字案例分步解析。
- **建议4：延长总结与拓展环节**
  - 预留3分钟展示筛选法在生活中的实际应用（如咖啡豆分级、快递分拣），引导学生总结算法效率与条件顺序的关系。
- **建议5：增加课堂弹性时间**
  - 为代码验证环节预留5分钟缓冲时间，避免因技术问题拖累整体进度。

总结：本课堂在实践环节（算法验证）投入充分，但导入与总结环节时间分配失衡，导致部分教学目标未完全达成。通过精简低效互动、优化技术支持和强化核心讲解，可显著提升时间利用效率与学生理解深度。

图2-4-5　教学时间戳分析结果（续）

应用拓展

在教师专业发展上，量化分析教学行为模式更加精准。请你收集其他教师两周的授课音视频资料，进行量化分析，生成风格雷达图及改进建议，并根据建议复盘自我的课堂教学表现。

技术与风险

DeepSeek与"通义听悟"结合，可将教学时间戳分析拓展至多场景，涵盖教学优化、学情管理、教研创新等。通过时间戳标记关键节点，结合学生参与度，GAI能即时生成互动优化建议，如推送趣味问答或角色扮演脚本。同时，GAI能解构师生对话，优化提问策略。学情追踪方面，GAI能基于时间戳关联知识点掌握，生成错题强化训练包，构建专注度热力图。资源生成上，GAI能自动标注微课切片，关联跨学科素材。

在分析教学时间戳的过程中，GAI需收集学生学习数据，若保护措施不到位，可能会泄露学生信息，所以，教师在此过程中一定要注意数据及隐私信息的保护。算法偏见可能会影响教育的公平性，过度依赖GAI会削弱教育工作者的教学经验和直觉。技术挑战包括算法不稳定、识别精度有限，这会影响时间轴规划的准确性。数据质量不足也会影响GAI的判断。

第三章　作业管理

3-1　作业时长管理

🎬 场景聚焦

张老师在办公室内，面对收上来的作业本，眉头紧锁。她为学生布置了一系列习题，却忽然认识到：作业量虽充足，却未兼顾"双减"政策与学生个体差异。

于是，张老师决心改变现状。她根据学生的特点精心设计作业，严格控制作业时间，确保每个学生都能在合理时间内高效完成。她期待着，未来的日子里，学生在完成作业后，能有更多时间培养自己的兴趣与爱好。这种对作业时间的细致考量，成为张老师心中最温柔的教育诗篇。

📋 任务解析

学生作业时长管理是监测作业布置是否合理的重要内容之一。合理的作业布置，能够有效地保障学生的身心健康，并提升学生的学习效率。本节涉及两个案例，分别从作业内容上传和作业时长分析两个方面入手。将作业内容上传至DeepSeek，它会分析出学生完成该作业所需的大约时长。在作业时长分析中，DeepSeek基于题目难度、历史数据及班级学情生成时长预测，进行作业时长的管理，并支持实时调整，生成家校沟通材料。本节中所需工具如表3-1-1所示。

表3-1-1　所需工具表

案例	工具融合
作业内容上传	DeepSeek
作业时长分析	DeepSeek+ 微信

实战指南

↓ | 案例一　作业内容上传 |

为了更好地进行作业时长管理，教师可借助 DeepSeek 对作业内容进行科学分析并利用 DeepSeek 进行作业时长预分析。

● **第一步：上传作业内容**

以三年级下学期数学作业为例，确定作业内容，单击 DeepSeek 对话框右下角的"回形针"图标，把作业内容上传到 DeepSeek（本例中作业内容以图片形式上传）。图片上传如图 3-1-1 所示。

图 3-1-1　图片上传

● **第二步：作业时长预分析**

若想预估学生完成作业的时间，可以在 DeepSeek 的对话框中输入提示语：针对三年级下学期的学生，刚学到第二章除数是一位数的除法，完成文件里的内容，大约需要多长时间。生成的部分回答如图 3-1-2 所示。

▨ 已深度思考 (用时 17 秒) ⌄

根据三年级下学期学生刚接触除数是一位数除法的学习进度，完成上述8道竖式计算题大约需要 **20-30分钟**。具体分析如下：

1. 题目难度分层

- 简单题 (3道)：如 306÷3 、 360÷3 、 680÷4 ，被除数与除数有整除关系，学生可快速完成（每题 **1-2分钟**）。
- 中等题 (3道)：如 608÷4 、 517÷5 、 564÷7 ，涉及多步试商或余数（如 517÷5=103余2 ），需更仔细计算（每题 **3-4分钟**）。
- 较难题 (2道)：如 403÷8 、 262÷6 ，被除数中间含0或余数较大（如 403÷8=50余3 ），易出错，需反复检查（每题 **4-5分钟**）。

图 3-1-2　DeepSeek 生成的作业时长预分析

2. 时间分配建议

- **前5分钟**: 完成简单题, 建立信心。
- **中间10-15分钟**: 解决中等题, 巩固步骤。
- **最后5-10分钟**: 攻克难题, 核对答案。

3. 注意事项

- **易错点**: 试商不准 (如 564÷7)、忽略中间0 (如 608÷4)、余数记录错误。
- **家长辅助**: 可提醒学生先估算结果范围 (如 403÷8≈50), 再精确计算, 减少试商次数。

图3-1-2　DeepSeek生成的作业时长预分析 (续)

案例二　作业时长分析

DeepSeek已经预估了学生完成作业所需要的时间。接下来, 我们将结合学生平时完成作业所需的时间, 借助DeepSeek进行综合分析, 以制定科学合理的作业时长分配方案、可视化报告及家长告知单, 保障学生合理利用课后时间。

● 第一步: 获取作业时间

为了更好地管理学生的作业时长, 教师需要收集学生平时做作业的时长。教师可以通过微信接龙的方式实现。接龙结果如图3-1-3所示。

```
#接龙
1.陈××作业完成时间15分钟
2.程×作业完成时间20分钟
3.程××作业完成时间25分钟
4.段××作业完成时间30分钟
5.韩××作业完成时间20分钟
6.胡××作业完成时间18分钟
7.胡××作业完成时间30分钟
8.黄××作业完成时间32分钟
9.焦××作业完成时间24分钟
10.李××作业完成时间20分钟
11.李××作业完成时间18分钟
```

图3-1-3　微信接龙结果

- ● 第二步：作业时间管理

现已获取了学生平时完成作业的时间，并通过DeepSeek预估了本次作业完成的时间。借助DeepSeek进行分析，在对话框中输入提示语：请结合学生之前写作业的时间，以及预估的本次作业的完成时间，合理安排，确保作业内容符合每个学生的特点，且符合国家规定的作业时长。通过上述分析，制定科学合理的作业时长分配方案，便于教师进行学生作业的时间管理。DeepSeek生成的部分回答如图3-1-4所示。

组别	学生名单	完成时间	作业调整策略
高效组	陈××、程硕、韩××、李××、李××、胡××	15-20 分钟	增加1-2道拓展题（如带余数应用题），总时长控制20分钟。
稳定组	焦××、程××	24-25 分钟	保持标准题量，优化题目顺序（先易后难）。
需辅助组	段××、胡××、黄××	30-32 分钟	减少2题，替换为图解式题目，总时长压缩至25分钟。

二、个性化作业内容示例

1. 高效组（6人）

- 基础题（15分钟）：
  432÷4、315÷3、728÷7（整除题，巩固速度）。

- 拓展题（5分钟）：
  "小明有517颗糖，分给5个朋友，每人几颗？剩几颗？"（需列式并解释余数意义）。

2. 稳定组（2人）

- 分层题（20分钟）：
  - 基础：606÷6、824÷8（强化中间含0的除法）。
  - 提升：564÷7（试商训练）+ "用竖式解释为什么403÷8=50余3"。

3. 需辅助组（3人）

- 简化题（25分钟）：
  - 图解题：用分糖果图解262÷6，标出每份和剩余。
  - 基础计算：360÷3、204÷4（增强信心）。

图3-1-4　DeepSeek生成的作业时间管理方案

🖥 **应用拓展** ━━━━━━━━━━━━━━━━━━━━

对学生作业时长进行科学的管理，有助于提升学生的学习效率，促进学生的个性化发展。教师通过分析作业时长管理报告，能够精准把握学生作业用时情况，从而更有针对性地优化作业管理策略。

为进一步加强家校协同育人，教师可精心设计学生作业时长管理告知单。告知单包括学生各科作业预计时长、实际完成时长、完成质量反馈等内容，并附上个性化学习建议。将其下发给家长，让家长能清晰了解孩子作业完成情况，配合教师共同监督引导，帮助学生提高学习效率。请设计并制作一份学生作业时长管理告知单。

技术与创新

在数字化教育迅速发展的时代，人工智能凭借其强大的智能分析与预测能力，成为学生学习过程中的得力助手。人工智能就像敏锐的"学习侦探"，能够精准捕捉学生的学习水平和作业的难易程度这两个关键因素。当面对难度较高的作业时，人工智能会依据学生的学习水平，自动为学生延长完成时间，确保学生有足够的精力攻克难题；而对于相对简单的作业，则会适当压缩时间，避免学生拖延。

3-2 错题统计报告

🎬 场景聚焦

　　李老师正面临一个挑战：如何高效地统计并分析学生的错题情况。每次批改完作业后，面对各式各样的错题，李老师总感到时间紧迫，难以逐一深入分析。正当她为此苦恼时，同事张老师给她推荐了 DeepSeek。这款工具能够自动识别作业中的错题，并进行统计分析。

　　李老师将每个学生的作业照片上传至 DeepSeek，很快，一份详尽的错题报告便呈现在她眼前。报告不仅列出了每个学生的错题内容，还按错误类型进行了分类，提供了具有针对性的教学策略建议。有了 DeepSeek 的帮助，李老师的教学效率显著提高。她能更准确地把握学生的知识盲点，从而能更合理地制订个性化的教学计划。学生也因此受益，学习进步显著，课堂氛围更加活跃。

📖 任务解析

　　错题统计报告不仅是一组汇总学生错误情况的数据，更是教师优化教学策略、提升教学质量的重要参考。将 GAI 技术应用于错题统计中，可以有效地提升教师的工作效率，帮助教师有针对性地调整教学计划，设计强化练习，从而帮助学生巩固知识，攻克学习障碍。本节涉及两个案例，分别从个人错题情况分析和班级错题统计报告两个方面入手。在个人错题情况分析中，首先介绍 DeepSeek 的批改作业功能，再进行生成个人错题情况分析。在班级错题统计报告中，基于 DeepSeek 的数据分析能力，将班级错题情况进行统计，生成 Excel 表格，方便教师进行精准化教学。本节中所需工具如表 3-2-1 所示。

表 3-2-1　所需工具表

案例	工具融合
个人错题情况分析	DeepSeek
班级错题统计报告	DeepSeek+Excel

实战指南

案例一　个人错题情况分析

在教育领域，个性化教学已成为保障学生高效学习的必要途径之一。教师通过个性化教学，精准定位学生知识掌握上的薄弱环节，进而提供定制化的学习方法。利用DeepSeek对个人错题情况进行分析研究，不仅能够促进个性化教学策略的实施，提高学生的学习成效，还能够优化教学资源配置，提高整体教学效率和质量。

● 第一步：批改学生作业

教师将学生的作业拍照，以图片或文档的形式上传到DeepSeek，利用DeepSeek的作业评改功能进行批改。在DeepSeek的对话框中输入提示语：帮我批改这份作业。DeepSeek生成的部分回答如图3-2-1所示。

已深度思考（用时 54 秒）

作业评改结果

总体评价：学生掌握了部分基础运算，但在除法计算、应用题步骤及审题上存在较多错误，需加强练习。以下为各题详细反馈：

---

1. 填空

- **(1)**
  - 450是9的（50）倍 ☑
  - 48的6倍是（8）✖
    答案：48的6倍是 **288**（48×6=288）。
- **(2)** 从322里连续减去8，最多能减（4!）次 ✖
  答案：最多减 **40** 次（322÷8=40···2）。
- **(3)**
  - □最小填6 ☑
  - □最大填5 ☑
- **(4)** 余数最大是6，被除数是167 ☑
- **(5)** 口算“400÷5”正确 ☑

---

2. 直接写出得数

全部答案正确 ☑

---

3. 列竖式计算

- **327 ÷ 3 = 69** ✖
  正确计算：327 ÷ 3 = **109**（3×109=327）。

图3-2-1　DeepSeek生成的部分作业批改

- **803 ÷ 8 = 100余3** ✅
- **492 ÷ 6 = 82** ✅
- **840 ÷ 7 = 120** ✅
- **★343 ÷ 5 = 68余3** ✅
- **★905 ÷ 5 = 81** ❌
  正确计算：905 ÷ 5 = 181（5×181=905）。

图 3-2-1 DeepSeek 生成的部分作业批改（续）

● **第二步：学生错题情况分析**

借助 DeepSeek 对错题情况进行分析，可以继续生成学生错题情况分析报告以及具有针对性的补测练习。在 DeepSeek 的对话框中输入提示语：请根据学生完成的情况，写一份错题分析报告，并提供相应的补测练习。DeepSeek 生成的部分回答如图 3-2-2 所示。

> 🐋 已深度思考（用时 33 秒）〉
>
> **错题分析报告**
>
> **一、主要错误类型及原因**
>
> **1. 乘法与除法基本运算错误**
> - 例：填空题第 1(1) 题"48 的 6 倍是 8"，正确答案应为 288。
> - 原因：对乘法意义理解不足，未正确计算倍数关系。
>
> **2. 多位数除法竖式步骤错误**
> - 例：327÷3 误算为 69（正确为 109）。
> - 原因：未按位逐级计算，导致商的位置错误。
>
> **3. 运算顺序混淆**
> - 例：228÷2÷4 误算为 6（正确为 28.5）。
> - 原因：未按从左到右顺序分步计算，或误用除法分配律。
>
> **4. 余数处理不当**
> - 例：844÷6 误算为商 14 余 4（正确为商 140 余 4）。
> - 原因：未正确对齐位数，余数计算不准确。
>
> **5. 方向辨识错误**
> - 例：十字路口西南方向误写为"出局"（正确为"邮局"）。
> - 原因：对方向标识不熟悉或笔误。
>
> ---
>
> **二、学习建议**
>
> 1. **强化基础运算**：每日练习乘法口诀及两位数乘一位数，夯实计算基础。
> 2. **规范竖式步骤**：分步标注商的每一位，确保对齐数位，避免跳步。
> 3. **明确运算顺序**：混合运算中严格遵循"先乘除后加减，括号优先"规则。
> 4. **余数应用题专项训练**：通过实际问题理解余数的意义，如"装盒""分组"等场景。

图 3-2-2 DeepSeek 生成的学生错题分析

5. **方向辨识练习**：结合地图或生活场景，强化"东南西北"及复合方向（如"东北""西南"）的辨识能力。

补测练习

一、基础运算巩固

1. 填空
(1) 36的5倍是（　　），72是8的（　　）倍。

图3-2-2　DeepSeek生成的学生错题分析（续）

案例二　班级错题统计报告

对班级错题情况进行系统、科学的统计与分析，对于促进教学质量提升、助力学生高效学习具有重要意义。借助DeepSeek的教学效果监测与反馈技术，教师能够形成一套可操作性强、适应性广的班级错题统计分析方法，这不仅能够有效提高教师的教学效率和教学质量，还能激发学生的学习主动性，促进班级整体学习水平的提高。

● 第一步：班级作业批改、分析

将班级学生作业上传至DeepSeek，可以将每个学生的作业分别上传（最多50个），也可以将所有学生的作业放在一个文档中上传（文档大小不超过100MB）。上传完成之后，对班级作业进行批改。在DeepSeek的对话框中输入提示语：批改班级作业，生成班级错题统计报告。DeepSeek生成的部分回答如图3-2-3所示。

🌀 已深度思考（用时22秒）✔

班级错题统计报告

一、班级概况

- **班级人数**：30人
- **作业范围**：第1、2单元综合练习
- **主要错误类型**：基础运算、竖式计算、余数处理、运算顺序、方向辨识

二、错题分布统计

题目类型	错误人数	错误率	高频错误题号	典型错误描述
填空题	25	83.3%	1(1)、1(2)、3(3)、4(4)	倍数计算、连续减法次数、余数最大值
竖式计算	18	60%	327÷3、★905÷5、492÷6	商定位错误、验算遗漏、中间余数忽略

图3-2-3　DeepSeek生成的班级错题分析

分步计算	22	73.3%	36×4÷9、750÷(2×3)	运算顺序混淆（如先乘后除）、括号忽略
应用题	12	40%	第8题、第9题	单位遗漏、余数表述不完整
方向辨识	15	50%	7(3)、7(4)	复合方向混淆（如西南误为"出局"）

三、高频错题分析

1. 填空题第1(1)题

- 错误表现：48的6倍误算为8（正确为288）。
- 错误率：20人（66.7%）。
- 原因：乘法基础薄弱，未理解"倍数"概念。

2. 竖式计算327÷3

- 错误表现：误算为69（正确为109）。
- 错误率：15人（50%）。
- 原因：未按位逐级计算，商的定位错误。

图3-2-3　DeepSeek生成的班级错题分析（续）

● **第二步：直观化错题分析**

为了更直观地展示学生的错题分布情况，可以利用柱形图来呈现。通过Excel软件，将班级错题分布数据转化为图表形式（表3-2-2），更直观地了解学生在哪些题目上容易出错。

表 3-2-2　班级错题分布统计

班级错题分布统计				
题目类型	错误人数	错误率	高频错误题号	典型错误描述
填空题	25	83.30%	1(1)、1(2)、3(3)、4(4)	倍数计算、连续减法次数、余数最大值
竖式计算	18	60%	327÷3、★905÷5、492÷6	商定位错误、验算遗漏、中间余数忽略
分步计算	22	73.30%	36×4÷9、750÷(2×3)	运算顺序混淆（如先乘后除）、括号忽略
应用题	12	40%	第8题、第9题	单位遗漏、余数表述不完整
方向辨识	15	50%	7(3)、7(4)	复合方向混淆（如西南误为"出局"）

具体操作如下：①打开Excel，把DeepSeek中生成的"错题分布统计"内容复制粘贴到Excel中；②选择菜单栏中的"插入"选项；③在"插入"选项里选择"图表"选项；

④在弹出的图表中，选择合适的柱形图。柱形图效果如图3-2-4所示。

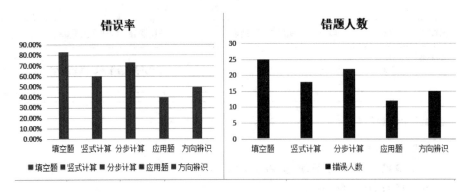

图3-2-4　直观化错题数据分析

📺 应用拓展

上述案例介绍了如何借助DeepSeek生成数学学科的错题分析。其实，在语文字词的听写过程中，借助DeepSeek，教师同样能得到学生易错的生字词及差错率。请针对语文三年级下册《纸的发明》一课，利用DeepSeek找出学生易错的生字词。

📊 技术与创新

在GAI驱动学习的科学视角下，错题管理策略迎来了全新的变革。GAI能精确捕捉并深入分析错题，这一转变不仅方便了错题的细致分类，更深度挖掘了错题的出错根源。GAI凭借对学生历史错题数据的深度分析，能够智能推荐定制化习题，从而有力地促进学生对知识点的掌握。此外，GAI技术的融入，还使教师能够实时追踪学生的学习进展，灵活调整教学策略，进而提高学生的学习效率。

3-3 作业分层管理

🎬 **场景聚焦**

　　张老师在教学中遇到了一个难题：每个学生的基础和学习需求各不相同，如何精准地为学生布置作业？张老师想到DeepSeek可能会对自己有所帮助，于是便将学生的学情数据录入其中。DeepSeek迅速分析并生成了分层次、个性化的作业方案，帮助基础薄弱的学生巩固练习，对学有余力的学生则给予更多的拓展和挑战。

　　应用GAI工具后，张老师发现布置作业变得更加高效、精准。学生们的学习热情也很高，学习效率也显著提升。通过GAI工具的实时反馈，张老师能够及时调整教学策略，确保每个学生都能在适合自己的节奏中成长。这一转变不仅减轻了张老师的压力，更让班级的学习氛围变得更加积极向上。

📖 **任务解析**

　　作业分层管理能够满足学生多样化的学习需求，促进每个学生的个性化发展。借助GAI，教师能够高效地分析学情，生成多元化、多层次的作业，提升作业布置的精准度和个性化，提高作业管理的效率和质量。本节内容涉及作业分层设计和作业优化设计两个方面。在分层作业设计中，教师基于DeepSeek对教学目标和学生学情的分析，分层设计作业。在作业优化设计中，GAI根据学生的特点，进一步优化作业，最终将学生作业进行保存、应用。本节中所需工具如表3-3-1所示。

表3-3-1　所需工具表

案例	工具融合
作业分层设计	DeepSeek
作业优化设计	DeepSeek+ 豆包

👆 **实战指南**

⬇ **案例一　作业分层设计**

　　传统作业分层设计是教师不断收集情况，根据学生对知识的掌握情况，分层进行作业设计，但因收集、分析数据工作量大，使分层作业设计低效。结合学情分析和GAI技术，教师能够高效地满足不同学生对于个性化作业的需求，实现高效、精准的分层作业设计。

● 第一步：学生学情分析

借助DeepSeek进行学情分析，结合前两节中提到的作业时长管理和错题统计报告，教师可以了解学生的具体学情。在DeepSeek的对话框中输入提示语：针对三年级下学期学生，数学学习进度已到第二章《除数是一位数的除法》，现需对该部分学生进行深入的学情分析。DeepSeek生成的部分回答如图3-3-1所示。

> ⊗ 已深度思考（用时 47 秒） ∨
>
> **三年级下学期《除数是一位数的除法》学情分析报告**
>
> ---
>
> **一、学生基本情况**
>
> - **班级人数**：30人
> - **学习进度**：第二章《除数是一位数的除法》
> - **分析依据**：课堂表现、作业批改、单元测验、学生访谈
>
> **二、知识掌握情况**
>
> 1. **基础运算能力**
>   - 优势：80%的学生能熟练口算整十、整百数除以一位数（如400÷5=80）。
>   - 不足：
>   - 60%的学生对两位数除以一位数的竖式计算步骤不熟练，尤其是商的定位（如327÷3误算为69）。
>   - 45%的学生在商中间或末尾有0的除法中易出错（如905÷5误算为81）。
> 2. **应用题解决能力**
>   - 优势：70%的学生能理解简单除法应用题（如平均分问题）。
>   - 不足：
>   - 50%的学生对涉及余数的实际意义理解模糊（如"最多能减多少次"误用除法结果忽略余数）。
>   - 35%的学生难以将复合方向问题与数学计算结合（如地图题中方向辨识错误）。
> 3. **运算顺序与规范**
>   - 高频错误：
>   - 运算顺序混淆［如750÷(2×3)=94，正确应为125］。
>   - 竖式书写不规范（余数未对齐或跳步计算）。
>
> **三、错误类型及原因分析**
>
> | 错误类型 | 典型表现 | 错误率 | 主要原因 |
> | --- | --- | --- | --- |
> | 商的定位错误 | 327÷3=69（正确为109） | 65% | 未逐位计算，急于求成跳过中间步骤。 ∨ |

图3-3-1　DeepSeek生成的学生学情分析

● 第二步：分层作业设计

根据上文得到的学情分析，总结出班级学生的学情特点，借助DeepSeek进行作业分层设计。继续在DeepSeek的对话框中输入提示语：依据学情分析，分别设计容易、中等、困难分层数学作业，内容是《除数是一位数的除法》，作业量各为10道题。DeepSeek生成的部分作业设计如图3-3-2所示。

一、容易层（基础巩固）

目标： 掌握整十数、整百数除以一位数的基本运算，无余数。

1. $60 \div 3 =$ （　）

2. $120 \div 4 =$ （　）

3. 直接写出得数：$200 \div 5 =$ （　）

4. 填空：450是9的（　）倍。

5. 分糖果：把90块糖平均分给6个小朋友，每人分到（　）块。

6. 列竖式计算：$84 \div 4 =$ （　）

7. 判断对错：$360 \div 6 = 60$ （　）

8. 从240里连续减去8，最多能减（　）次。

9. 口算：$400 \div 5 =$ （　）

10. 填表：被除数=480，除数=6，商=（　）。

二、中等层（能力提升）

目标： 熟练两位数除以一位数的计算方法，处理有余数的情况，规范竖式计算。

1. 列竖式计算：$78 \div 3 =$ （　）（带余数）

2. 应用题：学校买来96本练习本，平均分给4个班级，每班分到（　）本，还剩（　）本。

3. 填空：□4 $\div$ 5，商是两位数，□里最小填（　）。

4. 计算：$125 \div 5 =$ （　）

5. 纠错题：下面的竖式错在哪里？

6. 连续减法：从322里最多能减几次8？（列式计算）

7. 填表：被除数=315，除数=3，商=（　）。

8. 口算：$540 \div 6 =$ （　）

9. 判断：一个数除以7，余数最大是6。（　）

10. 综合题：小明用84元买了6支相同的钢笔，每支钢笔（　）元。

三、困难层（综合挑战）

目标： 解决三位数除以一位数，结合余数应用，多步骤问题。

⌄

图3-3-2　DeepSeek生成的分层作业设计

案例二 作业优化设计

为了保证作业的设计更加符合学生的身心发展特点，需要进一步优化设计作业的版式。

● 第一步：格式排版优化

借助DeepSeek将作业版式进一步优化，将作业内容按照规范的文本格式进行排版。在DeepSeek的对话框中输入的提示语为将上面的作业文档按下面的要求进行排版：页边距设置为上下各2.5厘米，左右各3厘米，以确保内容不过于拥挤。字体和字号：正文通常使用宋体、楷体或仿宋等易读字体，字号一般为小四号或五号。标题可适当加大字号并加粗。行间距：通常设置为1.5倍或2倍行距，以便于阅读和批改。DeepSeek生成的部分回答如图3-3-3所示。

> 🔀 已深度思考（用时28秒）∨
>
> **《除数是一位数的除法》分层作业设计**
>
> **难度分级**：😊基础 / 🚀挑战 / 🎯拓展
>
> ――――――――――――――――――――――――
>
> 😊 **基础层 (10题)**
>
> **目标**：掌握整十数、整百数除以一位数的基本运算，无余数。
>
> 1. 60 ÷ 3 = ＿＿＿
> 2. 120 ÷ 4 = ＿＿＿
> 3. 直接写出得数：200 ÷ 5 = ＿＿＿
> 4. 填空：450是9的（　）倍。
> 5. 分糖果：把90块糖平均分给6个小朋友，每人分到（　）块。
> 6. 列竖式计算：84 ÷ 4 = ＿＿＿
> 7. 判断对错：360 ÷ 6 = 60 （　）
> 8. 从240里连续减去8，最多能减（　）次。
> 9. 口算：400 ÷ 5 = ＿＿＿
> 10. 填表：被除数=480，除数=6，商=（　）。
>
> ――――――――――――――――――――――――
>
> 🚀 **挑战层 (10题)**
>
> **目标**：熟练两位数除以一位数的计算方法，处理余数，规范竖式。
>
> 1. 列竖式计算：78 ÷ 3 = ＿＿＿（带余数）
> 2. 应用题：学校买来96本练习本，平均分给4个班，每班分到（　）本，还剩（　）本。

图3-3-3　DeepSeek生成的作业版式优化

● 第二步：下载保存作业

完成作业版式设计之后，借助"豆包"软件，下载保存作业。

（1）在DeepSeek页面内，单击作业最下方的复制按键，将作业复制，如图3-3-4所示。

中等层：

1. 26 2. 24本，余0本 3. 5 4. 25 5. 余数末标 6. 40次 7. 105 8. 90 9. 对 10. 14元

困难层：

1. 104 2. 106箱，余4瓶 3. 6 4. 125 5. 运算顺序错误（应为16）

2. 东南 7. 105 8. 672÷6=112，112-15×6=22本 9. 344（68×5+4） 10. 241

设计说明：

- **容易层：** 强化基础口算和简单应用题，避免余数。
- **中等层：** 引入有余数除法和竖式规范，结合纠错题提升细节意识。
- **困难层：** 综合应用（方向、多步骤运算）、三位数除法及余数逆向推理，注重逻辑严密性。

图3-3-4　复制作业

（2）打开"豆包"软件，选择"帮我写作"。将复制的作业粘贴到对话框中，然后发送上传。"豆包"操作过程的界面如图3-3-5、图3-3-6、图3-3-7所示。

图3-3-5　"豆包"操作界面

图3-3-6　"帮我写作"操作界面

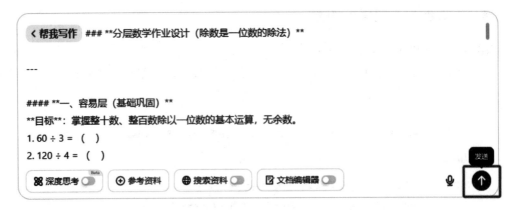

〈 帮我写作 ### **分层数学作业设计（除数是一位数的除法）**

一、容易层（基础巩固）
目标：掌握整十数、整百数除以一位数的基本运算，无余数。
1. 60 ÷ 3 = （　　）
2. 120 ÷ 4 = （　　）

⊞ 深度思考 Beta ○　⊕ 参考资料 ○　⊕ 搜索资料 ○　⊠ 文档编辑器 ○　🎤　↑

图 3-3-7　作业发送界面

（3）单击右上角的"下载"按钮，得到分层作业 Word 版。作业下载界面如图 3-3-8 所示。

📋 复制　⊥ 下载

▪ Word

▪ PDF

▪ Markdown

分层数学作业设计（除数是一位数的除法）
班级：三年级　　姓名：_____　　日期：_____
_____

一、容易层（基础巩固）
目标：掌握整十数、整百数除以一位数的基本运算，无余数。
1. 60 ÷ 3 = （　　）
2. 120 ÷ 4 = （　　）
✦ 3. 直接写出得数：200 ÷ 5 = （　　）
4. 填空：450 是 9 的（　　）倍。
5. 分糖果：把 90 块糖平均分给 6 个小朋友，每人分到（　　）块。
6. 列竖式计算：84 ÷ 4 = （　　）
7. 判断对错：360 ÷ 6 = 60 （　　）
8. 从 240 里连续减去 8，最多能减（　　）次。
9. 口算：400 ÷ 5 = （　　）
10. 填表：被除数 = 480，除数 = 6，商 = （　　）。
_____

二、中等层（能力提升）
目标：熟练两位数除以一位数，处理有余数的情况，规范竖式计算。
1. 列竖式计算：78 ÷ 3 = （　　）（带余数）
2. 应用题：学校买来 96 本练习本，平均分给 4 个班级，每班分到（　　）本，还剩（　　）本。
3. 填空：□4 ÷ 5，商是两位数，□里最小填（　　）。
4. 计算：125 ÷ 5 = （　　）
5. 纠错题：下面的竖式错在哪里？

图 3-3-8　作业下载界面

应用拓展

在完成分层作业的编制工作后，为了提升学生的作业接受度，在作业优化的过程中，教师需要进行作业版式与风格的创新，其中，添加视觉分级效果是一种行之有效的方法。具体而言，教师可依据作业的难易程度，灵活运用不同颜色、调整字体大小或改变线条粗细来进行区分，让学生能一目了然地辨识出不同难度的作业。进一步地，教师还可以借助表情符号直观标注分类作业的难度类别。这种充满趣味性的呈现方式，不仅能迅速吸引学生的注意力，还能让学生快速了解作业要求，从而激发他们更积极主动地投入到作业的完成过程中。请根据上述要求，进一步优化作业设计。

技术与创新

当今教育领域，GAI的作业分层管理功能正发挥着越来越重要的作用，它能够充分满足不同学生的学习需求，有力推动教育朝着个性化和差异化的方向发展。

GAI通过算法，能够对学生日常的学习状态，如答题正确率、学习进度、知识掌握薄弱点等进行精准分析，为教师的教学提供科学且可靠的依据。依据这些数据，教师可以设计出更符合学生实际情况的作业内容，避免"一刀切"的作业模式，减轻学生的学业压力，让学生告别题海战术，把宝贵的精力和时间用于针对性练习，从而有效提升学习效果。

同时，分层作业设计也为教师的工作带来了诸多便利。它减少了教师重复评改作业的工作量，让教师能从烦琐的作业批改中解放出来，将更多精力投入到教学研究、课程设计以及与学生的互动交流中。这样，不仅能进一步提升教学质量，还能实现教学相长的良好局面。

3-4 语音作业批注

李老师正埋头认真批改着学生的作业。然而，面对每一份需要写详细评语的作业，李老师感到力不从心。传统的书面反馈方式不仅耗时，而且难以保证每个学生都能深刻理解。一个念头出现在李老师的脑海中——可以利用人工智能生成个性化评语，并转化为温暖清晰的声音。于是，李老师借助DeepSeek进行了尝试，并在此基础上引入了一款基于人工智能的语音合成软件。他仔细地将给每位学生的评语录制成语音，然后生成一个独特的二维码贴在作业本上。学生只需扫描二维码，就能立即听到老师对其作业的专业评价与指导。这一创新举措极大地激发了学生的学习兴趣，让学生迅速理解老师的评语，学习效率和成绩突飞猛进。

任务解析

语音作业批注有助于教师对学生的作业提供具体、个性化的反馈。这种一对一的交流方式能够让学生感受到教师的关注和重视，从而激发学生的学习动力和自信心。语音作业批注与GAI融合，让教师的评价更加灵活地出现在学生的学习中，大幅度提升了教师的教学效率和学生的学习效果。本节通过语音作业批注案例，详细地讲述语音作业批注的操作步骤。本节中所需工具如表3-4-1所示。

表 3-4-1　所需工具表

案例	工具融合
语音作业批注	DeepSeek+TTSMaker+ 草料二维码

实战指南

↓ 案例　语音作业批注

由于教师需要批改大量作业，传统的作业反馈，往往不够及时，学生无法及时了解自己的学习情况，从而造成学习效率的下降。借助DeepSeek可以使学生快速得到自己的作业评价及反馈建议。

● 第一步：生成学生作业反馈建议

教师上传学生的作业，DeepSeek将作业批改之后自动生成作业的反馈建议。在DeepSeek的对话框中输入提示语：这是三年级下学期公泽明同学的一份数学作业，学生刚学完《除数是一位数的除法》，请帮助老师根据学生完成作业的情况，给予学生作业反馈，用一段话来体现。DeepSeek生成的部分回答如图3-4-1所示。

已深度思考（用时29秒） ∨

作业反馈（公泽明同学）

总体评价：你在部分基础题目中表现良好（如填空题第1题和第5题），但对除法运算的核心步骤、符号区分、多步骤计算及应用题理解仍需加强。以下是具体反馈：

1. **基础运算与符号混淆**：
   ○ 乘法计算错误（如"48的6倍是8"，正确为288），需强化乘法口诀和两位数乘一位数的练习。
   ○ 符号混淆（如将"÷"写成"-"或"+"），建议用彩色笔标出符号，区分运算类型。

2. **竖式计算规范问题**：
   ○ 竖式书写混乱（如327÷3写成"327-3=106"），需重新学习除法竖式的分步对齐规则，建议用草稿纸逐位计算并标注余数。

3. **表格填写与分步运算**：
   ○ 表格中被除数填写错误（如"94/5"不规范），需明确被除数=除数×商。
   ○ 分步计算顺序错误（如228÷2÷4误为6），需按步骤分步计算，避免跳步。

4. **应用题与大数除法**：
   ○ 大数除法错误（如832÷4=28，正确为208），建议先用估算验证结果合理性（如800÷4≈200）。
   ○ 方向题中"根本"应为"报亭"，且方向判断不准确，需结合方位图反复练习。

学习建议：

● **每日练习**：完成5道竖式除法题，强调步骤规范（如对齐、验算）。
● **符号强化**：用不同颜色的笔标记"+、-、×、÷"，避免混淆。
● **错题订正**：将本次错误题目抄写至错题本，用红笔标注正确步骤。
● **家长辅助**：请家长协助检查符号和计算步骤，重点关注应用题的单位和余数意义。

图 3-4-1　DeepSeek生成的作业反馈建议

● 第二步：文字转换语音

借助TTSMaker软件实现文本到语音的转换。TTSMaker是一款免费的文本转语音工具，提供语音合成服务，支持多种语言。下面是利用TTSMaker将文本转换为语音的步骤。

（1）在浏览器中打开TTSMaker官网，网页界面如图3-4-2所示。

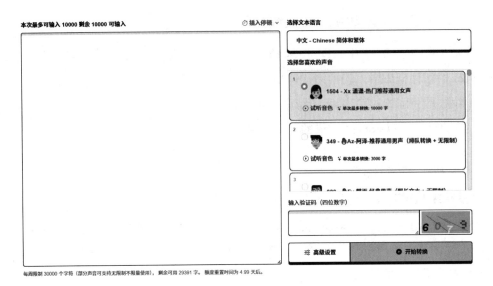

图3-4-2　TTSMaker网页界面

（2）将DeepSeek生成的作业反馈意见输入TTSMaker的文本框中，在界面右侧选择语言种类和声音，输入验证码就可以开始转换。如图3-4-3所示。

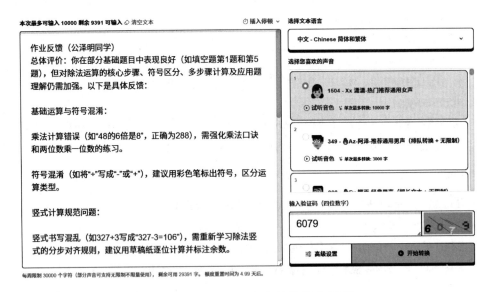

图3-4-3　TTSMaker文字转换语音界面

（3）转换完成之后，可以试听，如果需要音频文件，需要及时下载，如图3-4-4所示。

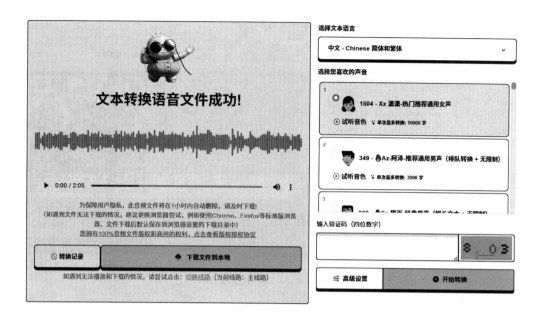

图3-4-4　TTSMaker语音下载界面

● 第三步：生成二维码

将语音生成二维码，然后贴在作业本上，方便家长及学生查阅作业评价及反馈建议。下面是利用"草料二维码"将语音生成二维码的步骤。

（1）在浏览器中打开"草料二维码"官网，网页界面如图3-4-5所示。

图3-4-5　"草料二维码"网页界面

（2）选择"音视频"界面，上传"作业反馈"音频，单击"生成二维码"，如图3-4-6所示。

图 3-4-6　生成二维码

（3）单击"下载"，即可得到相应的二维码。

按照以上步骤，教师可以得到班级所有学生的作业评价及反馈建议二维码，将其贴到学生的作业本上，实现语音作业批注。

应用拓展

借助DeepSeek、TTSMaker和"草料二维码"，实现了语音作业批注。现在请你借助这些工具，给家长发送一个语音提醒，告知其孩子的学业情况，实现高效的家校沟通与共育。

技术与创新

文字转换成语音（简称TTS）技术是一种将电子文本信息自动转换为自然流畅的语音的技术。它利用先进的语音合成算法和语音库，通过分析和模拟人类语音的特征，将文字内容转化为接近真人发音的音频。它不仅能帮助视觉障碍者获取信息，还提升了人机交互的自然度和便捷度。随着人工智能技术的不断进步，现代TTS技术已经能够实现高度自然、富有情感的语音合成，为用户提供更加真实、个性化的听觉体验。这项技术已经在多个领域广泛应用，如智能助手、有声读物制作、无障碍阅读、自动驾驶导航系统等。

第四章　家校沟通创新方案

4-1 通知智能改写

🎬 场景聚焦

因暴雨红色预警，学校教务处刚刚下达通知，要求教师在30分钟内发布停课通知。但家长群因早前"可能停课"的模糊通知不断刷屏追问，甚至有家长冒雨到校核实。

班主任陈老师在焦头烂额之际猛然想起上周教师培训中提过的DeepSeek智能改写功能。抱着试试看的心态，她将原通知复制粘贴到对话框，并输入要求，GAI瞬间完成重构。

晨会上，陈老师看着后台数据感慨：当教育遇上GAI，慌乱终将让位于从容。

📖 任务解析

发布通知是学校和家长沟通的常态化手段，通知智能改写则是利用GAI技术对原始通知进行快速改写、精准解析，以解决原通知因写作能力欠缺而导致的信息传达不准确及由此产生的二次沟通等问题。本节中所需工具如表4-1-1所示。

表4-1-1　所需工具表

案例	工具融合
紧急通知改写	DeepSeek+微信群待办
政策类通知精准解析	DeepSeek+班级小管家

👆 实战指南

⬇ 案例一　紧急通知改写

紧急通知具有紧迫性、广泛性等特点，需要教师在短时间内发送给家长。传统人工编辑通知内容易遗漏关键信息，导致信息误读、重复咨询等一系列问题。通过GAI迅速改写、润色，家校沟通的效率与信任度会显著提升。

- **第一步：撰写紧急通知**

遇突发状况如暴雨、暴雪等时，教师往往需要迅速向家长发送通知。由于时间紧迫，这些通知有时会显得含糊不清，影响沟通效果，如：明早可能停课，请等待进一步通知！

- **第二步：根据要求改写通知**

如果想让通知清晰明了，可以复制此类紧急通知内容到DeepSeek中，按照"3W1H"原则对通知内容进行优化。在DeepSeek的对话框中粘贴需优化的通知内容，再输入要求：按"3W1H"原则修改该通知，生成的结果如图4-1-1所示。

按照3W1H原则（What事件、Why原因、When时间、How方式）优化后的通知如下：

【课程调整通知】

各位师生家长：

因受台风天气影响（Why原因），明日（X月X日）上午课程可能暂停（What事件+When时间）。最新安排将于今晚22:00前通过以下渠道同步（How方式）：

① 学校官网公告栏

② 班级微信群/钉钉群

③ 短信通知（确保联系方式畅通）

请及时关注信息更新，做好行程调整。教务处值班电话：XXX-XXXXXXX（新增答疑通道）。

——XX学校教务处

X年X月X日

图4-1-1　按"3W1H"原则改写的通知

- **第三步：复制通知并微调**

DeepSeek根据"3W1H"原则对暴雨天气"课程调整通知"进行改写后，还需根据实际情况对通知进行如下微调，如图4-1-2所示。

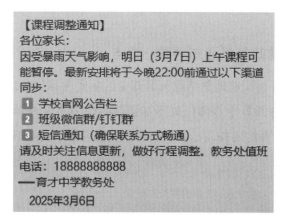

图 4-1-2　微调后的通知

● **第四步：以微信群公告待办形式发送给家长**

将群公告设置为群待办，群成员会在聊天列表中看到明显的待办事项提醒，这有助于确保每位成员都能注意到公告内容，并及时阅读。这种提醒机制降低了信息遗漏的可能性，提高了信息的传达效率，如图 4-1-3 所示。

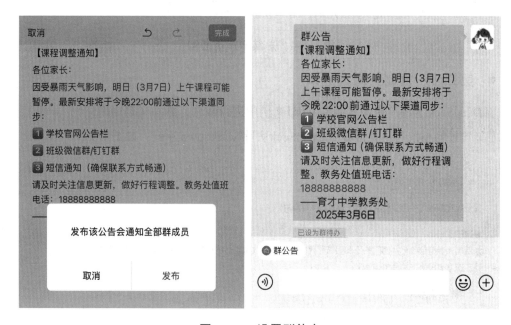

图 4-1-3　设置群待办

↓ **案例二　政策类通知精准解析**

政策类通知需要教师自主提取关键信息，这容易因理解不到位引发执行偏差。教师可以利用 DeepSeek 实现政策通知的自动摘要、智能问答、合规性检查等，从而大幅提高工作效率。

● 第一步：总结政策类通知的核心要点

DeepSeek可以精准、快速地总结政策通知中的主要内容。在DeepSeek的对话框中输入提示语：阅读《教育部等十八部门关于加强新时代中小学科学教育工作的意见》，生成一个关于加强科学教育的通知发给家长，要求言简意赅，有条理。生成内容如图4-1-4所示。

关于落实新时代中小学科学教育工作的家长告知书
尊敬的家长：
为贯彻《教育部等十八部门关于加强新时代中小学科学教育工作的意见》，我校将全面推进科学教育提质行动，现就家校协作事项告知如下：

一、课程体系升级
1. 增设科学实践课、科创社团，每周增加1课时实验探究活动。
2. 推行"科学家进课堂"计划，每月开展主题科普讲座。

二、实践活动拓展
1. 组织科技馆研学、生态观测等校外实践（每学期≥2次）。
2. 暑期开放实验室，提供机器人编程、航模设计等特色项目。

图4-1-4　总结政策类通知

● 第二步：复制并微调通知

将DeepSeek生成的通知复制到Word文档中进行微调，删除文档中的"**"。
删除*号的小技巧：直接要求DeepSeek去除Markdown标记，如图4-1-5所示。

⊗ 已深度思考（用时18秒）∨

关于落实新时代中小学科学教育工作的家长告知书

尊敬的家长：
为贯彻《教育部等十八部门关于加强新时代中小学科学教育工作的意见》，我校将全面推进科学教育提质行动，现就家校协作事项告知如下：

一、课程体系升级

1. 增设科学实践课、科创社团，每周增加1课时实验探究活动。
2. 推行"科学家进课堂"计划，每月开展主题科普讲座。

二、实践活动拓展

1. 组织科技馆研学、生态观测等校外实践（每学期≥2次）。
2. 暑期开放实验室，提供机器人编程、航模设计等特色项目。

图4-1-5　微调通知

● 第三步："班级小管家"编辑通知

打开"班级小管家"微信小程序（确保所有家长都加入"班级小管家"班级群），单击"发布"—"通知"—"自定义内容"，将通知文本粘贴即可。如果是重要通知，可在通知编辑界面选择"需要签名"，家长便可进行无纸化签名，如图4-1-6所示。

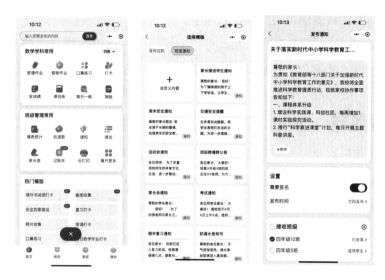

图4-1-6 "班级小管家"编辑通知

● 第四步："班级小管家"发布通知

将通知分享到微信班级群中，教师可在"班级小管家"后台查看家长是否查看了通知，如图4-1-7所示。家长可以根据教师发的通知链接进入"班级小管家"查看通知并签名，如图4-1-8所示。

图4-1-7 "班级小管家"后台　　图4-1-8 家长查看通知并签名

应用拓展

DeepSeek的智能改写功能在保留原文核心信息的基础上，通过智能算法优化表达逻辑，既能消除冗余词句、提升文字流畅度，又能根据不同场景灵活调整语言风格。它尤其擅长处理长文本和专业技术内容，既能确保改写后文字的准确性，又能让文字更简洁专业，帮助用户高效应对多样化的文本优化需求。

请使用DeepSeek的智能改写功能，将"下周二去科技馆参观"改写成面向低、中、高不同年级学生群体的通知，并通过"班级小管家"推送到家长微信群中。

技术与风险

GAI在撰写和传达通知方面有着独特的作用。它可以智能地纠正错误，核实信息，减少异议，从而减轻教师的负担；但过度依赖GAI可能会造成"去人性化"的问题。因此，教师必须明白GAI只是辅助工具，教师在进行通知传达时要予以人工审核和情感润色，让技术助力有质量的家校共育。

4-2 学业报告转换

场景聚焦

四年级班主任李老师在期末陷入撰写评语的苦恼：她需为52名学生撰写涵盖语文、数学、英语、道德与法治、科学五个学科的评语，评语既要避免"进步明显"等万能表述，又要与学生的日常表现相契合。她突然想到上周培训中提到的DeepSeek+Canva可以批量生成图片，可以借助这些工具帮助生成个性化的评语。原本令人头疼的工作，立刻变得容易了起来。家长们惊喜地发现评语中藏着孩子帮助小鸟筑巢、与大树握握手等"成长密码"。德育主任在学校公众号上对此评价道："人工智能不是冷冰冰的代码，它让每个孩子的光芒都被看见。"

任务解析

学业报告转换将冰冷的成绩数据转化为叙事性的成长故事，突出学生的进步并指明其发展潜力，从而缓解家长焦虑，同时将老师从繁重的重复性工作中解放出来。利用DeepSeek分析学生各科成绩，生成评价语；然后结合学生的具体情况对评价语进行微调，最后导入Canva批量生成学业报告。本节中所需工具如表4-2-1所示。

表4-2-1 所需工具表

案例	工具融合
批量生成学业报告	DeepSeek+Canva（教育版）

实战指南

⬇ 案例 批量生成学业报告

学业报告在考试成绩的基础上，结合学生的课堂发言频率、小组合作记录、实验操作视频等日常表现，形成多维度、立体式的评价，让家长既能看到孩子的分数变化，又能了解孩子的学习态度与综合能力的真实发展。

● 第一步：将学生成绩导入DeepSeek生成评价语

将学生的成绩导入DeepSeek中，在对话框中输入提示语：请分析学生各科成绩，以表格形式呈现学生姓名、总分、评价语（200字左右，各科成绩以等级形式呈现），如图4-2-1所示。

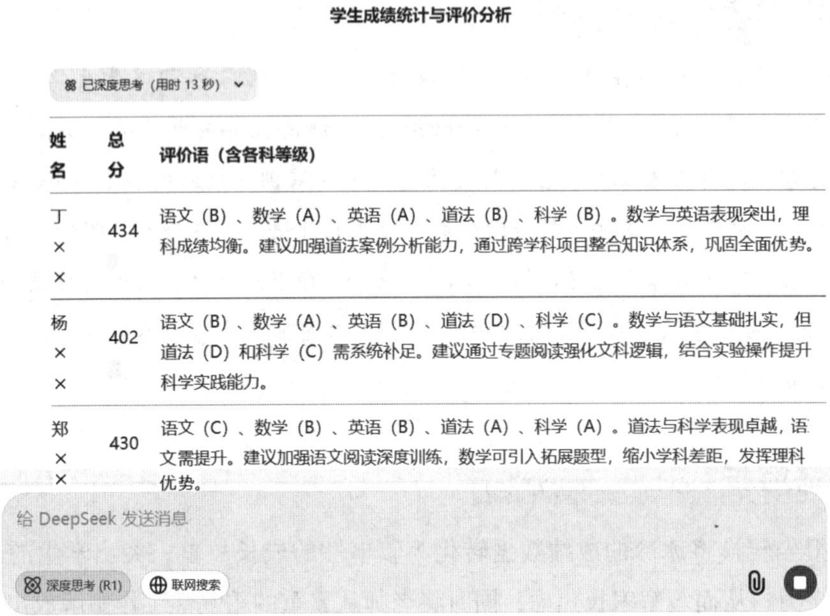

学生成绩统计与评价分析

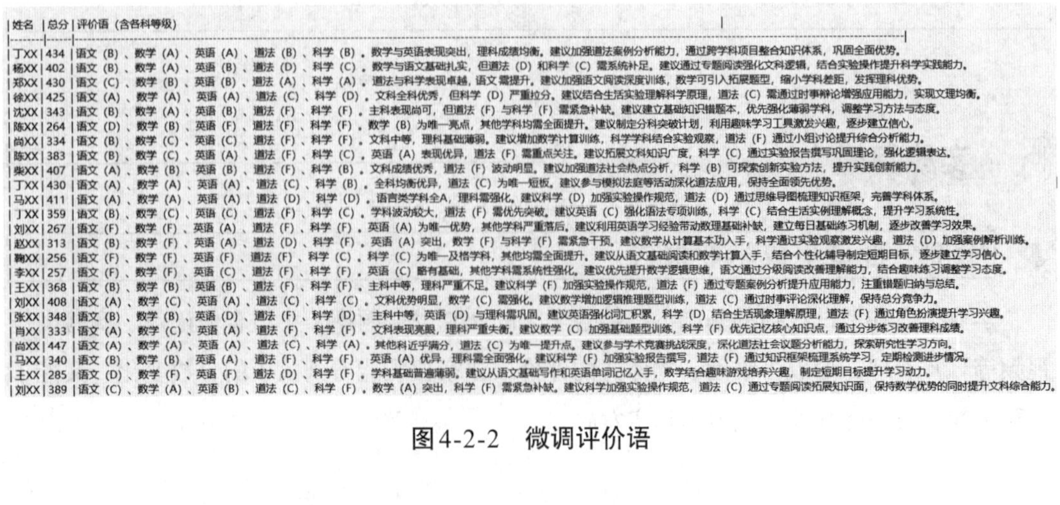

姓名	总分	评价语（含各科等级）
丁××	434	语文（B）、数学（A）、英语（A）、道法（B）、科学（B）。数学与英语表现突出，理科成绩均衡。建议加强道法案例分析能力，通过跨学科项目整合知识体系，巩固全面优势。
杨××	402	语文（B）、数学（A）、英语（B）、道法（D）、科学（C）。数学与语文基础扎实，但道法（D）和科学（C）需系统补足。建议通过专题阅读强化文科逻辑，结合实验操作提升科学实践能力。
郑××	430	语文（C）、数学（A）、英语（B）、道法（A）、科学（A）。道法与科学表现卓越，语文需提升。建议加强语文阅读深度训练，数学可引入拓展题型，缩小学科差距，发挥理科优势。

给 DeepSeek 发送消息

深度思考（R1）　联网搜索

图4-2-1　DeepSeek生成的评价语

● 第二步：对评价语进行微调

将评价语复制粘贴到文本文档中，教师根据学生的日常表现、个人特质等对评价语进行微调，然后保存备用。如图4-2-2所示。

图4-2-2　微调评价语

● 第三步：在Canva中查找模板

登录Canva官网，在首页搜索栏输入"评语"，查找合适的模板，如图4-2-3所示。以"紫黄色渐变MBE风格插画艺考美术培训手绘艺术分享中文成绩反馈表"模板为例，进入自定义模板界面。

图4-2-3　查找模板

● 第四步：修改信息及取消建组

进入模板界面，修改时间、年级、授课教师等信息；查看需要批量生成的姓名、总分；查看评价语模块是否为建组形式。如果是，则需要先取消建组，比如单击"学员张小可""绘画成绩A"，单击"取消建组"。如图4-2-4所示。

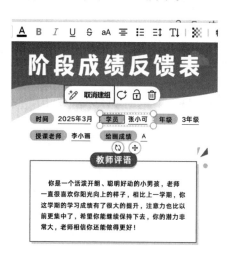

图4-2-4　取消建组

● 第五步：批量创建

单击左侧栏的"应用"—"批量创建"—"手动输入数据"进入"添加数据"界面，如图4-2-5所示。

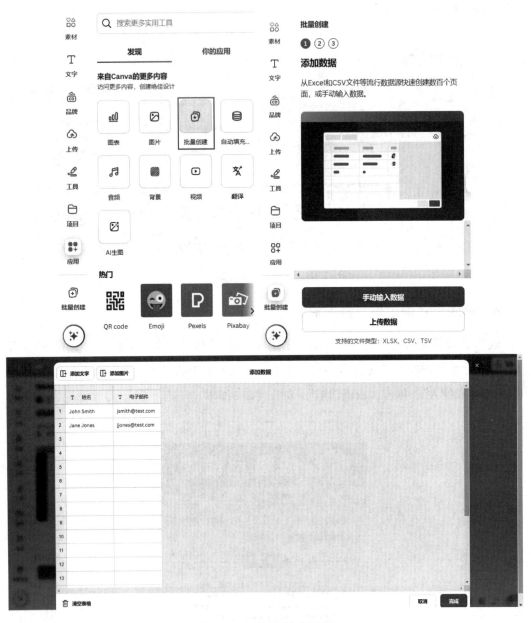

图4-2-5 批量创建界面

● 第六步：添加列数并复制粘贴微调后的评价语

（1）单击"添加文字"即可添加列数，并修改表头，如图4-2-6所示。

图4-2-6　添加列、修改信息

（2）从文本文档中复制微调后的评价语，粘贴到Canva表格中，并单击"完成"，如图4-2-7所示。

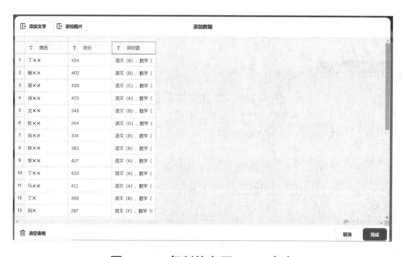

图4-2-7　复制信息至Canva表中

● **第七步：将数据关联至素材**

首先关联学生姓名，鼠标右键单击"张小可"，在弹出的对话框中选择"关联数据"—"姓名"，如图4-2-8所示。

图4-2-8　关联学生姓名

总成绩及评语按照同样的方式进行关联，关联后，单击左侧的"继续"—"生成××个涉及"按钮，进行学业报告的生成。如图4-2-9所示。

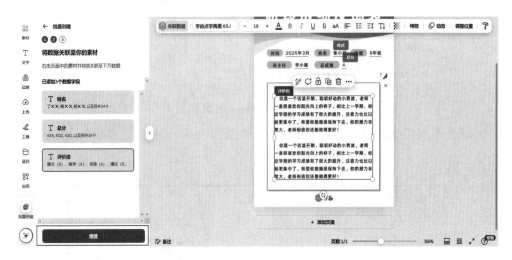

图4-2-9　建立关联后的效果

● 第八步：导出、下载学业报告

单击右上角的"导出"—"下载"，等待片刻，待弹出"新建下载任务"对话框后，选择保存的路径，单击"下载"即可下载到本地，如图4-2-10所示。

图4-2-10　下载到本地

📺 **应用拓展**

DeepSeek生成的表格内容可以复制到文本文档中进行微调，也可以复制到Excel表格中，根据生成的列数选中几列再粘贴，否则数据会被粘贴在同一列，导致数据无法复制到

Canva中。请尝试使用DecpSeek生成30句早安文案，比如"每一个清晨都是新的礼物/无论昨日如何，今天都是新的开始，坚定信念，勇往直前，梦想就在前方/满怀希望地打开它，让阳光洒满心田"，使用Canva批量生成早安日签，可参考图4-2-11。

图4-2-11　早安日签

技术与风险

使用DeepSeek创建评价语，可以批量处理评价数据，防止主观因素的干扰；但仅依赖成绩，忽略课堂参与、创造力、合作能力等过程性评价，会导致评价片面化。教师必须辩证地看待GAI，将其定位为"辅助者"而非"替代者"，使评价语兼具理性与温度，真正服务于学生的全面发展。另外，学生信息均属敏感信息，教师须做好安全防护，防止信息泄露。

4-3 常见问题回复

市级青少年科技创新大赛报名即将截止，凌晨1点，家长群消息如潮水般翻涌。5分钟前刚回复的"作品提交截止日期不变"，转眼被新的提问顶得无影无踪。"妈妈……"书房门口传来女儿带着鼻音的哼唧声。孩子已经感冒发烧四天了，她却连喂药的时间都错过三次。指尖悬在"请仔细阅读通知"的快捷回复上，微微颤抖。这时，培训课的画面突然闪现——那天，工程师用GAI自动拦截了多条重复咨询。

她抓过平板电脑，"冲"进微信公众号后台，把大赛章程"扔"进DeepSeek。凌晨2：08，智能问答机器人上线测试，第一条自动回复精准弹射："3D打印材料壁厚需≥2 mm，详见《材料规范》第3页案例图。"

📋 **任务解析** ───────────────────────

在家校沟通中，重复咨询如同不断回潮的浪花，消耗着教师本应用于教学创新的精力。通过微信公众号嫁接智能问答系统，本质上是搭建一座24小时不停歇的信息灯塔。人工智能不是冷冰冰的回复机器，而是帮助老师把零散的通知公告和历史答疑编织成知识网的助手。本节中所需工具如表4-3-1所示。

表 4-3-1　所需工具表

案例	工具融合
创建公众号智能体	DeepSeek+腾讯元器＋微信

👆 **实战指南** ───────────────────────

⬇ **案例　创建公众号智能体**

创建DeepSeek智能体并接入微信公众号，家长可以随时输入关键词，立刻获得精准指引。这不仅可以避免教师陷入重复劳动，还可以提高家校沟通的效率。

● 第一步：创建公众号文章知识库

知识库是GAI的"知识仓库"，用来存储和管理机器学习、推理或决策所需的结构化信息。它就像GAI的"大脑图书馆"，让GAI在处理问题时能快速调用这些知识。

（1）登录腾讯元器官网，并单击左侧栏的"个人空间"进入个人空间，如图4-3-1所示。

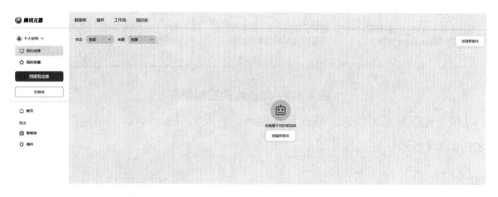

图4-3-1　登录腾讯元器网站

（2）单击"知识库"—"创建知识库"，如图4-3-2所示。

图4-3-2　创建知识库

（3）选择知识库类型。知识库有三种类型：文本类型、问答对类型及公众号文章，如图4-3-3所示，用户可根据实际需求选择合适的知识库类型，本节以创建公众号文章知识库为例介绍具体操作过程。公众号文章知识库其内容来源于微信公众号，即基于公众号内容创建一个知识库，用于回答用户的提问。

创建知识库   ✕

请选择知识库文件类型

文本类型

适用于基于论文、书籍等进行
回答的场景(pdf/word/txt)

问答对类型

适用于智能问答、客服助手类
场景(支持问题与答案表格)

公众号文章

适用于粉丝问题咨询、公众号
内容查询类场景

图4-3-3　知识库的三种类型

（4）填写知识库基本信息。根据页面提示，输入知识库的名称、描述及进行公众号授权，如图4-3-4所示。

名称 *

> 请输入知识库的名称

描述 *

> 请简要介绍该知识库包含了哪些信息。大模型会根据描述，判断相关问题是否要调用该知识库。

公众号授权 *

> 点击「去授权」将前往微信官方授权页，元器仅获取公众号文章内容，不会泄露您
> 的隐私或作他用　　　　　　　　　　　　　　　　　　　　　　　　　　　　去授权

取消　保存

图4-3-4　填写知识库信息

单击"去授权"，页面将跳转至微信官方授权页，如图4-3-5所示，微信扫码（负责扫码的微信需为授权公众号的管理员）即可授权，腾讯元器仅获取公众号文章内容，不会泄露个人的隐私或做他用。

公众平台账号授权

使用公众平台绑定的管理员个人微信号扫描

图4-3-5　公众号授权

授权成功后，后台会显示该知识库，以"创客讲坛"公众号为例，如图4-3-6所示。

图4-3-6　后台显示知识库

● 第二步：创建工作流

GAI工作流是指通过GAI技术将多步骤任务自动化串联的智能流程，其核心在于让机器像"思考者"一样自主协调复杂操作。

（1）单击"工作流"—"创意库"按钮，进入工作流的库中，如图4-3-7所示。

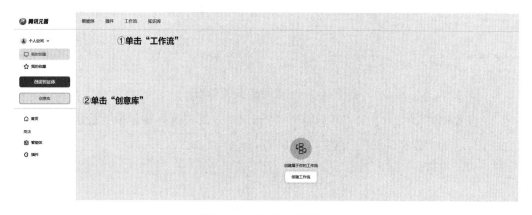

图4-3-7　进入工作流库

（2）选择"知识库+DeepSeek-R1模型总结"单击"建同款"按钮，如图4-3-8所示。复制该工作流，跳转至工作流编辑页面，如图4-3-9所示。

图4-3-8　建同款工作流

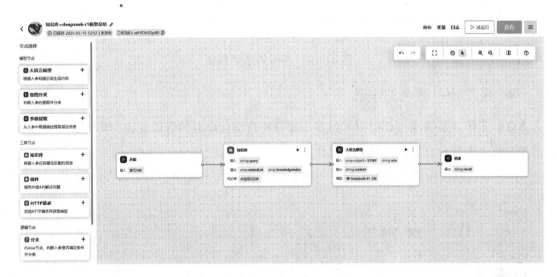

图4-3-9　工作流编辑界面

（3）设置相关参数。单击"知识库"，将知识库中的"选择知识库"设定为步骤一新建的知识库，如"创客讲坛"，如图4-3-10所示。

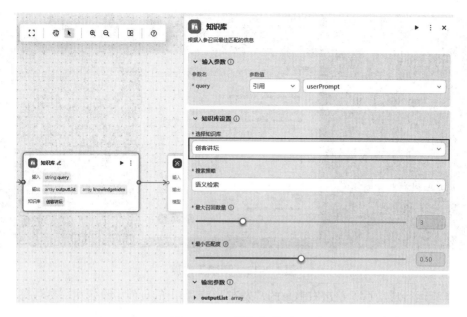

图 4-3-10　选择知识库

单击"大语言模型"修改提示词，比如"嗨，我是创客助手小果壳，请问有什么可以帮到您？"其他参数可以根据需要修改，如图 4-3-11 所示。

图 4-3-11　修改大语言模型

（4）测试并发布工作流。单击工作流编辑界面右上角的"试运行"，在弹出的窗口输入用户的问题，单击"运行"，如图 4-3-12 所示。

图4-3-12　测试工作流

工作流运行成功后，单击右上角的"发布"，在弹出的页面中设置相应参数即可发布。这时，系统会给出提示："已提交至审核流程，审核通过后可在'我的创建'—'我的工作流'中查看。"

● 第三步：基于工作流创建智能体

（1）单击腾讯元器左侧栏的"创建智能体"—"公众号智能体"，在弹出的页面中，切换智能体的创建方式为"用工作流创建"，如图4-3-13所示。

图4-3-13　用工作流创建智能体

填写智能体的基础信息、对话开场白，并配置工作流，单击发布，等待系统审核即可。

（2）智能体审核通过后，在腾讯元器界面即可查看到新建的智能体。单击"使用方式"，即可进行Web体验、APP体验及小程序体验，如图4-3-14所示。

图4-3-14 智能体使用方式

● **第四步：将智能体接入微信公众号**

将智能体接入微信号，还需复制元宝小程序appid及小程序路径，可查看图4-3-14。

（1）登录微信公众号后台，选择左侧栏的"广告与服务"—"小程序管理"—"关联小程序"，验证管理员身份后，复制"小果壳"的元宝小程序appid，粘贴至关联小程序的对话框进行关联，如图4-3-15所示。

图4-3-15 微信后台关联智能体

（2）在微信公众号后台，选择左侧栏的"互动管理"—"自定义菜单"，填写菜单的名称，消息类型为"跳转小程序"，选择"腾讯元宝"小程序，复制"小果壳"的元宝小程序路径（path），单击"保存并发布"即可。如图4-3-16所示。

图 4-3-16　自定义菜单

（3）打开"创客讲坛"微信公众号，选择 AI 小助手，即可进行消息对话，如图 4-3-17
所示。

图 4-3-17　通过微信与智能进行交互

应用拓展

尝试使用腾讯元器创建一个"家校助手"的智能体，并将该智能体接入学校的微信公
众号，通过与"家校助手"对话，家长能获取学校公众号中指定内容的文章。

技术与创新

微信公众号后台左侧的菜单栏中，"内容与互动"板块的"自动回复"选项功能可以
设置诸如关键词回复、被关注回复、消息回复等多种自动回复方式。在"关键词"栏里，
填入想要触发自动回复的关键词，例如，当用户输入"1"时，希望公众号能自动回复微
信二维码，那么就将"1"作为关键词填入。

4-4 食谱周报制作

场景聚焦

周五下午三点半，幼儿园食堂的周姐，正在面点间用湿抹布拼命擦着玻璃窗上贴歪的菜单——"红烧肉"。这个菜单被实习生小刘一周内重复贴了三张，小一班家长群里早就炸开了锅："五天三顿红烧肉，太油腻了！""总吃红烧肉，孩子营养不均衡怎么办？"周姐正发愁，突然瞥见墙上贴着的《营养配餐守则》，封底留着膳食培训时记的笔记："DeepSeek分析饮食需求，HTML可视化呈现。"周姐眼睛一亮，立刻抓起手机，和小刘研究起下周的食谱……

任务解析

学校每周公布菜谱既是守护"舌尖上的安全"，也是实现家校共育的暖心桥梁。教育部明文要求学校餐厅须公示带量食谱及过敏原信息，学校利用DeepSeek分析饮食需求，结合时令蔬菜调整一周食谱，将食谱转化为HTML网页版，以透明化运营筑牢家校信任纽带，用科技赋能织就"食品安全—健康教育"的教育生态网。本节中所需工具如表4-4-1所示。

表4-4-1 所需工具表

案例	工具融合
DeepSeek 生成食谱周报	DeepSeek+ 文本文档

实战指南

↓ 案例 DeepSeek生成食谱周报

学校食谱设计以营养均衡为核心，分年龄段匹配膳食指南，确保蛋白质、维生素等营养科学配比；借助智能工具实现数据分析与可视化呈现，让每份菜单成为安全、科学与人文关怀的结合体。

● 第一步：分析学生饮食需求

先使用问卷星或班级小管家等工具，通过调查问卷的形式调查学生的不同饮食需求，如图4-4-1所示。

	姓名	你喜欢吃鱼吗？	你对牛奶过敏吗？	你喜欢吃肉类吗？	你有什么特殊忌口吗？
1					
2	陈××	喜欢	不过敏	喜欢	无
3	陈××	喜欢	不过敏	喜欢	无
4	陈××	喜欢	不过敏	喜欢	无
5	程×	喜欢	不过敏	喜欢	无
6	邓×	喜欢	过敏	喜欢	无
7	丁××	喜欢	不过敏	喜欢	无
8	郭××	不喜欢	不过敏	不喜欢	无
9	郭××	喜欢	不过敏	喜欢	无
10	黄××	不喜欢	不过敏	不喜欢	无
11	焦××	喜欢	过敏	喜欢	无
12	李××	不喜欢	不过敏	不喜欢	无
13	李××	喜欢	不过敏	喜欢	无
14	李××	喜欢	不过敏	喜欢	无
15	李××	喜欢	不过敏	喜欢	无
16	刘××	喜欢	不过敏	喜欢	无
17	刘××	不喜欢	不过敏	不喜欢	无
18	马××	喜欢	不过敏	喜欢	清真
19	马××	喜欢	不过敏	喜欢	无
20	全××	喜欢	不过敏	喜欢	无
21	全××	喜欢	不过敏	喜欢	无

图4-4-1 调查问卷部分数据

● 第二步：通过DeepSeek生成每周食谱

将调查问卷导入DeepSeek，在对话框中输入提示语：根据调查问卷生成一周食谱，以表格形式呈现，并分析设计搭配出新一周的食谱，如图4-4-2所示。

🔲 已深度思考 (用时 27 秒) ⌄

熊猫宝宝幼儿园一周食谱表

	早餐	午餐	下午茶	特殊需求调整
周一	牛奶燕麦粥、水煮蛋、苹果片	清真鸡肉炖土豆、清炒西兰花、米饭	豆浆、香蕉松饼	牛奶过敏（邓×、焦××）：燕麦粥用椰奶代替，下午茶用豆浆；清真（马××）：确保鸡肉为清真认证
周二	全麦面包、花生酱、酸奶	番茄鱼片汤（无刺）、胡萝卜炒豆芽、糙米饭	水果沙拉（芒果、蓝莓）	牛奶过敏：酸奶替换为椰子酸奶；不吃鱼（郭××等）：额外提供煎豆腐
周三	蔬菜鸡蛋饼、小米粥、橘子	清真牛肉丸子、蒜蓉菠菜、玉米饭	杏仁奶、燕麦曲奇	牛奶过敏：杏仁奶；不吃肉类（郭××等）：提供素丸子（豆腐+蔬菜）
周四	南瓜粥、蒸红薯、葡萄	鸡蛋炒西葫芦、香菇豆腐汤、白米饭	椰奶布丁、草莓	牛奶过敏：椰奶布丁；清真（马××）：确保豆腐和食材符合清真标准
周五	豆浆、蔬菜包子、猕猴桃	清真羊肉胡萝卜焖饭、凉拌黄瓜	红枣银耳羹、小饼干	牛奶过敏：豆浆；不吃肉类：额外提供素包子（豆腐+蔬菜馅）

⌄

图4-4-2 DeepSeek生成的一周食谱

● 第三步：DeepSeek生成网页版食谱

在DeepSeek对话框中输入提示语：根据你生成的食谱，设计熊猫宝宝幼儿园3月第三周周一至周五5天的食谱周报网页版，要求符合幼儿园学生特点。DeepSeek可按要求生成网页版"动态"的食谱周报。

● 第四步：微调食谱代码

将DeepSeek生成的代码复制粘贴到文本文档中，并根据实际情况微调菜品种类，然后保存文本文档，并修改文档拓展名为".html"，如图4-4-3所示。

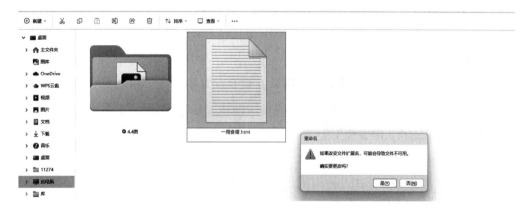

图4-4-3　修改拓展名

双击打开该文件，即可查看DeepSeek生成的HTML"动态"食谱，如图4-4-4所示。

🐼 熊猫宝宝本周食谱 🍴

周一　周二　周三　周四　周五

🔍 早餐
牛奶燕麦粥 + 水煮蛋 + 苹果片

🍜 午餐
清真鸡肉炖土豆 + 清炒西兰花 + 米饭

🍢 下午茶
豆浆 + 香蕉松饼

🎯 特别关注
🥛 牛奶过敏：燕麦粥用椰奶，下午茶用豆浆
🍖 清真要求：清真认证鸡肉

图4-4-4　HTML"动态"食谱

应用拓展

DeepSeek动态网页生成，为用户提供了高效的数字化解决方案。其核心价值体现在两个方面：一是通过可视化编辑界面，无须编程基础即可搭建交互式网页；二是自动化生成代码框架功能。请结合本校的实际情况，设计食谱周报，并利用DeepSeek生成可交互的网页版。

技术与风险

利用DeepSeek创建"动态"网页快捷高效，但我们必须意识到，这种便捷并非没有代价：过度依赖模板会限制创造力，就像使用相同PPT模板的人一样，最终创建的网页往往无法彰显个性化。

这类工具更适合构建临时网页，如活动注册页面、页面通知讲座等。但若要构建平台，如选择整个学校的课程和其他复杂的项目，仍然需专业开发人员操作。虽然GAI工具给我们带来了很多便利，但在面对复杂问题时，它们不能取代人类。

第五章 学生评价

5-1 评语素材库

🎬 场景聚焦

正在办公室仔细评阅试卷的张老师，为如何给学生小宇撰写评语而感到苦恼。从小宇平时的表现中可以看出，他天资聪颖，解题富有创造性，但粗心大意导致他成绩时好时坏。张老师希望能写出一份既能准确评价又能激发学生潜能的评语，却一时找不到合适的措辞。

张老师快速打开电脑，在DeepSeek中输入了小宇的各项信息，包括成绩、课堂表现以及作业完成情况等，并特别标注了他的独特之处。DeepSeek很快提供了一段评语，赞扬了小宇的创新思维和解题技巧，同时指出了他粗心的问题，并鼓励他养成良好的学习习惯。

张老师对这段评语很满意，工整地誊抄在评价手册上。想到小宇读到评语时的反应，张老师脸上不禁露出了微笑。智能技术帮张老师撰写了一份贴合小宇特点的个性化评语，为学生的成长指明了方向，同时也展示了智能技术在辅助老师评价学生时所能发挥的重要作用。

📋 任务解析

学生评价语言在教育活动中起着至关重要的作用，它不仅是连接师生的桥梁，更是促进学生全面发展的重要手段。本节涉及三个案例：单个学生个性化评价语言的生成、多名学生个性化评价语言的生成以及学生个性化评价语言二维码的生成。单个学生个性化评价语言的生成案例介绍基于DeepSeek的自然语言对话功能生成学生个性化的评价语言。多名学生个性化评价语言的生成案例介绍借助DeepSeek和Excel功能，生成多名学生的个性化评价语言。学生个性化评价语言二维码的生成案例介绍DeepSeek联合"草料二维码"，将评价语言转化为语音二维码。本节中所需工具如表5-1-1所示。

表 5-1-1　所需工具表

案例	工具融合
单个学生个性化评价语言的生成	DeepSeek
多名学生个性化评价语言的生成	DeepSeek+Excel
学生个性化评价语言二维码的生成	DeepSeek+ 草料二维码

实战指南

案例一　单个学生个性化评价语言的生成

在日常教学过程中，教师在对孩子进行语言评价时，常存在一些问题。比如：评价可能含糊不清，过于简单；负面评价过多可能会削弱学生的信心和积极性；缺乏及时的反馈，使学生无法及时调整学习策略；不当的用语，可能会伤害学生的自尊心。这些问题都不利于学生的学业进步和个性化发展。

- **第一步：定位教师身份**

在教育教学活动中，很多学科教师无法根据自己的身份正确地给予学生评价。在DeepSeek对话框中输入提示语：您是一位有着12年教学经验的语文教师，您平时对孩子进行评价的时候，擅长用哪些语言艺术？DeepSeek生成的部分回答如图5-1-1所示。

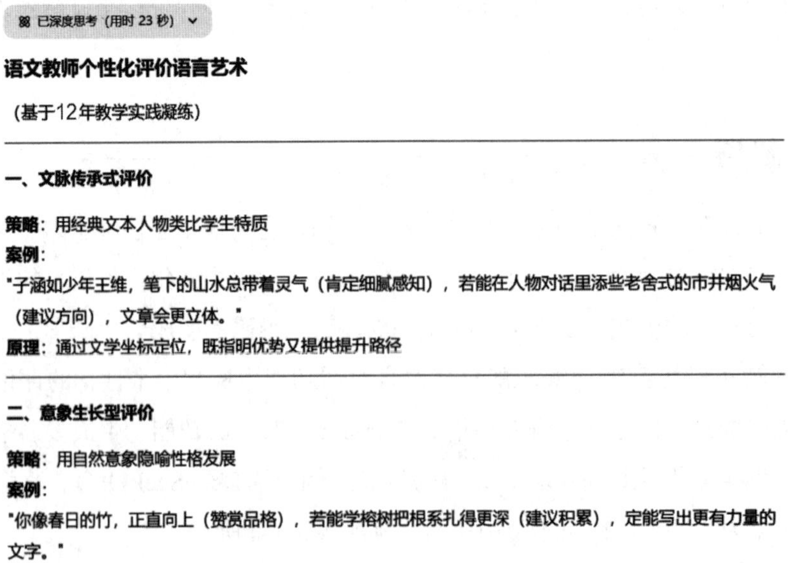
已深度思考（用时 23 秒）

语文教师个性化评价语言艺术

（基于12年教学实践凝练）

一、文脉传承式评价

策略：用经典文本人物类比学生特质

案例：

"子涵如少年王维，笔下的山水总带着灵气（肯定细腻感知），若能在人物对话里添些老舍式的市井烟火气（建议方向），文章会更立体。"

原理：通过文学坐标定位，既指明优势又提供提升路径

二、意象生长型评价

策略：用自然意象隐喻性格发展

案例：

"你像春日的竹，正直向上（赞赏品格），若能学榕树把根系扎得更深（建议积累），定能写出更有力量的文字。"

图 5-1-1　教师身份定位

● 第二步：抓住学生特点

结合日常教学中观察到的学生个性特点，针对需要评价的某个或多个特点进行语言的提炼。在DeepSeek对话框中输入提示语：期末你要给每个学生写评语，你擅长发现学生的闪光点，并且能够对其不足提出鼓励性的建议。请你结合小宇同学乐于助人，但做事马虎的特点，用第二人称的方式，采用亲切的语气，写出20～40字的评语，要求具有激励性，最好包含一句谚语或者成语。DeepSeek生成的部分回答如图5-1-2所示。

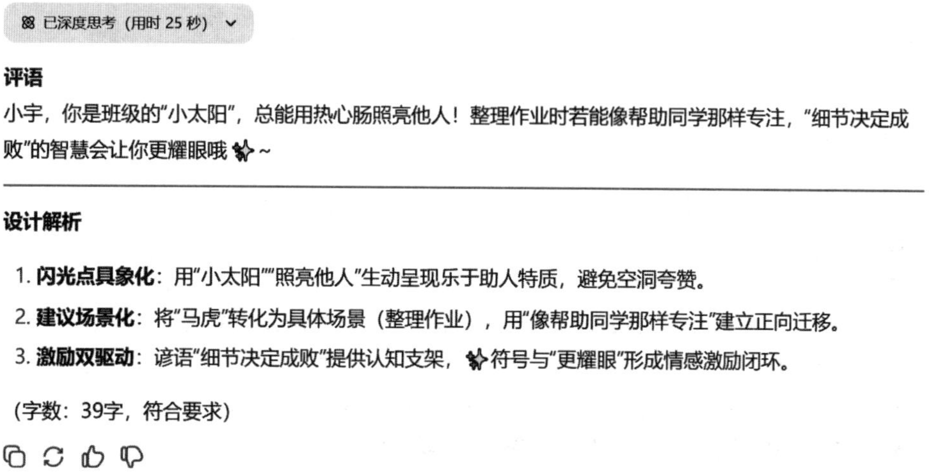

已深度思考 (用时 25 秒) ∨

评语

小宇，你是班级的"小太阳"，总能用热心肠照亮他人！整理作业时若能像帮助同学那样专注，"细节决定成败"的智慧会让你更耀眼哦 🎇 ~

设计解析

1. **闪光点具象化**：用"小太阳""照亮他人"生动呈现乐于助人特质，避免空洞夸赞。
2. **建议场景化**：将"马虎"转化为具体场景（整理作业），用"像帮助同学那样专注"建立正向迁移。
3. **激励双驱动**：谚语"细节决定成败"提供认知支架，🎇符号与"更耀眼"形成情感激励闭环。

（字数：39字，符合要求）

🗐 🗘 👍 👎

图5-1-2　DeepSeek生成的单个学生评价语

↓ 案例二　多名学生个性化评价语言的生成

● 第一步：建立多维表格

由于班级学生众多，时间有限，教师每次仅能为一名学生撰写个性化的评价语，这无疑降低了工作效率。为了高效地制作多名学生的个性化评价语，教师可首先借助表格记录每位学生的学业情况，并自行设定一些评价维度。接着，在表格中对每位学生的表现进行简要记录和评价，并将结果保存为Excel格式。表格内容如图5-1-3所示。

姓名	上课状态	书写	品格	爱好	劳动	学习情况
小宇	回答问题积极	认真			爱劳动	
小明		潦草	乐于助人	读书		进步
小红						优异
小白	偶尔积极			踢足球		下滑

图5-1-3　多名学生评价语表格

● 第二步：生成多名学生个性化评价语言

上传多名学生评价语表格，在DeepSeek对话框中输入提示语：你是一位资深的班主任，期末你要给每个学生写评语，你擅长发现学生的闪光点，并且能够对其不足提出鼓励性的建议。请你结合表中列出的学生的优缺点，用第二人称的方式，采用亲切的语气，对每个学生写出20～40字的评语，要求具有激励性，最好包含一句谚语或者成语，用表格的形式呈现。DeepSeek生成的部分内容如图5-1-4所示。

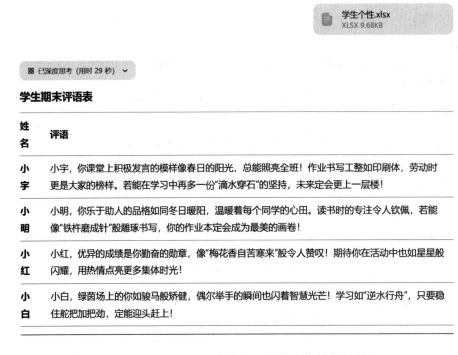

图5-1-4　DeepSeek生成的多名学生个性化评价语

案例三　学生个性化评价语言二维码的生成

文字评价的语言繁复多样，有时因内容复杂记录起来并不方便。教师可以用二维码的形式呈现学生的评价语，且二维码也便于存储。

● 第一步：输入提示语

把之前生成的学生个性化评价语转换成二维码，在DeepSeek对话框中继续输入提示语：把以上内容生成二维码。DeepSee的生成结果如图5-1-5所示。

由于当前界面无法直接生成二维码图片，您可通过以下步骤快速生成：

1. 复制下方评语文本：

复制

小宇：课堂上积极发言如春日阳光，书写工整劳动勤，若加"滴水穿石"恒心更佳！
小明：助人品格似冬阳暖，读书专注需"铁杵成针"练字功！
小红：成绩优异若寒梅，愿活动热情如星耀班级！
小白：球场矫健偶现智光，"逆水行舟"勤学可期！

2. 使用二维码生成工具：

- 在线工具：QR Code Generator
- 微信小程序：搜索"二维码生成"
- 手机APP：草料二维码、QRbot

3. 生成效果示例：

▶ 扫码后显示清晰分行的评语
▶ 支持黑白/彩色样式定制
▶ 可添加校徽LOGO增强专属感

（如需具体二维码文件，可将文本发送至草料二维码官网一键生成）

图5-1-5　个性化评价语生成二维码的建议

● **第二步：生成二维码**

（1）根据DeepSeek生成的结果，选择"草料二维码"生成二维码。"草料二维码"主页如图5-1-6所示。

图5-1-6　"草料二维码"主页

（2）将DeepSeek中生成的评价语言复制粘贴到WPS文字中并进行保存，再将文件上传至"草料二维码"中，单击"生成二维码"，如图5-1-7所示。

图 5-1-7　个性化评价语二维码

💻 应用拓展

育才小学体育组计划借助GAI技术，对学生动作技能表现性评价进行全面升级，打造智能化运动表现评价系统。请参照"学生个性化评价语言二维码的生成"的案例，针对每一名学生的动作技能，给予精准、全面且个性化的视频评价和指导。

📊 技术与风险

DeepSeek技术可提升评价效率，但需构建"技术—伦理—制度"三重防护体系：加密管道传输数据、部署偏见检测模块、建立人机协同机制。教育部门应制定《GAI评价应用指南》，明确教师的主体责任，将GAI定位为"智能助手"而非"决策主体"。

5-2 成长对比图

场景聚焦

　　面对学生的课堂表现记录和活动报告等资料，张老师陷入了沉思。她需要梳理40多名学生本学期的成长情况，制作用于家长会上的学生成长对比图，庞杂的数据让她倍感压力。像小宇同学，语文成绩突出，数学成绩波动较大，体育进步明显。如何直观呈现这种多维度的成长变化确实是个挑战。

　　正当张老师一筹莫展之际，她想起了学校推荐的DeepSeek教育辅助工具。她立即打开电脑登录相关网站，将学生考试分数、课堂发言次数、课外活动参与情况等数据逐一录入，并特别标注小宇的学科特长及体育进步情况。很快，DeepSeek就生成了精美且细致的成长对比图。以小宇的图表为例，语文的高分曲线、数学的波动折线、体育的上升趋势都得到了清晰呈现，数据一目了然。张老师满意地将图表整理好，想到家长们通过这些可视化数据就能全面了解孩子一个学期的成长情况，她露出了欣慰的笑容。GAI技术能高效完成复杂的图表制作，彰显了其在教育评价中的重要作用。

任务解析

　　学习并非一蹴而就，而是一个不断累积的过程。通过人工智能可视化技术，学生的各个知识点的掌握程度、练习频率、正确与错误的分布情况以及投入的时间等信息，都可用图表或动态曲线的形式直观展现。本节涉及三个案例：根据考查的核心素养内容设计一个可在线编辑的表格、根据记录的数据建立学生某一维度发展折线图及生成学生多维度发展轨迹图。明确在学生发展核心素养的维度中，基于DeepSeek的自然语言对话功能，建立明确学生核心素养发展的维度表格。借助DeepSeek和Excel，生成学生单一维度发展的折线图和学生多维度发展轨迹图等。本节中所需工具如表5-2-1所示。

表5-2-1　所需工具表

案例	工具融合
学生发展核心素养的维度在线编辑表	DeepSeek+Excel
学生某一维度成长轨迹折线图	DeepSeek+Excel
学生多维度发展轨迹图	DeepSeek+Excel

实战指南

案例一　学生发展核心素养的维度在线编辑表

传统上，教师对学生学习情况的判断，多借助分数或排名。学生自己也往往只关心“这次成绩比上次高了还是低了，排在第几位”。可学生学习的过程远比一张试卷复杂——它有起伏，有曲折，更有许多难以察觉的细节，比如对某个知识点的掌握速度、在什么时间段学习效率最高、在哪种类型的题目上频繁出错……结合DeepSeek的自然语言解析和多维度筛选技术，教师可以查找到学生核心素养维度上的发展。

- **第一步：确定核心素养的维度**

结合教师长期教学实践的思考或当下学科研究的热点方向，在DeepSeek对话框中输入提示语，确定学生发展核心素养的维度。如，制作一个小学五年级数学核心素养发展维度表，以表格的形式呈现。DeepSeek生成的部分回答如图5-2-1所示。

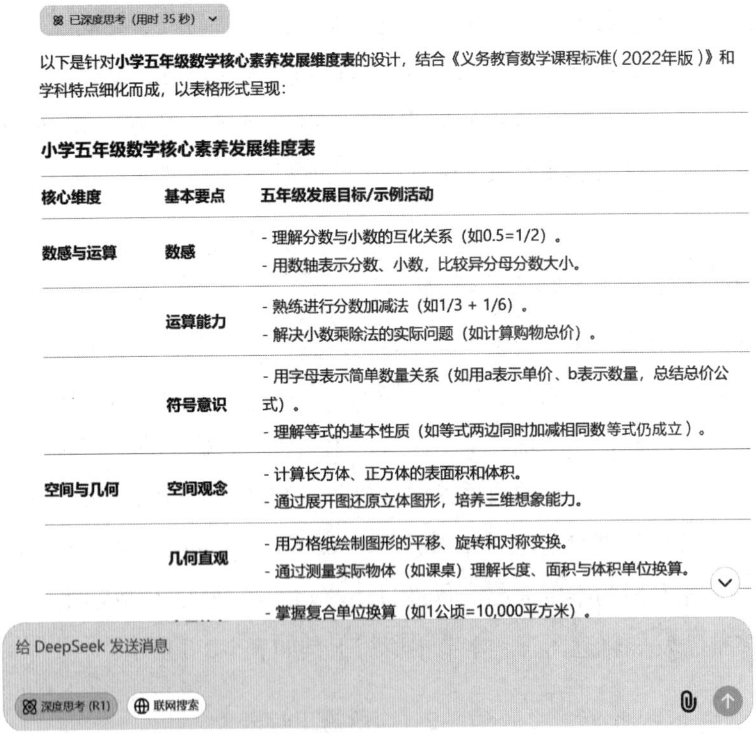

核心维度	基本要点	五年级发展目标/示例活动
数感与运算	数感	- 理解分数与小数的互化关系（如0.5=1/2）。 - 用数轴表示分数、小数，比较异分母分数大小。
	运算能力	- 熟练进行分数加减法（如1/3 + 1/6）。 - 解决小数乘除法的实际问题（如计算购物总价）。
	符号意识	- 用字母表示简单数量关系（如用a表示单价、b表示数量，总结总价公式）。 - 理解等式的基本性质（如等式两边同时加减相同数等式仍成立）。
空间与几何	空间观念	- 计算长方体、正方体的表面积和体积。 - 通过展开图还原立体图形，培养三维想象能力。
	几何直观	- 用方格纸绘制图形的平移、旋转和对称变换。 - 通过测量实际物体（如课桌）理解长度、面积与体积单位换算。
		- 掌握复合单位换算（如1公顷=10,000平方米）。

图5-2-1　小学五年级数学核心素养发展维度表

- **第二步：制作Excel表格**

新建Excel表，根据需要将核心维度中的某一维度复制到新建的Excel表格中，如图5-2-2所示。

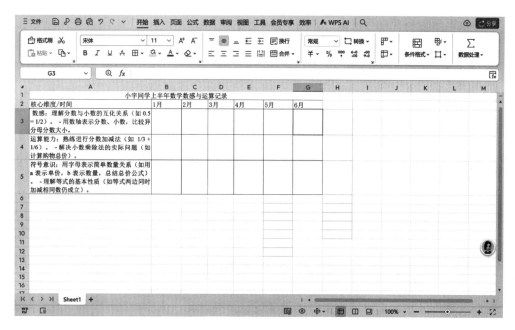

图 5-2-2　制作学生某一维度表格

● 第三步：制作在线编辑

表格制作完成后，单击右上角"分享"，打开"和他人一起查看/编辑"协作模式，单击"复制链接"，即可分享自己制作的表格，自己和被分享的人可随时记录学生的成长数据，如图5-2-3所示。

图 5-2-3　设置协作模式

教师根据学生表现进行记录，如图5-2-4所示。

小宇同学上半年数学数感与运算记录						
核心维度/时间	1月	2月	3月	4月	5月	6月
数感：理解分数与小数的互化关系（如 0.5 = 1/2）。 - 用数轴表示分数、小数，比较异分母分数大小。	90	93	92	91	99	100
运算能力：熟练进行分数加减法（如 1/3 + 1/6）。 - 解决小数乘除法的实际问题（如计算购物总价）。	89	80	90	91	95	98
符号意识：用字母表示简单数量关系（如用 a 表示单价、b 表示数量，总结总价公式）。 - 理解等式的基本性质（如等式两边同时加减相同数等式仍成立）。	86	79	90	93	94	94

图5-2-4　记录数据

案例二　学生某一维度成长轨迹折线图

折线图能够展示某个时期学生整体进步或退步的情况，或能对比多个知识点的掌握情况，是记录学生成长过程的好方法。

● 第一步：打开记录表

打开记录学生成长数据的表格，单击右上角"分享"，打开"和他人一起查看/编辑"协作模式后，单击菜单栏里的"WPS AI"，选择"AI数据分析"，如图5-2-5所示。

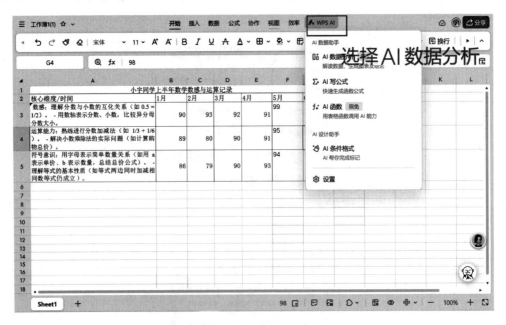

图5-2-5　打开WPS AI功能

● 第二步：输入提示词对表格进行分析

选择"AI数据分析"后使用DeepSeek对学生这一维度的表格进行分析。在对话框中输入提示语：分析小宇同学上半年数学数感与运算记录，生成折线图并提出改进意见，如图5-2-6所示。

图5-2-6　使用WPS AI分析数据

DeepSeek经过深度分析后，生成了小宇同学的成长折线图，如图5-2-7所示。

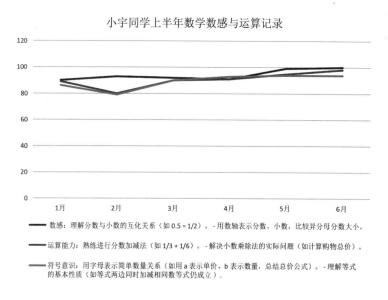

图5-2-7　使用DeepSeek生成折线图

根据记录表和折线图，DeepSeek对小宇同学的成长历程进行了详尽的总结并给出了相应的改进建议，如图5-2-8所示。

根据折线图的分析结果，我们可以得出以下结论和改进建议：

1. **数感表现**：

   小宇同学在数感方面的表现非常稳定，分数从1月的90分逐步提升到6月的100分，整体呈上升趋势。

   改进建议：继续保持当前的学习方法，可以尝试更多复杂的数感练习，如分数与小数的混合运算，以进一步提升能力。

2. **运算能力**：

   运算能力的分数在2月有所下降（80分），但之后逐步回升，到6月达到98分。

   改进建议：针对2月的低分，可以回顾当时的练习内容，找出薄弱点并进行针对性训练。建议增加实际问题的练习，如购物计算等，以提高应用能力。

3. **符号意识**：

   符号意识的分数在2月最低（79分），但之后稳步提升，到6月达到94分。

图5-2-8　分析与改进建议

案例三　学生多维度发展轨迹图

学生多维度发展轨迹图能整合学生的学业、态度、社交等多维度表现，突破单一成绩评价，帮助教育者了解学生全貌。它还能精准定位优势，及时发现问题，助力个性化教育，同时，方便教师和家长跟踪评估教育效果，为调整教育策略提供有力依据。

● **第一步：制作多维度学生成长表格**

打开先前制作的Excel表格，右键单击"Sheet1"选择"重命名"，命名为"数感与运算"，如图5-2-9所示。

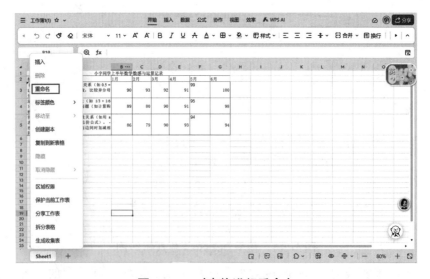

图5-2-9　对表格进行重命名

● **第二步：建立多维度表格**

在"数感与运算"表格后面添加所需分析的维度表格，可根据内容对表格进行添加。这里设置4个维度，如图5-2-10所示。

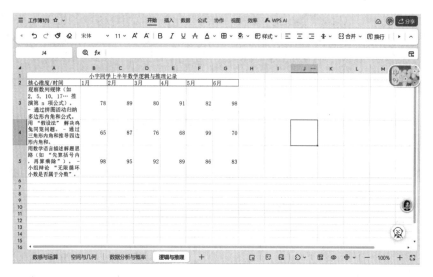

图5-2-10　多维度表格的建立

● **第三步：生成多维度成长轨迹图**

单击"WPS AI"，选择"AI数据分析"，在对话框中输入提示语：对本文档中的全部表格进行分析，生成多维度学生成长轨迹图。生成的多维度学生成长轨迹图如图5-2-11所示。

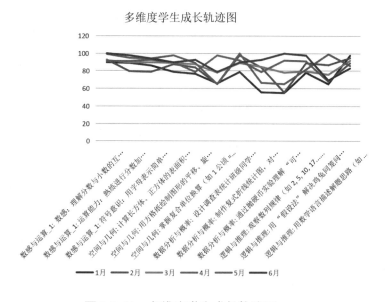

图5-2-11　多维度学生成长轨迹图

根据多维度表格和多维度成长轨迹图，DeepSeek还给出了相应的总结和建议，如图5-2-12所示。

总结

学生在数感与运算、数列规律与多边形内角和、调查表设计与抽样分析等方面表现优异，但在假设法与几何推导、复合单位换算与面积估算、数学语言描述与辩论等方面存在波动或下降趋势。建议针对薄弱点进行针对性训练，同时继续保持优势领域的学习强度，以全面提升多维度数学能力。

图 5-2-12   总结和建议

应用拓展

有同学反映，最近班上纪律较差。针对这个问题，张老师想设计构建学生班级纪律多维度发展轨迹图，请你帮张老师设计构建此图，要求：包含学生不同学科课上的表现和课间的表现，以及学生上学、放学路队纪律等。

技术与风险

在线编辑技术为制作学生多维度发展轨迹图带来诸多便利，但也存在一定风险。它的便利体现在：能便捷更新与共享数据，实时记录学生动态，助力多方交流；具备强大的可视化与分析功能，直观展示发展轨迹，挖掘数据关联；能促进个性化教育，精准匹配资源，动态调整策略。存在的风险包括：数据安全存在隐患，容易泄露或被篡改；技术稳定性欠佳，可能会出现系统故障与兼容性问题；人为操作也可能存在失误，导致出现误删、录入偏见等状况，影响轨迹图的可靠性。

5-3 奖状生成器

🎬 场景聚焦

又到了"月度小明星"评选的日子，张老师正为给学生定制个性化奖状而发愁。班里学生众多，每个学生特点各异，要写出既贴合实际又有创意的奖状内容谈何容易。

一筹莫展之际，张老师想起了学校推荐的奖状生成器，便立刻打开电脑登录相关网站。她认真地录入学生信息，针对成绩优异的学生，她强调其知识掌握的扎实程度与出色成绩；针对体育健将，她详细记录他们在运动会上的比赛项目及获奖情况；对于那些乐于助人、为班级奉献的学生，她也把他们的具体事例逐一输入。

很快，奖状生成器生成了多样且契合学生个人特点的奖状内容：成绩突出的学生被赞"凭借扎实的知识与卓越的能力，成绩名列前茅，荣获'学习之星'称号"；体育健儿则是"在运动会挥洒汗水，为班级争得荣誉，荣获'体育先锋'称号"……张老师欣喜地将这些内容复制到精美的奖状模板上，并打印出来。想到学生们收到专属奖状时的开心模样，她的嘴角不自觉地上扬。奖状生成器既解了张老师的燃眉之急，又展现出GAI技术在学校奖励评价中的关键作用。

📖 任务解析

奖状是对学生努力的认可，也是激发学生学习动力的秘密武器，但是，传统制作奖状的方式不仅费时费力，还缺乏互动性。用DeepSeek制作一个奖状生成器，在课堂上通过大屏幕直接展示电子奖状，既省时又省力，还能增强学生的成就感。本节课涉及三个案例：生成学生电子奖状、个性化批量生成电子奖状及制作电子奖状二维码。在生成学生电子奖状时，利用DeepSeek生成代码制作奖状网页；在批量定制个性化奖状过程中，利用Excel进行批量导入；借助"草料二维码"，制作电子奖状二维码。本节中所需工具如表5-3-1所示。

表 5-3-1 所需工具表

案例	工具融合
生成电子奖状	DeepSeek
个性化批量生成电子奖状	DeepSeek+Excel
制作电子奖状二维码	DeepSeek+ 草料二维码

⬇ 案例一　生成电子奖状

● 第一步：生成奖状代码

在DeepSeek的对话框中输入提示语：我想做一个奖状模板，模板内容为特此颁发给［学生姓名］，获得［称号］杰出称号；手动填写学生姓名以及所获称号，背景图宽度是1182px、高度是856px；帮我写一个完整的HTML，包含样式和动画效果。DeepSeek会按指令生成代码，如图5-3-1所示。

图 5-3-1　DeepSeek 生成的代码

● 第二步：制作网页

新建文本文档，将DeepSeek生成的代码复制粘贴到文本文档中，另存命名为"奖状模板.html"，如图5-3-2所示。

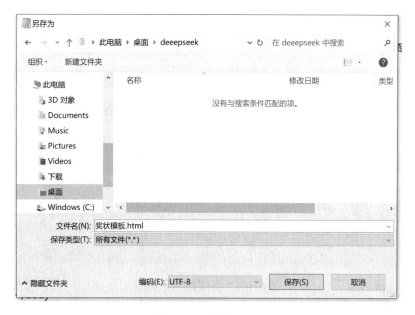

图 5-3-2　制作网页

● 第三步：运行程序

将生成的网页链接打开，如图 5-3-3 所示。

图 5-3-3　打开网页链接

在相应的位置输入姓名和所获称号，即可获得一张简易的电子奖状，如图 5-3-4 所示。

图5-3-4　生成的电子奖状

案例二　个性化批量生成电子奖状

● 第一步：生成奖状代码

在DeepSeek的对话框中输入提示语：我想做一个奖状模板，模板内容为特此颁发给
[姓名]，获得[表彰类型]杰出称号；导入文本数据后，根据学生表彰类型自动生成学
生称号（最好6～10字），以幻灯片的形式展示，可以自如切换上下张，比如单击下一张
就是下一个学生的奖状信息；背景图宽度是1182px、高度是856px；帮我写一个完整的
HTML，包含样式和动画效果。DeepSeek生成的部分代码如图5-3-5所示。

以下是一个完整的HTML解决方案，包含动态称号生成、幻灯片切换和动画效果：

```html
<!DOCTYPE html>
<html lang="zh-CN">
<head>
    <meta charset="UTF-8">
    <title>学生奖状生成器</title>
    <style>
        body {
            margin: 0;
            height: 100vh;
            display: flex;
            justify-content: center;
            align-items: center;
            background: #f0f0f0;
            font-family: '微软雅黑', sans-serif;
        }

        .certificate-container {
```

图5-3-5　DeepSeek生成的代码

查看代码运行，若不满意可重新生成，如果满意可将代码复制到文本文档中，并且重命名为"个性化批量奖状.html"。

● 第二步：制作文本文档

在上一步生成代码的过程中，注意查看使用说明，如图5-3-6所示。

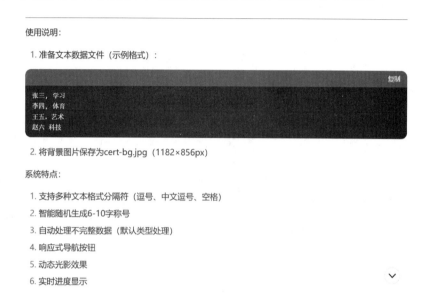

图5-3-6　使用说明

根据使用说明新建文本文档，把学生的姓名、所获得的荣誉输入文本文档中，如图5-3-7所示。

小红	学习进步
小宇	遵守纪律
小强	书写认真
小芳	体育运动
小白	英语口语
小明	语文朗诵
小华	乐于助人
小李	卫生习惯
小美	听课认真
小娜	数学达人

图5-3-7　制作文本文档

● 第三步：批量生成奖状

打开生成的网页链接，将文本数据导入其中，生成电子奖状，如图5-3-8、图5-3-9所示。

图5-3-8　导入数据

图5-3-9　生成奖状

单击左右按钮即可获得不同学生的个性化奖状。

案例三　制作电子奖状二维码

许多证书在发放的时候都会附带一个二维码，通过扫描该二维码可以验证证书的真伪。

● 第一步：下载证书

将DeepSeek生成的证书下载保存到"我的电脑"，打开"草料二维码"，上传证书照片，如图5-3-10所示。

图 5-3-10　制作二维码

● **第二步：制作防伪电子奖状**

将二维码下载贴到奖状上，制造专属二维码，扫码获取信息辨别真伪，如图5-3-11 所示。

图 5-3-11　带二维码的防伪电子奖状

📺 **应用拓展**

"书香学子"评选活动进入倒计时，张老师正紧急赶制获奖者的电子奖状。针对纸质证书易遭仿制的隐患，数字化认证体系亟需构建多重防伪屏障：除部署标准化动态二维码外，可植入多频段隐形数字水印与校徽图案同步显隐，运用教育联盟链智能合约生成不可逆哈希值存证，叠加教务处的量子加密电子签章系统。如果同步建立官网互通的双向认证机制，通过API接口直连学籍数据库实现实时核验，并探索融合生物特征编码技术绑定学生身份信息，那么这些复合型技术方案能否在72小时限期内完成系统部署，同时实现真正不可篡改的数字认证闭环？

技术与风险

在颁发电子奖状的过程中，教师要注意奖状的防伪特性。每个二维码都与学生的学号、获奖日期以及奖项等级紧密相连，确保其独一无二且无法被复制。防伪二维码技术融合了加密算法、动态二维码生成以及区块链技术，保证信息不可篡改。这项技术应用在教育和企业领域，不仅提升了各自的公信力，也提高了效率。然而，这项技术也面临着数据安全、物理复制、技术依赖和隐私合规等风险。为了规避这些风险，技术研发人员遵守相关法规采取了包括加密、权限分级、特殊印刷等措施。展望未来，整合人工智能检测和后量子加密技术将是应对新风险的关键。通过技术选择、安全管理以及优化，这项技术可以在防伪和风险控制之间找到平衡点，成为数字化信任体系的核心。

5-4 课堂表现积分榜

场景聚焦

　　数学课上，张老师忧虑地望着眼神游离的学生，无奈地摇了摇头。这节课的课堂互动中，学生积极性普遍不高，有的沉默不语，有的敷衍回应，整体学习热情不足。张老师心想：必须找到激发学生积极性的钥匙，让课堂氛围活跃起来。

　　于是，张老师借助DeepSeek搭建了一个积分网站。积分规则紧扣课堂表现：正确回答问题、提出新颖见解、参与小组协作等均可获得相应积分。网站投入使用后，学生的积极性被充分调动起来，逐渐形成了良性竞争的氛围。例如，以前在课堂上很少主动参与互动的小宇，现在为了积累积分，不仅全神贯注地听讲，还积极举手发言。这个积分网站不仅让学生直观地看到努力的回报，更营造出积极向上的竞争氛围，使原本沉闷的课堂变得充满活力，真正成了促进学生成长的助推器。

任务解析

　　课堂表现积分榜是教育教学过程中激发学生学习动力的有效工具。它能直观展现学生课堂参与度，为教师评估学生表现提供清晰的量化依据。课堂表现积分榜使用后，学生有了明显的竞争意识，为提升名次、获取更多积分，会更积极主动地参与课堂互动，有利于班级形成良性竞争氛围，促使学生相互学习，共同进步。同时，积分榜可以作为家校沟通的桥梁，家长可以通过积分情况了解孩子的课堂表现，从而更好地配合学校教育，助力孩子全面成长。本节主要涉及三个案例：课堂测评维度分析、课堂表现积分系统以及测评二维码的生成。本节中所需工具如表5-4-1所示。

表5-4-1　所需工具表

案例	工具融合
课堂测评维度分析	DeepSeek+Excel
课堂表现积分系统	DeepSeek+Excel
测评二维码的生成	DeepSeek+Excel+草料二维码

⬇ | 案例一　课堂测评维度分析 |

● 第一步：了解测评维度

在创建课堂积分表之前，我们首先需要了解课堂测评的各个维度。打开DeepSeek，在对话框中输入类似的提示语：根据政策分析小学课堂测评维度有哪些。DeepSeek生成的部分结果如图5-4-1所示。

⊠ 已深度思考（用时 17 秒） ∨

根据中国教育部《义务教育质量评价指南》及各地实施细则，小学课堂测评需贯彻**「五育并举」**原则，构建多维评价体系。以下是基于政策导向的课堂测评维度分解及实施建议：

一、政策导向核心维度

1. 德育发展（权重20%）

• **政策依据**

　《中小学德育工作指南》要求将社会主义核心价值观融入课堂

• **测评要点**

　○ 课堂纪律：遵守规则、尊重他人发言（参考《小学生日常行为规范》）

　○ 合作意识：小组活动中的角色承担与协作能力

　○ 价值认知：回答问题时体现的正确价值观（如公平、诚信）

• **工具示例**

```python
# AI课堂行为分析代码片段（腾讯智聆语音分析）
if detect_keywords(answer, ['帮助', '分享', '公平']):
    add_moral_score(student_id, +2)
```

2. 智育水平（权重35%）

• **政策依据**

给 DeepSeek 发送消息

⊠ 深度思考 (R1)　⊕ 联网搜索　　　📎 ⬆

内容由 AI 生成，请仔细甄别

图 5-4-1　DeepSeek 生成的测评维度

● 第二步：制作测评维度表

根据课堂的实际需求以及从DeepSeek中获取的信息，挑选出适合课堂使用的测评维度。随后，启动Excel，创建一份学生测评维度表，如图5-4-2所示。

	A	B	C	D
1	姓名	举手次数	合作加分	创新加分
2	小红	3	3	1
3	小宇	3	2	2
4	小强	6	3	1
5	小芳	5	5	1
6	小白	1	5	1
7	小明	2	7	2
8	小华	2	8	3
9	小李	3	0	3
10	小美	4	2	1
11	小娜	5	5	1

图5-4-2　学生测评维度表

● 第三步：生成测评内容

将上面的表格复制到DeepSeek里，在对话框中输入提示语：请将上表数据转化为激励性评语，采用星级评价（每2分对应1颗星），包含1句贴合的古诗文，语言生动，符合儿童认知特点，输出为HTML格式。生成代码如图5-4-3所示。

图5-4-3　将测评内容生成代码

新建文本文档，将Deepseek中生成的代码复制粘贴到文本文档中，然后将文本文档另存为"测评内容.html"文件。单击"测评内容.html"文件，生成的内容如图5-4-4所示。

小红同学
☆举手小星星（3次）｜ ☆合作小勋章（3分）｜ ☆智慧小火花（1分）
"三人行，必有我师～你的合作精神像春风，再让创意小蝴蝶多飞一会儿吧！"

小宇同学
☆举手小星星（3次）｜ ☆合作小勋章（2分）｜ ☆智慧小火花（2分）
"问渠那得清如许？为有源头活水来～你的创意像叮咚泉水，继续浇灌合作小花哦！"

小强同学
☆ ☆ ☆举手小星星（6次）｜ ☆合作小勋章（3分）｜ ☆智慧小火花（1分）
"欲穷千里目，更上一层楼～举手冠军小火箭，合作号飞船也准备开空啦！"

小芳同学
☆ ☆举手小星星（5次）｜ ☆ ☆合作小勋章（5分）｜ ☆智慧小火花（1分）
"人心齐，泰山移～团队里最温暖的小太阳，快让创意种子发芽吧！"

小白同学
☆举手小星星（1次）｜ ☆ ☆合作小勋章（5分）｜ ☆智慧小火花（1分）
"海内存知己，天涯若比邻～合作魔法小精灵，下次要多举手说秘密哦！"

小明同学
☆举手小星星（2次）｜ ☆ ☆ ☆合作小勋章（7分）｜ ☆智慧小火花（2分）
"青，取之于蓝而青于蓝～合作能量像彩虹，带着创意泡泡飞更高！"

图 5-4-4　DeepSeek 生成的测评内容

案例二　课堂表现积分系统

在日常教学活动中，课堂积分制度发挥着极其重要的作用。教师能够借助积分系统清晰地把握学生的课堂参与度，及时识别问题并优化教学方案。家长也可利用这一系统全面了解孩子在校的学习进展，以便更好地与学校协同，共同推进孩子的成长。

● 第一步：确定需要的维度

确定积分系统先要统计需要的维度、评价机制、积分兑换规则等。在 DeepSeek 对话框中输入提示语：我是一名小学班主任，需要做一个课堂积分系统，请你告诉我需要统计的维度、评价机制和积分兑换规则。DeepSeek 生成的部分内容如图 5-4-5 所示。

已深度思考（用时 18 秒）

以下是专为小学班主任设计的**班级积分系统方案**，结合教育心理学原理与最新政策要求，包含统计维度、评价机制、兑换规则及实施建议：

一、统计维度设计（五育融合）

1. 学科学习（智育）

指标	计分规则	数据来源
课堂参与	主动举手+1/次，优质回答+2/次	教师记录/电子班牌感应
作业质量	按时完成+1/天，A+评价+3/次	作业批改系统
学业进步	单元测试进步5分+5/次	成绩分析平台

2. 品德发展（德育）

指标	计分规则	数据来源
礼仪规范	主动问好+1/天，帮助同学+2/次	值日班长记录

图 5-4-5　DeepSeek 生成的测评维度内容

● **第二步：根据测评维度选择相应的测评内容并生成代码**

在 DeepSeek 对话框中输入提示语：我是一名小学班主任，我需要做一个学生课堂积分系统。要求：①能够储存数据；②有一个积分排行榜按钮进行积分排序，需要做 50 个学号；③可以增删学生，修改学生姓名，每个学号都有加分/减分按钮；④积分可以自动 1 比 1 转换成兑换币，加积分的同时兑换币应自动加，减积分的同时兑换币相应自动减；⑤兑换币可以兑换奖励，需要一个兑换奖励功能，可以增加奖品，删除奖品，修改奖品的名字；⑥兑换奖励之后兑换币相应减少，需要有扣除兑换币按钮，兑换奖励积分不会发生改变，仅扣除兑换币；⑦需要有一个为全班加分/减分的批量操作功能，积分可以是负数；⑧学号为 1，2，3，…，50，要显示学号；⑨风格可爱一些，排版清晰一些，最好能放在一页；⑩可输出学生积分，可选择加分选项，可导入学生姓名。生成的内容如图 5-4-6 所示。

以下是为您设计的可爱风格课堂积分系统，包含所有要求功能：

```html
<!DOCTYPE html>
<html lang="zh-CN">
<head>
    <meta charset="UTF-8">
    <title>班级小星星积分系统 🌟</title>
    <style>
        :root {
            --main-color: #FFB6C1;
            --secondary-color: #87CEFA;
            --bg-color: #FFF9E6;
        }
        body {
            font-family: 'Comic Sans MS', cursive;
            background: var(--bg-color);
            padding: 20px;
            margin: 0;
        }
        .container {
            display: grid;
            grid-template-columns: 2fr 1fr;
            gap: 20px;
            max-width: 1200px;
            margin: 0 auto;
        }
        .panel {
            background: white;
            border-radius: 15px;
            padding: 20px;
            box-shadow: 0 4px 6px rgba(0,0,0,0.1);
        }
        .student-list {
            max-height: 600px;
            overflow-y: auto;
        }
        student-item {
```

给 DeepSeek 发送消息

图 5-4-6　DeepSeek 生成的代码

● 第三步：创建班级积分系统网页

运行上述代码，确保一切符合预期后，将代码复制粘贴到文本文档中，并另存为"学生课堂积分系统.html"。单击"学生课堂积分系统.html"文件，生成的部分内容如图5-4-7所示。

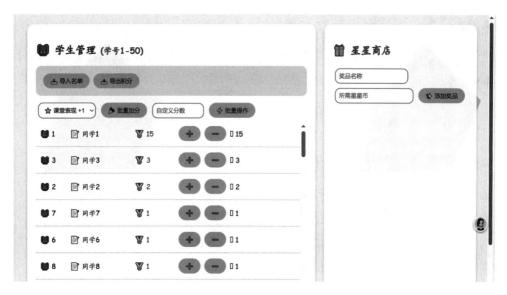

图 5-4-7　DeepSeek 生成的学生课堂积分系统

案例三　测评二维码的生成

学生课堂积分系统完成后，可以将学生的积分导出为 Excel 格式，以便于教师修改和管理。之后，这些积分数据可以保存为二维码形式，方便快捷。

● 第一步：导出积分数据

系统完成后，启动系统并根据实际情况为学生分配积分，然后导出积分数据。具体操作如图 5-4-8 所示。

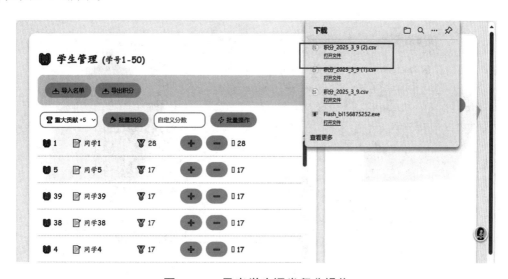

图 5-4-8　导出学生课堂积分操作

● 第二步：建立学生积分汇总表

将导出的Excel表格命名为"学生积分汇总表"。然后打开汇总表，查看学生积分，如图5-4-9所示。

	A	B	C	D	E	F
1	学号	姓名	当前积分	星星币		
2	1	同学1	28	28		
3	3	同学3	16	16		
4	2	同学2	15	15		
5	7	同学7	14	14		
6	6	同学6	14	14		
7	8	同学8	14	14		
8	5	同学5	17	17		
9	39	同学39	17	17		
10	38	同学38	17	17		
11	4	同学4	17	17		
12	9	同学9	16	16		
13	10	同学10	13	13		
14	11	同学11	13	13		
15	12	同学12	13	13		
16	13	同学13	13	13		
17	14	同学14	13	13		
18	15	同学15	13	13		
19	16	同学16	13	13		
20	17	同学17	13	13		
21	18	同学18	13	13		
22	19	同学19	13	13		
23	20	同学20	13	13		
24	21	同学21	13	13		

|◀ ‹ › ▶| 积分_2025_3_9 (2) +

图5-4-9　学生积分汇总表

● 第三步：制作二维码

为便于学生扫码查看自己的积分情况，教师可以使用"草料二维码"将学生积分汇总表制作成二维码，如图5-4-10所示。

图5-4-10　制作学生积分汇总表二维码

🖥 应用拓展

请融合DeepSeek和腾讯文档的功能，制作一张详细的学生成长轨迹卡。要求轨迹卡能帮助教师细致地测评每一个学生在不同学习阶段和关键节点上的表现。

📊 技术与风险

班级积分网站的开发采用多层次技术架构实现功能需求。前端基于HTML、CSS、JavaScript构建用户操作界面，结合AJAX技术实现动态交互体验；后端选用Python或Java框架搭建服务端系统，处理复杂的积分逻辑和数据流转；数据库层面部署成熟的MySQL数据库系统进行结构化存储，并通过读写分离提升并发性能。

安全体系构建方面，集成国产加密算法保障数据传输安全，引入指纹识别等生物特征认证技术，并创新性运用区块链技术实现操作留痕与数据存证。但当前系统仍面临多重潜在风险：核心数据存在丢失或篡改隐患，个人信息面临泄露风险，积分激励机制可能诱发非良性竞争，技术实现层面存在人为操作失误可能，同时需严格遵循相关法律法规要求。

针对风险矩阵，建议构建多重防护机制：建立分布式数据备份与版本控制体系，实施信息脱敏与访问权限分级管理，优化积分规则的平衡性设计，设置关键操作二次确认流程，配置自动化合规审查模块，并依据用户反馈持续迭代界面交互设计。

第六章 教学资源

6-1 动画微课

🎥 **场景聚焦** ──────────────────

刘老师是一名语文教师，此刻她正漫步在校园的小路上，构思着《望岳》这节课的教学设计。她思考着：如何将巍峨的泰山与"一览众山小"的磅礴气势，通过文字与动画相结合的方式，在课堂上生动地呈现出来，让学生更直观地感受祖国山河的壮丽？

正当她为此苦恼时，想起了学校教研会上演示的DeepSeek+"即梦AI"视频工具。这两款工具能够根据教学需求一键生成动画微课。瞬间，GAI教学工具的星火在刘老师脑海中迸发出璀璨的焰火，她立即构思出一个将DeepSeek和"即梦AI"相结合制作动画微课的方案。

📖 **任务解析** ──────────────────

在课堂教学中，制作具象化的动画微课对教师意义重大。动画微课能助力学生直观感悟知识，构建知识体系，但技术门槛与环境要求却让众多教师望而却步，像诠释《望岳》意境这类内容的制作更是困难重重。DeepSeek+"即梦AI"为教师提供了新路径。本节聚焦DeepSeek+"即梦AI"，先概述其用于生成动画微课对教学的意义，再详细阐述生成动画微课的流程，同时展现其优势，还会分享针对《望岳》意境呈现的实践案例，全方位助力教师掌握这一创新工具，切实提升课堂教学质量。本节主要涉及两个典型案例：案例一借助DeepSeek强大的信息挖掘能力精准生成关键知识要点，然后将这些关键信息输入"即梦AI"，利用其出色的视频生成功能，快速生成与教学内容紧密贴合的动画微课视频，从而极大地节省了制作视频的精力与时间；案例二聚焦微课的优化环节，先是依托DeepSeek从海量资料里提取出契合教学主题的关键信息，并依据这些信息生成具有针对性的图片素材，接着利用"即梦AI"将图片转化为初步的视频片段，最后借助"剪映"专业的视频编辑功能，对生成的视频片段进行精细的合成与剪辑，使其在画面衔接、节奏把控等方面都达到理想的教学效果，为学生带来更好的微课学习体验。本节中所需工具如表

6-1-1所示。

表 6-1-1　所需工具表

案例	工具融合
生成动画微课的基础流程	DeepSeek+ 即梦 AI
优化动画微课内容的技巧	DeepSeek+ 即梦 AI+ 剪映

✋ 实战指南

⬇ 案例一　生成动画微课的基础流程

● 第一步：信息输入

准备好教学资料，包括《望岳》的教材内容、教案、教辅材料及相关学术论文等，上传至DeepSeek。在DeepSeek的对话框中输入提示语：我是一名初中语文教师，需要一个关于《望岳》这首古诗的视频，让学生更能感受到这首诗的意境。以Markdown格式给我。DeepSeek将利用其自然语言处理技术，对这些资料进行深入分析，如图6-1-1所示。

> ⊗ 已深度思考（用时15秒）∧
>
> 嗯，用户是一位初中语文老师，需要关于杜甫《望岳》的视频，用Markdown格式。首先，我需要明确用户的需求。他们希望通过视频帮助学生更好地理解这首诗的意境。所以视频内容需要结合视觉和听觉元素，营造出诗中的壮丽景象和情感。
>
> 接下来，我得考虑视频的结构。可能需要分几个部分：导入、诗歌解析、意境营造、互动环节和总结。导入部分可以用自然风光引起学生兴趣，解析部分需要讲解作者和关键词，意境部分通过画面和朗诵加深感受，互动环节让学生参与，总结部分巩固知识。
>
> 然后，技术细节。视频风格应该是国风水墨，符合古诗的韵味。背景音乐选古筝或箫，轻柔的。字幕要清晰，关键词突出。可能需要动画效果，比如山脉逐渐显现，增强视觉冲击。
>
> 还要考虑互动环节，比如让学生描述登山感受，或者画出心中的泰山，这样能提高参与度。结尾部分要引发思考，联系实际，比如生活中的挑战，这样学生更容易产生共鸣。
>
> 最后，确保Markdown格式正确，结构清晰，分章节和子标题，方便用户查看。可能需要检查每个部分的时长是否合理，整体控制在8-10分钟，适合课堂使用。另外，是否需要加入作者生平和历史背景？可能需要简要提及，但重点在意境和情感体验。总之，视频要兼具教育性和艺术性，帮助学生身临其境地感受诗意。

图6-1-1　DeepSeek思索分析过程

提取出与《望岳》紧密相关的关键信息，如视频结构、意境营造等。生成的部分回答如图6-1-2所示。

```markdown
markdown                                                                    复制

# 《望岳》古诗意境解析视频脚本

## 视频主题
**"云端望岳：与杜甫共攀精神高峰"**

## 视频结构（总时长8-10分钟）

### 一、导入：天地之问（1分钟）
```[航拍镜头]云海翻涌，晨曦中的泰山轮廓渐显
[画外音]"当你站在群山之巅，会看到怎样的风景？一千二百年前，有位青年诗人用24个字，写尽了华夏山川的魂魄..."```

二、诗境解构（3分钟）

1. 作者密码
```[动画]唐代地图上亮起"巩县-长安-泰山"光点轨迹
[动态文字]公元736年 24岁的杜甫 漫游齐赵```

#### 2. 字字珠玑
```[镜头语言]
- "岱宗"二字浮现时→泰山祭祀场景重现
- "青未了"三字放大→航拍山脉绵延至天际线
- "决眦"特写→瞳孔中倒映层峦叠嶂```

3. 声韵可视化
```[声波动态图]
配合名家朗诵，展示平仄起伏与情感曲线
重点标注"荡胸生曾云"的气韵流转```

### 三、意境营造（3分钟）

#### 1. 四维空间构建
```[分屏展示]
左屏：实景拍摄（松涛/岩刻/云瀑）
右屏：水墨动画（青年杜甫执卷而立）
背景音：渐强的松风与隐约编钟声```

2. 文化基因解码
```[AR特效]
泰山封禅场景与"会当凌绝顶"诗句重叠
儒释道元素如光斑在石阶上流动```
```

图6-1-2　DeepSeek生成的关键信息

● 第二步：视频生成

登录"即梦AI"官网，单击顶部导航栏中的"视频生成"，如图6-1-3所示。

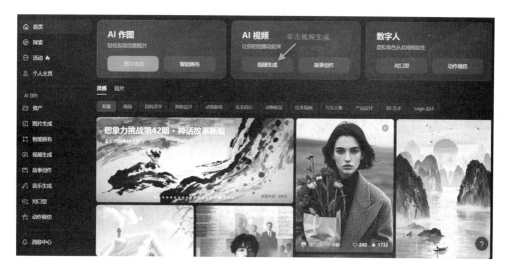

图6-1-3　在"即梦AI"中选择"视频生成"

接着，将DeepSeek中提取出的关键信息复制到"即梦AI"。"即梦AI"将基于这些信息，生成视频内容，如图6-1-4所示。也可以根据自己的需求，对生成的视频进行重新生成。

图6-1-4　"即梦AI"生成视频

● 第三步：个性化设计

在"即梦AI"中，结合自己的教学风格和学生的特点，对视频进行个性化设计。可以根据需求编辑Markdown格式的脚本参数，重新生成视频。

经过简单的几步操作之后，DeepSeek+"即梦AI"将自动生成一份高质量的《望岳》动画教学视频，如图6-1-5所示。

图 6-1-5 《望岳》视频

案例二 优化动画微课内容的技巧

优化动画微课内容，重新构思生成《望岳》视频微课。

● 第一步：关键词提取

使用 DeepSeek 的关键词提取功能，提取出与《望岳》紧密相关的关键词。这些关键词将作为视频的核心，帮助学生更好地把握教学重点和难点。关键词提取如图 6-1-6 所示。

以下是《望岳》一诗的关键词提取，按教学重点分层整理，适合初中生学习理解：

一、核心意象

1. **岱宗**（泰山的尊称，文化象征）

2. **青未了**（青色绵延不断，视觉冲击）

3. **阴阳割昏晓**（山南山北明暗分割，夸张手法）

4. **荡胸生层云**（云雾激荡心胸，移情于景）

5. **决眦入归鸟**（瞪大眼睛看飞鸟，细节特写）

给 DeepSeek 发送消息

深度思考 (R1)　　联网搜索

图 6-1-6 关键词提取

● 第二步：生成图片

根据关键词，个性化构思《望岳》视频分场景，利用"即梦AI"生成图片功能，生成关键词对应的场景图片并进行筛选，如图 6-1-7 所示。

图6-1-7 关键词生成图片

● **第三步：图片生成视频**

在"即梦AI"中，选择图片生视频并赋予文字要求，文字要求也可利用DeepSeek生成相应脚本。图片生成视频如图6-1-8所示。

图6-1-8 图片生成视频

● **第四步：分视频合成**

把所有分视频按顺序添加到"剪映"中，利用"剪映"添加、修改音频和字幕，最后合成视频动画，如图6-1-9所示。

图6-1-9　分视频合成

应用拓展

运用DeepSeek生成有关《白鹭》的关键知识文本，为后续微课制作做准备。请写出你在DeepSeek中应输入的关键词或关键指令（至少包括不同形式的3条，例如课文原文片段、写作特色提炼、描写对象特点等），以此精准获取所需资料，并依据DeepSeek生成的《白鹭》关键文本，利用"即梦AI"和"剪映"将其转化为一段20分钟以内的动画微课视频。

技术与风险

"DeepSeek+'即梦AI'+'剪映'"的应用为经典文本教学提供了可复制的技术框架——从AI诗意解析到智能分镜设计，从自适应字幕生成到多终端适配输出，形成传统文化教学的数字化闭环。教师在使用"即梦AI"时，可以根据教学内容和风格选择合适的模板和预设参数，这能大幅提高制作效率。在生成视频后，教师应仔细检查画面细节，如有不满意的地方，可微调相关参数后再次生成。利用"剪映"的关键帧功能，教师可以为视频元素添加动态效果，让画面中的白鹭飞翔时更灵动。此外，教师应多利用"剪映"的素材库，添加一些合适的音效、字幕样式等，丰富视频内容。

随着GAI技术在教育领域的广泛应用，GAI工具生成的教学内容为教师提供了便利，但也带来了一些需要注意的问题。首先，GAI生成的内容可能存在事实性错误、逻辑漏洞或表述不当的情况，特别是在专业性较强的学科领域。因此，教师在采用GAI生成的教学材料时，必须进行严格的审核和必要的修改，确保知识的准确性和教学内容的科学性。其次，GAI生成的内容往往缺乏针对性，可能无法完全契合具体的教学目标和学生特点，教师需要根据实际教学需求进行调整和优化。此外，教师应当保持教学自主性，避免过度依赖GAI工具，要充分发挥自身的教学智慧和创造力，将GAI生成内容作为辅助工具而非替代品。优秀的教学需要教师根据学生的反馈不断调整教学策略，这是GAI目前难以完全替代的。最后，教师在使用GAI生成内容时还要注意版权问题，对直接引用的内容要注明来源。总之，GAI是教学的助力，但教师始终是教学的主导者，应当合理使用技术工具，保持教学的专业性和独特性。

未来，随着教育大模型与剪辑技术的深度融合，或将催生跨媒介古诗解读等新型教学范式，这将推动核心素养导向的课堂变革。通过GAI技术，古诗教学将突破传统文本解读的局限，实现文字、图像、音频、视频的多模态融合。例如，学生可以通过虚拟现实技术"走进"《春晓》的意境，感受"处处闻啼鸟"的生动场景；利用智能剪辑工具自主创作古诗微电影，在动态画面中理解"大漠孤烟直"的构图美学。这种教学模式不仅能提升学生的审美能力和文化理解力，还能培养其数字化创作能力，真正实现从知识传授到素养培育的转变。

6-2 习题变式器

场景聚焦

课堂上，张老师提问了一道多次讲过的数学应用题，他叫了小宇回答。小宇磕磕巴巴，勉强说出答案，可当张老师要求他阐述思路时，小宇却支支吾吾答不上来。张老师心里明白，答案是小宇死记硬背的，重复练习并未带来学习能力的提升。他听教语文的李老师说，李老师在批改作文时发现有些学生的文章如出一辙，显然是互相抄袭。传统的作文题目，每年都在用，学生缺乏创作热情，抄袭现象频发。张老师留意到，有的学生抱怨作业太简单，"吃不饱"；有的学生则面对难题愁眉苦脸，毫无头绪。统一的作业要求，无法顾及学生间的水平差异。夜深了，张老师仍坐在办公桌前，他想，必须改变作业方式了。

任务解析

利用GAI快速生成不同变式的习题，有利于精准高效地提高学生学习能力。个性化作业要求每个变式题在结构和数值上有所不同，但考查的知识点相同。教师可借助DeepSeek大模型的自然语言处理能力，自动解析题目结构并生成不同的变式。结合菁优网题库资源，通过数据增广、题干重组、参数替换等方式确保题目的原创性。本节设置数学和语文两类典型案例，从不同学科角度展示变式题生成方法。在生成数学变式题时，更强调逻辑严谨性和计算准确性，可结合现实情境设计变式应用题，增强学生的问题解决能力。在生成语文变式题时，更注重对文本的理解、文学性，确保生成的题目既符合教学大纲要求，又能激发学生的创造力。本节中所需工具如表6-2-1所示。

表6-2-1 所需工具表

案例	工具融合
习题变式器	DeepSeek+菁优网

⬇ | 案例一　数学变式题 |

● 第一步：菁优网题目筛选

登录菁优网，搜索"三角函数图像与性质"，筛选"题型：解答题""难度：中档"；
导出 3 ~ 5 道典型题目（含答案与解析），如图 6-2-1 所示。

图 6-2-1　筛选题目

● 第二步：DeepSeek 变式生成

打开 DeepSeek 官网，在对话框中输入提示语，如图 6-2-2 所示。

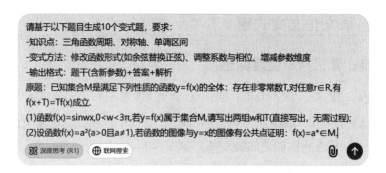

图 6-2-2　向 DeepSeek 提出变式要求

● 第三步：生成示例变式

DeepSeek输出变式，部分回答如图6-2-3所示。

嗯，用户让我基于原题生成10个变式题，涉及三角函数周期、对称轴、单调区间，还要调整函数形式、系数相位和参数维度。首先，我需要仔细分析原题的结构，然后根据要求修改。

原题分为两个部分。第一部分是关于函数f(x)=sinwx属于集合M的条件，需要找出w和T的两组值。集合M的定义是存在非零常数T，使得对所有x，f(x+T)=Tf(x)。第二部分是关于指数函数f(x)=a²的图像与y=x有交点，证明f(x)属于M。

现在要生成变式题，首先考虑函数形式的替换，比如用余弦代替正弦，或者混合正余弦，或者改变相位。调整系数方面，可以引入不同的系数，比如w的位置，或者加入常数项。增减参数维度可能包括添加垂直位移或其他参数。

对于每个变式题，需要确保知识点覆盖周期、对称轴、单调区间，同时保持题目结构相似。比如，第一题可能改为余弦函数，调整w的范围，让用户找出T和w的可能值。答案部分需要给出具体的数值，解析要解释如何推导。

第二部分可能需要将指数函数改为其他形式，比如底数可变，或者加入参数，同时可能需要调整公共点的条件。例如，如果原题中是a²，变式题可能改为a^k，或者改变a的条件，如a>1，或者0<a<1，或者要求不同的交点情况。

图6-2-3　DeepSeek思考过程

● 第四步：题目验证与迭代

逻辑验证：将DeepSeek生成的题目反向输入菁优网"相似题检索"，确保无重复。

难度校准：对比菁优网原题难度标签，调整变式题参数范围。

答案修正：若DeepSeek解析有误，可在对话框中手动修正或追加提示词（如"请重新计算变式2的单调区间，并分步骤说明推导过程"）。

案例二　语文作文变式题

● 第一步：菁优网原型题筛选

登录菁优网，搜索"小学作文：写人记事"，筛选"科目：小学语文""题型：习作""难度：中档"；导出2道题。例如：以《我的好朋友》为题，通过一件具体的事写出他/她的性格特点，并表达你们之间的友情，如图6-2-4所示。

（2024秋·丹阳市校级期末）阅读提示完成习作。

"桃花潭水深千尺，不及汪伦送我情。"这是李白写给他好友的一句诗。他们的友谊如此珍贵，令后人拍手叫好。

朋友成为我们生命中越来越重要的一部分，请你根据自身经历从以下几个方面写作：好朋友的外貌、经常做的事情、因为什么成了好朋友、对友谊的理解。

要求：根据上述提示完成作文；以《我的好朋友》为题写作；条理清晰；真情实感；内容丰富具体；审题准确；结构完整严谨；文体不限（除诗歌外）；不会写的字用拼音代替；不少于200字；不能写出真实的地名与姓名。

【考点】记叙文（写人）. 写人审题准确 VIP

【答案】

我的好朋友

我有一个好朋友，他长得高高瘦瘦，皮肤黝黑，一双明亮的大眼睛总是闪烁着好奇的光芒，一头乌黑的短发显得十分精神。

我们经常一起在操场上奔跑玩耍，也会在课间凑在一起讨论难题。记得有一次，我在学校不小心摔倒了，膝盖擦破了皮，疼得我眼泪在眼眶里打转。他第一时间跑过来，小心翼翼地扶起我，关切地询问我的情况，还把我带到医务室，陪着我处理伤口。那一刻，我特别感动。从那以后，我们越来越亲密，成为了无话不谈的好朋友。

在我看来，友谊就是在困难时刻伸出的援手，是彼此的陪伴与理解。真正的朋友会在你开心时一起欢笑，在你难过时给予安慰。我很幸运能有这样一位好朋友，希望我们的友谊能一直保持下去。

图6-2-4　原型题筛选

● 第二步：DeepSeek变式生成

在DeepSeek的对话框中输入提示语，如图6-2-5所示。

> 请基于以下作文题生成3个变式题，要求：
> 核心要素：人物特点+具体事件+情感表达
> 变式方法：
> a.替换写作对象（如家人—老师/陌生人/宠物）
> b.增加特殊场景（如"第一次见面时""发生矛盾后"）
> c.添加限制条件（如"至少使用3个比喻句""用对话推动故事发展"）
> 输出格式：题目+写作要点+范文片段（100字内）
> 原题：阅读提示完成习作。
>
> "桃花潭水深千尺，不及汪伦送我情。"这是李白写给他好友的一句诗。他们的发谊如此珍贵，令后人拍手叫好。
> 朋友成为我们生命中越来越重要的一部分，请你根据自身经历从以下几个方面写作：好朋友的外貌、经常做的事情、因为什么成了好朋友、对友谊的理解。
> 要求：根据上述提示完成作文；以《我的好朋友》为题写作；条理清晰；真情实感；内容丰富具体，

给 DeepSeek 发送消息

深度思考 (R1)　　联网搜索

图6-2-5　输入原型题

● 第三步：生成示例变式

DeepSeek输出变式，部分回答如图6-2-6所示。

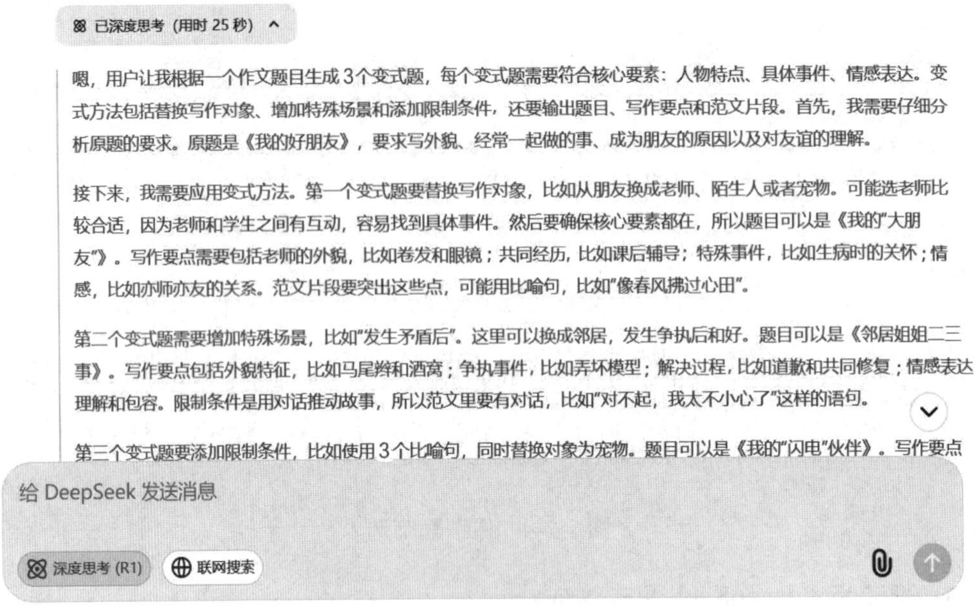

图 6-2-6　DeepSeek思考过程

📠 应用拓展

　　跨学科应用是当前教育教学改革的重点，每一学科都有10%的跨学科教学内容。在教学中跨学科案例的生成是一项费力的工作，教师可依据上文中的变式修改技巧，设计一个以自己所教授的学科为核心的跨学科案例。

📊 技术与风险

　　在上述案例中，教师一是要遵循变式逻辑的一致性，训练GAI识别题目核心结构的能力，例如，物理题中的守恒量。二是要防范重复算法，结合菁优网实现实时查重，标记相似题阈值。GAI生成的题目质量不稳定，题干可能存在逻辑错误，这时需要人工抽检，教师要及时向GAI反馈问题并进行修改。

6-3 PPT生成器

场景聚焦

　　清晨，阳光透过窗户，洒在李老师的办公桌上。李老师正在为"鸡兔同笼"的备课内容发愁，他反复修改PPT，却始终不满意。

　　"李老师，要不试试人工智能工具？"张老师突然探过头，"昨天陈老师用DeepSeek和Kimi几分钟就制作出了一堂课的PPT。"

　　李老师迟疑着打开软件，在张老师的悉心指导下，很快便掌握了DeepSeek与Kimi的操作逻辑，高效地完成了"鸡兔同笼"数学课的PPT制作。课件不仅精准落实了教学设计思路，还通过可视化工具实现了创意化呈现。

　　课堂上，李老师将教学讲解与课件展示相结合，同学们在清晰的逻辑脉络中完成了知识建构，师生均以饱满的状态完成了这堂充满智慧碰撞的数学课。

任务解析

　　制作高质量的课堂教学PPT对于每一位教师来说都是一项重要任务，它直接关系到教学内容的呈现效果，影响学生的学习兴趣和参与度。然而，传统PPT制作过程烦琐，教师需要花费大量时间在内容的整理、排版和美化上。特别是像"鸡兔同笼"这样复杂的问题，更需要精心设计和组织内容。DeepSeek和Kimi的出现，为教师提供了一种全新的解决方案。借助这两款工具，教师只需输入简单的指令和上传相关教学资料，即可快速生成一份条理清晰、内容丰富、设计美观的PPT，这极大地提高了备课效率。

　　本节将详细介绍利用DeepSeek和Kimi生成PPT的流程、优势及针对"鸡兔同笼"问题的实践案例，帮助教师更好地掌握这一创新工具，提升课堂教学质量。本节中所需工具如表6-3-1所示。

表6-3-1　所需工具表

案例	工具融合
生成PPT的基本流程	DeepSeek+Kimi
优化PPT内容的技巧	DeepSeek+Kimi

实战指南

案例一 生成PPT的基本流程

● 第一步：信息输入

教师将准备好的教学资料，包括"鸡兔同笼"问题的教案、教辅材料等上传至DeepSeek；输入提示语：我需要一个小学"鸡兔同笼"PPT课件，给小学高年级的孩子授课使用，以Markdown的格式给我，如图6-3-1所示。

我是 DeepSeek，很高兴见到你！

我可以帮你写代码、读文件、写作各种创意内容，请把你的任务交给我吧~

> 我需要一个小学"鸡兔同笼"PPT课件，给小学高年级的孩子授课使用，以**Markdown**的格式给我。
>
> 深度思考 (R1)　联网搜索　

图6-3-1　在DeepSeek对话框中输入提示语

DeepSeek将利用它的自然语言处理技术，对这些资料进行深入分析，部分回答如图6-3-2所示。

> ⊗ 已深度思考（用时 19 秒）∧
>
> 嗯，用户需要一份关于"鸡兔同笼"问题的PPT课件，针对小学高年级学生。首先，我得确定这个问题的基本结构和教学重点。鸡兔同笼是典型的数学问题，涉及代数思维，但小学生可能还没学代数，需要用其他方法，比如假设法或者抬脚法。
>
> 接下来，得考虑PPT的结构。通常课件需要包括问题引入、解题方法、例题演示、练习和总结。可能还要加入一些互动环节，让学生参与进来，提高兴趣。因为受众是小学生，所以内容要生动有趣，多用图片、动画，避免太多文字。
>
> 然后，用户要求用Markdown格式，所以得按照标题、分页内容、列表、代码块（如果有的话）来组织。可能需要用思维导图或者流程图来展示解题步骤，但Markdown可能不太支持这些，所以可能需要用文字描述，或者简单的符号代替。
>
> 还要注意语言简洁，适合高年级小学生理解。可能需要从生活情境引入问题，比如农场里的鸡和兔子，吸引学生的注意力。例题部分要分步骤讲解，慢慢引导，避免跳跃步骤导致学生跟不上。

图6-3-2　DeepSeek思索分析过程

提取出与"鸡兔同笼"问题紧密相关的关键信息，如问题起源、解题策略、方法演示等，部分信息如图6-3-3所示。

图6-3-3　DeepSeek生成的关键信息

● **第二步：结构化整理**

登录Kimi官网，单击Kimi左侧菜单栏中的Kimi+，选择PPT助手，如图6-3-4所示。

图6-3-4　在Kimi中选择PPT助手

接着，复制从DeepSeek中提取出的关键信息粘贴到Kimi。Kimi将基于这些信息，生成PPT的框架和初步内容，如图6-3-5所示。例如，它可以自动将问题起源放在第一页，将解题策略放在第二页，并列出关键的公式和步骤。

鸡兔同笼问题

——趣味数学思维训练

1. 问题起源

1.1 古代数学智慧

1.1.1 经典问题的诞生

- 《孙子算经》是中国古代数学经典著作，成书于约1500年前的南北朝时期，"鸡兔同笼"问题作为其中的经典问题，展现了古代数学家的智慧。
- 这个问题不仅在数学史上具有重要地位，还为后世数学发展和数学思维培养奠定了基础，是数学文化传承的重要载体。

1.1.2 逻辑推理的启蒙

图 6-3-5　Kimi 初步生成 PPT 框架

框架生成后，单击"一键生成 PPT"按钮，然后选择自己想要的模板生成 PPT，如图 6-3-6、图 6-3-7 所示。教师可以根据自己的需求，对 PPT 的结构和内容进行调整和优化。

6.3.2 方法反思

- 引导学生反思解题方法在生活应用中的优点和不足，帮助学生进一步优化解题方法。
- 例如，通过反思假设法在停车场问题中的应用，让学生发现假设法在解决实际问题中的高效性和便捷性。

6.3.3 学习拓展

- 鼓励学生在生活应用的基础上，进一步拓展学习，探索更多数学问题的解决方法。
- 例如，通过生活应用，引导学生学习方程法等解题方法，为学生后续学习奠定基础。

📋 复制　　🔄 再试一次　　📤 分享　　　　　　　　　　👍 👎

💬 一键生成PPT ＞

图 6-3-6　Kimi 一键生成 PPT

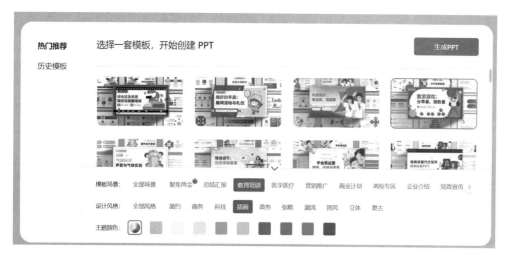

图 6-3-7　选择合适模板

● **第三步：个性化设计**

在 Kimi 中，教师可以根据自己的教学风格和学生的特点，对 PPT 进行个性化设计。选择与"鸡兔同笼"问题相关的主题模板，可以调整字体大小、颜色搭配，添加动画效果等，使 PPT 更加生动有趣，吸引学生的注意力。教师可以在线编辑，也可以下载之后进行编辑，如图 6-3-8 所示。

图 6-3-8　编辑 PPT 内容

● **第四步：多媒体素材整合**

为了丰富教学内容，教师还可以将图片、视频等多媒体素材整合到 PPT 中，如图 6-3-9 所示。例如，可以插入一些动物图片帮助学生更好地理解问题背景，或者插入一段动画来展示解题过程。DeepSeek和Kimi支持多种格式的多媒体素材上传和编辑,可以为教师提供极大的便利。

图6-3-9 编辑图片

经过简单的几步操作,DeepSeek和Kimi为教师生成了一份高质量的"鸡兔同笼"问题课堂教学PPT。

案例二 优化PPT内容的技巧

● 第一步:关键词提取

在上传教学资料前,教师可以先使用DeepSeek的关键词提取功能,提取出"鸡兔同笼"问题的关键词。这些关键词将作为PPT内容的核心,帮助教师更好地把握教学重点和难点。部分回答如图6-3-10所示。

准备做一个小学高年级"鸡兔同笼"的PPT,关键词有哪些可以提取?

🐾 已深度思考 (用时23秒) ∧

好的,用户现在需要为小学高年级准备一个关于"鸡兔同笼"问题的PPT,并且想要知道应该提取哪些关键词。我需要先理解用户的需求。之前已经提供了一个Markdown格式的课件,现在可能想要优化或者扩展内容,所以需要确定PPT中的核心关键词来帮助组织内容,提升教学效果。

首先,我需要回顾之前提供的课件结构,分析里面涉及的主要部分和重点。之前的课件包括了问题起源、经典题目、解题策略、方法演示、闯关练习、生活应用等部分。因此,关键词应该涵盖这些部分的核心概念,同时考虑小学生的认知水平,需要选择适合他们理解的关键词。

图6-3-10 关键词提取思考过程

● 第二步：内容重组

在Kimi中，根据教学逻辑和学生的认知特点，对提取出的关键信息进行重组和优化。将解题步骤按照从易到难的顺序进行排列，先介绍基础解法，再引入高级解法。同时，添加一些拓展知识或思考题，以激发学生的思维活力。部分回答如图6-3-11所示。

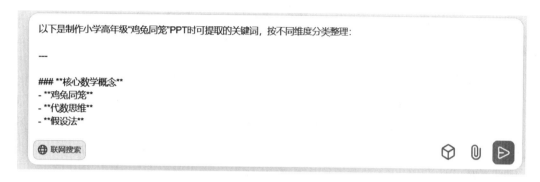

图6-3-11　重组优化提取关键词

● 第三步：互动环节设计

为了提高学生的参与度，教师可在PPT中融入一些互动环节，设计一些选择题或填空题来检验学生对知识点的掌握情况，或者设计一些小组讨论题来促进学生的合作与交流，如图6-3-12所示。

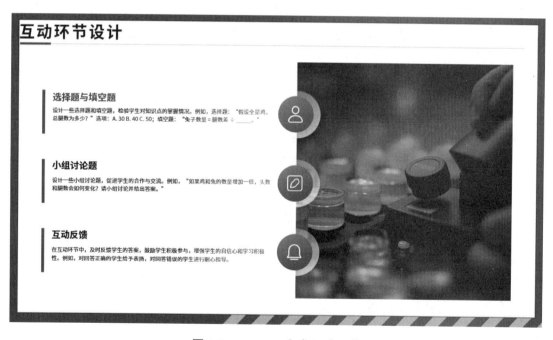

图6-3-12　Kimi生成互动环节

历史教师李老师想设计《丝绸之路》一课的PPT，他希望能够深入剖析"课程标准"和教学目标，课件能够融入丰富且准确的史实和背景知识，选用典雅风格的模板。请你借助DeepSeek和Kimi帮助李老师完成此课的课件设计。

📊 技术与风险

DeepSeek与Kimi集成GAI算法，实现了教学资源的智能生成与动态优化。教师输入要求后，系统可快速构建包含三维动画、互动模拟和分层练习的教学框架，如"鸡兔同笼"问题中自动生成抬腿演示、方程变形过程可视化模块。其语义理解引擎还能解析教师指令，实时匹配学科知识点与新课标要求，生成兼具科学性与趣味性的课件素材。该技术显著提升了教师的备课效率，尤其是为跨学科资源整合、复杂问题具象化提供了创新解决方案，使教师得以将更多精力用于教学设计与学情分析环节。

技术应用伴随的依赖性问题值得警惕，长期使用标准化模板可能弱化教师个性化教学风格的培养；数据隐私方面，教学行为数据、学生作答记录等敏感信息在云端存储时存在泄露风险，需建立本地化加密机制与访问权限分级制度；技术局限性则体现在动态生成内容难以精准匹配差异化学情，如特殊学生的认知障碍需求易被算法忽视。鉴于此，教师应采用"人机协同"工作模式：将GAI作为创意触发器而非决策主体，定期评估数字工具的使用边界，同时通过校本研修提升教师对智能教育技术的批判性应用能力。

6-4 高效阅读

场景聚焦

李老师正为市级公开课《初识人工智能》的教学设计发愁。他手中的教学实录论文虽充满真知灼见，但密密麻麻的课堂实录片段和算法分析让他难以快速提取核心脉络。当他揉着酸涩的眼睛时，教研组长发来消息：试试DeepSeek+Xmind，把论文变成知识图谱。李老师半信半疑地将论文上传，几分钟后，系统生成的思维导图让他眼前一亮——原本零散的算法分析、教学创新点、教学策略竟自动串联成知识图谱……

任务解析

在教学研究与备课过程中，教师常常面临时间紧、任务重的情况。面对《和AI做个好朋友》教学实录这类长文章，传统阅读方式效率低，关键信息提取难，阻碍教师获取教学灵感、把握重点与构建知识体系。鉴于此，教师借助DeepSeek和Xmind工具辅助自己工作显得意义重大，它们能将长论文转化为思维导图，极大地节约教师的时间。本节内容主要涉及两个实践案例，操作流程遵循特定步骤有序展开。首先，运用DeepSeek对目标文章，如《和AI做个好朋友》，进行深度分析，快速梳理出文章的整体脉络，精准定位核心观点、关键段落及各部分内容的逻辑关联；其次，依托DeepSeek强大的自然语言解析能力，将解析结果转化为适用于Xmind的专业引导式信息，为后续思维导图构建提供精准的数据基础；最后，利用Xmind依据前面步骤所准备的信息，生成条理清晰、结构严谨的思维导图，直观呈现论文的知识架构，助力教师高效理解、快速掌握论文要点，提升知识运用的能力与教学实践的效率。通过这一转化过程，教师能够快速定位关键知识点，明晰知识间的逻辑关系，为教学实践和研究提供有力支持。本节中所需工具如表6-4-1所示。

表6-4-1　所需工具表

案例	工具
教学实录转思维导图	DeepSeek+Xmind

⬇ 案例一　DeepSeek 理脉络

● 第一步：使用 DeepSeek 提取论文大纲

（1）打开 DeepSeek，开启"深度思考"模式，单击上传按钮，选择要生成思维导图的长篇论文。

（2）在对话框中输入提示语：我需要做一个 Xmind 的思维导图，请帮我将以上论文内容做一个提炼和整理，使用 Markdown 格式输出。部分内容如图 6-4-1 所示。

以下是基于《和 AI 做个好朋友》教学实录内容提炼和整理的思维导图大纲，使用 Markdown 格式输出：

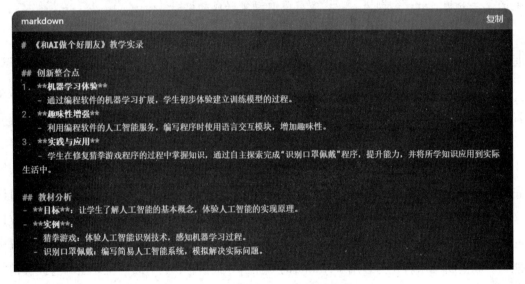

图 6-4-1　DeepSeek 生成部分内容

● 第二步：保存为 Markdown 文件

（1）DeepSeek 生成内容后，单击右上角的"复制"按钮，复制 Markdown 格式的大纲内容。

（2）在电脑桌面单击右键，选择新建一个文本文档。

（3）双击打开新建的文本文档，将刚才复制的 Markdown 格式的大纲内容粘贴到这里，完成后单击"文件"→"另存为"，在"保存类型"中选"所有文件"，输入文件名并确保后缀为".md"，单击保存。保存为 Markdown 文件的过程如图 6-4-2、图 6-4-3 所示。

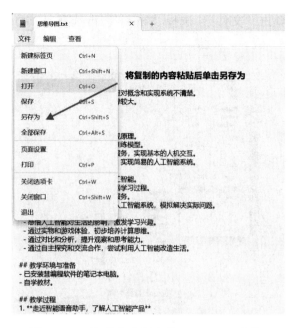

图 6-4-2　生成内容保存为 Markdown 文件

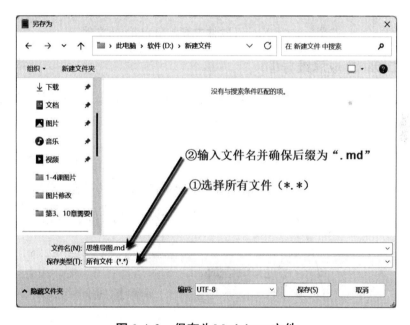

图 6-4-3　保存为 Markdown 文件

案例二　Xmind 制作知识图谱

● **第一步：用 Xmind 制作思维导图**

（1）新建思维导图：双击打开 Xmind 软件，单击"新建"，选择一个思维导图模板。

（2）在菜单栏中单击"文件"，选择"导入"，再选择Markdown文件，如图6-4-4所示。

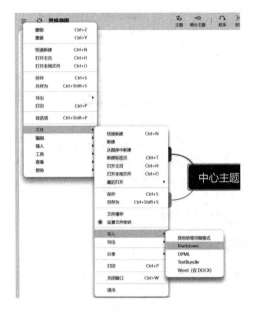

图6-4-4　Xmind软件中导入Markdown文件

● 第二步：生成思维导图

找到之前保存的".md"文件，选中后单击"打开"，Xmind会自动生成思维导图，如图6-4-5所示。

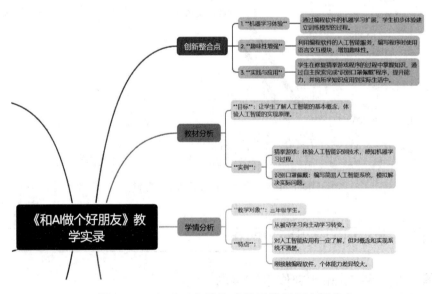

图6-4-5　Xmind自动生成的思维导图（部分）

📱 应用拓展

以《草船借箭》这一课为主题，上传文章电子版到DeepSeek并要求其从事件发展和人物关系两方面进行分析，并用Xmind做成知识图谱，以便深度阅读，构建"资源筛选—逻辑梳理—创意输出"的闭环阅读模式。

📊 技术与风险

教师在使用DeepSeek时，如果想要进行精准提问，就要根据教学大纲、课程重点及学生知识掌握情况，拟定指向明确的问题，引导其筛选出与教学直接相关的论文片段。例如，在教授物理学科的力学章节时，可提问"关于牛顿第二定律最新研究进展及应用案例的论述"，让DeepSeek聚焦关键内容；若想进行对比筛选，可针对同一主题的多篇论文，利用DeepSeek分别提取核心观点后，让学生对比不同研究的异同点，以此加深对知识的理解并拓宽视野。教师可以引导学生观察DeepSeek提取的不同研究团队在实验方法、结论推导等方面的差异。结合Xmind时，可以进行关联拓展，鼓励学生在Xmind图谱中建立跨章节、跨学科的知识联系。比如，在生物进化论文的图谱里，关联地理变迁对生物分布的影响，引导学生用线条和注释标明关系，培养综合思维能力。

当然，过度依赖DeepSeek提取片段信息，易导致学生对知识的理解碎片化，无法构建完整体系。教师需要在后续教学中引导学生整合信息，回溯论文整体架构。尽管DeepSeek功能强大，但遇到极其专业、前沿领域的问题，其生成的内容准确性未必有保障，教师需结合自身专业知识核实，避免误导学生。长期使用Xmind辅助学习，部分学生脱离工具后可能会出现知识提取、归纳困难等问题，教师要适时安排脱离工具的传统学习环节，锻炼学生自主思考的能力。

第七章　班级管理

7-1　生成座位表

🎬 场景聚焦

班主任周老师愁眉苦脸地坐在办公椅上，面前摆着密密麻麻的学生名单和一张有许多涂改痕迹的座位草图。新学期即将开始，班级排座问题让她焦头烂额。

身高难题：最高的小杨身高175cm，最矮的小雨身高142cm，若按"前矮后高"排布，有些家长会提出孩子视力不好需要照顾——班上有11名学生近视，虽然近视的度数不同，但家长的需求比较统一："老师，我家孩子必须坐前三排！"另外，还要考虑成绩互补与强弱搭配。还有小林，他性格孤僻，拒绝与任何人同桌；听力较弱的小轩需要靠窗的安静位置；多动症学生小凯需安排在教师讲台旁……

周老师看着五花八门的需求，大脑一片混乱。自己手动调整时，她发现遵循一个条件，另一个规则就得被打破，总也找不到平衡。周老师向有经验的王老师求助，王老师向她推荐了"智能排座系统"，十几分钟后，周老师就解决了问题。周老师不禁感叹："原来技术真的能让'不可能'变成'有解'。"

📖 任务解析

班级管理是班主任工作的核心，班主任需通过系统性方法解决多目标优化难题。本节围绕"人工智能+教育管理"逻辑主线，通过构建"数据整合—规则设定—智能生成—动态优化"开发规范，帮助教师从重复性劳动中脱身。

智能班级座位表案例基于多维度约束（身高、视力、成绩互补、性格适配），利用人工智能算法平衡公平性与个性化需求，规避传统人工排座的条件冲突与低效率问题。本节中所需工具如表7-1-1所示。

表7-1-1　所需工具表

案例	工具融合
智能班级座位表	DeepSeek+Excel+Cursor

实战指南

案例　智能班级座位表

排座位是班主任日常工作之一，看似简单的排列组合，实则常常令班主任头疼不已，既要考虑学生近视情况，又要考虑学生身高问题，甚至还要考虑同桌喜好、成绩互补等因素，时间复杂度和空间复杂度直线飙升。

其实，只要把需要考虑的条件标注好，在DeepSeek等大模型的帮助下，通过一定的布局算法，合理的班级座位排布很容易实现。另外，为提升效率和成功率，编程环境选用Cursor（版本号为CursorUserSetup-x64-0.46.11），具体的模型使用DeepSeek R1。

● 第一步：安装Cursor

打开浏览器，搜索并打开Cursor官网，如图7-1-1所示。

图7-1-1　Cursor官网页面

单击页面上的"下载"按钮（根据系统自动识别 Windows版本，也可手动选择），完成下载操作，如图7-1-2所示。

CursorUserSetup-x64-0.46.11.exe

图 7-1-2　软件图标

安装软件步骤如下。

Windows 用户：双击下载的 CursorUserSetup-x64-0.46.11.exe文件。按照安装向导提示操作，选择许可协议，默认安装路径（或自定义路径）。勾选"创建桌面快捷方式"。单击"下一步"开始安装，完成后单击"完成"。过程如图 7-1-3、图 7-1-4、图 7-1-5、图 7-1-6、图 7-1-7、图 7-1-8所示。

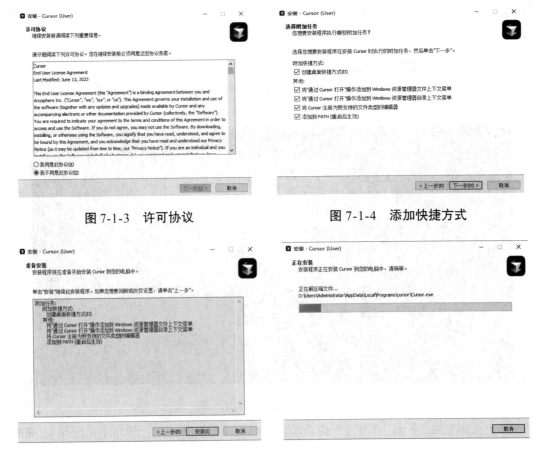

图 7-1-3　许可协议　　　　　　　　　图 7-1-4　添加快捷方式

图 7-1-5　准备安装　　　　　　　　　图 7-1-6　正在安装

| 图 7-1-7　安装完成 | 图 7-1-8　启动界面 |

- 第二步：启动与配置

（1）双击桌面快捷方式启动 Cursor。

（2）首次启动：登录或注册账号（支持 GitHub 或邮箱注册），如图 7-1-9、图 7-1-10、图 7-1-11、图 7-1-12 所示。

图 7-1-9　注册

图 7-1-10　注册

图 7-1-11　真人检测

图 7-1-12　邮箱登录

（3）注册并登录成功后，可以单击Cursor右上角的配置按钮进行简单的配置，如图7-1-13、图7-1-14所示。

图7-1-13　Cursor首页

图7-1-14　Cursor配置

（4）单击Cursor Settings文件中Models选项卡，单击DeepSeek R1，如图7-1-15所示。

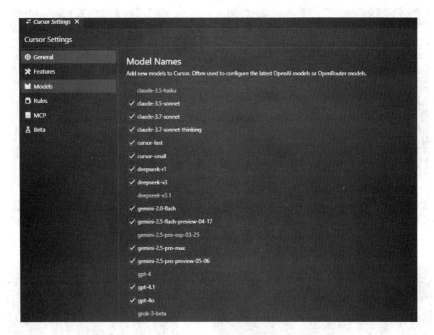

图7-1-15　Models选项

这样在Cursor中就可以使用DeepSeek R1进行编程了。

● 第三步：开发准备

将需求按照Markdown格式列出来，对于大多数的班主任来说是一件困难的事情。借助DeepSeek帮我们厘清需求是确保顺利开发的第一个关键环节。

打开DeepSeek或者直接使用Cursor内置的DeepSeek R1模型，通过"聊天"让大模型帮我们厘清需求。在DeepSeek的对话框中输入提示语：我想开发一个班级排座位的程序，但是具体需求描述不清，请你作为产品经理，通过问我一些问题，帮我做一个专业的需求分析，如图7-1-16所示。

我是 DeepSeek，很高兴见到你！

我可以帮你写代码、读文件、写作各种创意内容，请把你的任务交给我吧~

我想开发一个班级排座位的程序，但是具体需求描述不清，请你作为产品经理，通过问我一些问题，帮我做一个专业的需求分析。

◈ 深度思考 (R1)   ⊕ 联网搜索   🔗 ↑

图7-1-16   在DeepSeek的对话框中输入提示语

从图7-1-17中可以看到DeepSeek给出了很多问题，包括6个大类14个方面，详细询问了程序开发的需求。

班级排座位程序需求分析

动端、数据隐私和安全问题，是否需要考虑。预算和时间限制，是否有特殊要求。最后，有没有其他功能需求，比如打印座位表、学生信息管理等。通过这些提问，可以全面了解用户需求，为开发打下基础。

为了帮助您明确需求并开发出符合预期的班级排座位程序，我将从以下维度进行需求调研。请您逐一思考以下问题：

一、用户画像

1. 您属于以下哪种身份？（教师/班主任/教务管理者/家长/其他_____）

2. 目标用户是公立学校/私立学校/培训机构？哪个学段？（小学/初中/高中/大学）

3. 需要支持单个班级排座（如班主任使用）/全校排座系统（如教务处使用）？

二、核心痛点

4. 当前排座位时最困扰您的问题是？（可多选）

□ 频繁处理家长特殊要求

□ 学生身高视力差异大

□ 管理课堂纪律（如隔离调皮学生）

□ 特殊需求学生安排（如听障/ADHD）

□ 公平性问题争议

□ 其他_____

三、场景要素

5. 典型班级规模：人/班，教室常见布局是：

□ 传统行列式 □ 小组岛屿式 □ U型 □ 其他

6. 特殊座位需要单独处理吗？（如讲台两侧/空调下方/设备操作区）

图7-1-17   班级排座需求分析

由于DeepSeek每次询问结果并不一致，所以需要将核心需求列出来。同时根据个人经验和班级排位的实际需求从中选择符合开发的实际需求。例如：本次选择表7-1-2中的问题进行了回答。

表 7-1-2　选择的问题和回答

编号	问题	回答
1	用户身份	班主任
2	班级规模	45 人
3	基础数据	身高、近视、性别、矛盾
4	布局方式	传统布局方式
5	核心规则优先级	身高视力＞成绩互补＞纪律管控＞性别平衡＞社交关系
6	功能	支持拖拽调整座位并实时保存，要生成可打印的座位表，支持学生数据导入一键排座位
7	技术栈	HTML+JavaScript，网页形式

这个需求只能算是初步的需求，还需要继续跟DeepSeek进一步交流，把这个图表交给DeepSeek，让其根据表格信息，给出产品的功能说明。

在DeepSeek的对话框中输入提示语：根据上面提到的这些需求信息，帮我设计一份原型说明，如图7-1-18所示。

提示：原型说明就是让大模型用自然语言描述要写的程序的功能详细说明。

班级排座位系统原型说明书（v1.0）

一、核心功能模块

模块	功能描述
1. 数据管理	支持Excel/CSV导入学生数据（姓名、性别、身高、视力、成绩、矛盾关系标注）
2. 自动排座	基于优先级规则一键生成初始座位表（规则引擎见下文）
3. 手动调整	拖拽交互调整座位，实时保存状态（本地存储+云端备份可选）
4. 冲突检测	自动标红矛盾学生相邻/违反视力优先规则等冲突
5. 输出打印	生成带学生头像/姓名的可视化座位表（A4纵向/横向自适应）

二、界面原型设计

1. 主工作台布局

原型示意图：左侧学生列表，右侧教室布局，顶部工具栏

图 7-1-18　原型说明书

- **左侧面板**：可筛选的学生列表（支持按身高、视力、标签排序）
- **中间画布**：传统行列式教室可视化（6x8 网格，标注讲台/空调等固定区域）
- **右侧面板**：学生详情展示（点击座位显示身高/视力/矛盾关系备注）
- **顶部工具栏**：导入数据、一键排座、保存/撤销、打印按钮

图7-1-18　原型说明书（续）

将生成的功能说明，复制到Cursor的Notepad，修改文件名为"座位排序系统说明"，如图7-1-19所示。

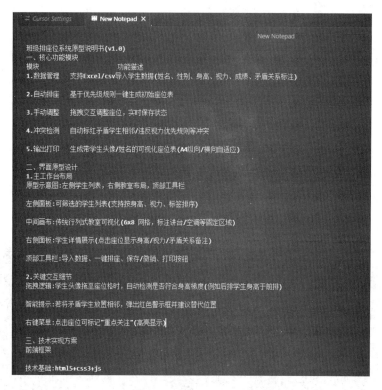

图7-1-19　Notepads文件

Cursor默认为Agent模式，会自动创建文件和目录。因为只有一个Notepad文件，自动引用该文件为附件。

提示语：根据座位排序系统说明进行开发，如图7-1-20所示。

图7-1-20　开发指令

● 第四步：系统微调

根据原型功能描述进行微调，如不需要导入学生的图片、不需要3D视图等。部分内容如图7-1-21所示。

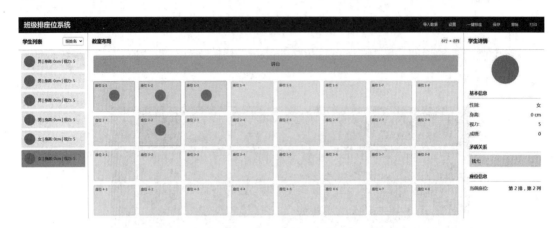

图7-1-21 排位系统

经过优化需求，最终形成产品原型设计要求。

完善和微调功能，系统没有根据人数设置行列功能，继续追问。输入提示语：增加输入学生总数，进行座位行和列的排序。部分内容如图7-1-22所示。

图7-1-22 微调

单击全部接受"Accept"，则表示新代码被应用到文件中，对功能进行修改。部分内容如图7-1-23、图7-1-24所示。

图7-1-23　Accept接受

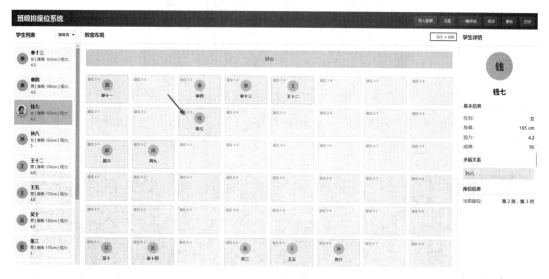

图7-1-24　功能实现

应用拓展

如何在Cursor中实时预览生成的网页？

（1）打开扩展市场，单击左侧边栏的"Extensions 田"图标。

（2）搜索并安装 Live Server，在搜索栏输入"Live Server"，单击安装，如图7-1-25、图7-1-26所示。

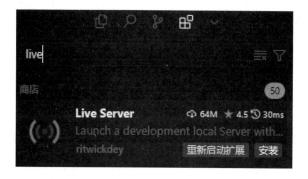

图7-1-25　搜索Live Server

图7-1-26　安装 Live Server

（3）启用实时预览。编辑完成后，直接单击右下角"Go Live"按钮即可实时预览，如图7-1-27所示。

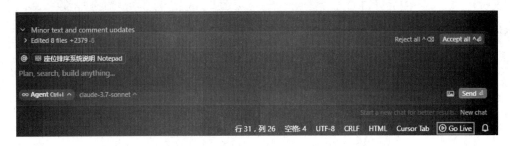

图7-1-27　预览网页

技术与风险

排座系统涉及数据隐私，如学生身高、视力、特殊情况等敏感信息，存在数据泄露风险。因此，班主任使用该系统时一定要确保在合适的场合正确使用。

同时，排座系统容易将学生标签化，可能强化刻板印象（如多动症学生必须坐讲台旁），教师需在其中嵌入教育理论指南，提供多元化排座策略选项，避免技术决策取代人文关怀。

7-2 考试成绩分析系统

因为太忙，周老师对本班45名学生的成绩分析一直没有完成，焦头烂额的她盯着试卷，不知道如何能快速、精准地分析学情。

周老师突然想起之前借助人工智能解决班级座位表的经历，她想：为何不依托DeepSeek R1模型的决策推理能力，配合Cursor编程环境，编写一个网页程序，对考试成绩进行可视化分析？如此一来，原来费时费力的活儿，交给人工智能岂不美哉！

📖 **任务解析**

考试成绩分析是教师在阶段或学期结束测评时对学生所学知识进行查漏补缺的重要依据。上一节中依据智能排座系统的案例，教师可通过与DeepSeek交互，深度沟通并明确系统开发需求，诸如要依据学生身高、视力、成绩互补等多因素综合智能排座。本节的智能成绩分析系统也可以通过与DeepSeek交互的方式来解决问题。本节中所需工具如表7-2-1所示。

表7-2-1　所需工具表

案例	工具融合
智能成绩分析系统	DeepSeek + 可视化引擎 + Cursor

👆 **实战指南**

⬇ **案例　智能成绩分析系统**

分析成绩并做出决策是教师经常要做的工作。运用传统手段进行成绩分析费时费力而且带有一定的主观性。利用DeepSeek开发web系统，能够实现数据可视化，对教师分析成绩起到极大的帮助作用。

● 第一步：需求分析

一个产品从无到有，一般来说先由产品经理根据市场调研，分析出用户需求，做出原型图，再交由程序员负责完善功能。DeepSeek扮演的角色就是产品经理，Cursor就是程序员，用户（我）负责提要求，如图7-2-1所示。

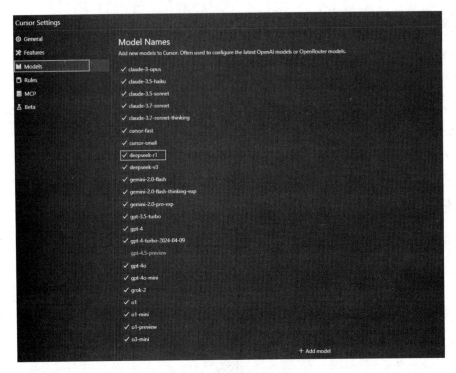

图7-2-1　更换模型

在DeepSeek的对话框中输入提示语：开发一个成绩分析系统，能够分析本班的单科及总成绩，提供成绩的可视化展示，请做出详细的功能说明和设计说明文档，技术栈采用HTML+JavaScript单网页版，如图7-2-2所示。

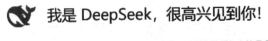

我是 DeepSeek，很高兴见到你！

我可以帮你写代码、读文件、写作各种创意内容，请把你的任务交给我吧~

开发一个成绩分析系统，能分析本班的单科及总成绩，提供成绩的可视化展示，请做出详细的功能说明和设计说明文档，技术栈采用HTML+JavaScript单网页版

深度思考 (R1)　联网搜索

图7-2-2　提示语及需求分析

- **修改成绩:** 可对已录入的成绩进行修改。
- **数据保存:** 支持将当前数据保存为本地文件，方便下次使用。

3. 成绩分析

- **单科分析:**
  - 计算平均分、最高分、最低分、及格率、优秀率等指标。
  - 绘制成绩分布直方图，展示不同分数段的学生人数。
  - 绘制成绩排名柱状图，展示学生单科成绩排名情况。

- **总成绩分析:**
  - 计算总分平均分、最高分、最低分。
  - 绘制总分分布直方图，展示不同总分段的学生人数。
  - 绘制总分排名柱状图，展示学生总分排名情况。

- **对比分析:**
  - 可选择不同科目进行对比分析，绘制折线图或柱状图展示各科成绩对比情况。
  - 可选择不同学生进行对比分析，绘制雷达图展示学生各科成绩优劣。

4. 可视化展示

- 使用Chart.js等图表库绘制各种统计图表，直观展示分析结果。
- 图表支持交互操作，例如鼠标悬停显示具体数据、点击图例隐藏/显示数据等。

5. 其他功能

- **数据导出:** 支持将分析结果导出为图片或PDF格式。

图7-2-2　提示语及需求分析（续）

将需求复制到Cursor的Notepads中，重命名为"成绩分析系统需求文档"。成绩分析系统需求文档如图7-2-3所示。

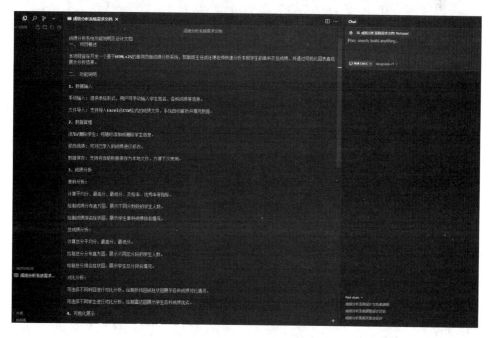

图7-2-3　Notepads文档

DeepSeek设计的"成绩分析系统需求文档"的功能包括数据输入、数据管理、成绩分析、可视化展示、其他功能，基本上覆盖了成绩分析的各个方面。

● 第二步：提交开发

根据Notepads中的需求文件，设计好提示语，完成初步开发。模式选择Agent智能体模式，提示语注意使用@符号，在列表中找到Notepads并找到"成绩分析系统需求文档"。文件如图7-2-4所示。提示语为：根据文件（成绩分析系统需求文档）描述需求完成开发。

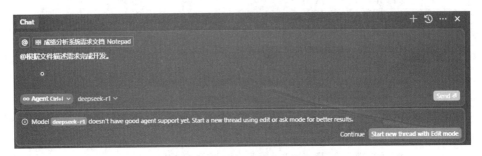

图7-2-4　开发阶段

Agent模式会自动创建文件及目录，但需要手动接受文件的修改，如图7-2-5、图7-2-6所示。

图7-2-5　开发过程

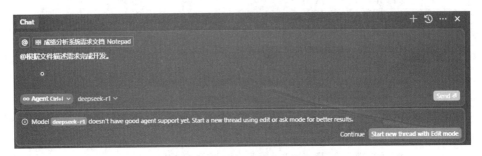

图7-2-6　生成代码

代码生成后要测试各个功能是否完整。打开index.html开始测试。部分内容如图7-2-7所示。

图7-2-7　系统测试

● **第三步：开发微调**

测试后发现，系统存在一些问题。如学生数据批量导入环节，由于缺乏模板样式，系统无法识别需要导入的学生数据字段，导致数据导入失败。

输入提示语：请增加学生成绩模板，并提供50条数据。

如图7-2-8所示，系统已支持模板下载与数据批量导入功能。

图7-2-8　细节修改

此时布局样式还有些乱，我们可以通过微调提示语进行持续优化。

输入提示语：布局设计重新调整，导入学生成绩数据以可编辑表格形式展示在左侧栏，通过全选、单科，部分选择。右侧分析选中学生的成绩可视化，有柱状图、饼状图、折线图等类型，如图7-2-9所示。

图7-2-9　系统微调

Cursor能很快找到问题的根源，并提示可能出现的新的问题：导入Excel表格后出现姓名乱码，成绩丢失，如图7-2-10所示。

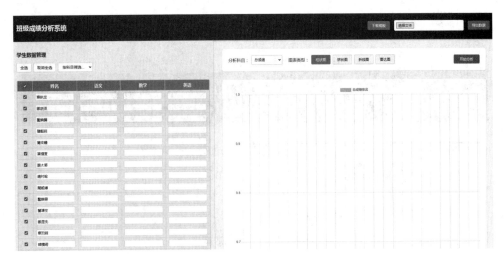

图 7-2-10   bug修复

输入提示语：导入Excel到网页显示时出现乱码，语文、数学、英语均无数据，继续修改，保证所有功能可用、正常，自我检查。

经过多次微调，最终实现了所有的功能，完成了考试分析系统。部分内容如图7-2-11所示。

图 7-2-11   最终效果

说明：由于大模型每次生成的内容具有随机性，即便是同样的提示语，得到的结果有时也不一样。当出现问题时，只需将错误描述提交给大模型即可。

📺 应用拓展

利用DeepSeek不仅可以做出成绩分析系统，还可以做出个性化作业布置系统、学生心理调查干预系统，以及教学策略优化系统等。

在人工智能的助力下，普通教师也能成为"超级教师"，拥有超多"魔法"。在教师正确使用人工智能的前提下，人工智能会给课堂带来无限的创意和可能。DeepSeek结合Cursor成为这场变革的重要突破口。

技术与风险

开发注意事项：

（1）提供准确的提示词。清晰描述任务的功能需求、界面设计和交互逻辑（可以借助GAI进行分析）等，让Cursor生成相应的HTML、CSS或JavaScript代码。但要注意检查和验证生成的代码是否符合预期，必要时进行修改和完善。

（2）设置合理的规则。针对较复杂的开发项目，制定适合的人工智能规则，规范Cursor生成代码的风格、质量和逻辑。例如，规定代码的格式、命名规则、注释要求等，确保代码的可读性和可维护性。同时，可以限制Cursor使用某些不合适的依赖库或技术，避免出现兼容性问题或性能瓶颈。

（3）合理处理图片资源。项目中的图片资源可以预先放到文件夹中，在输入框中明确告诉Cursor图片资源的存储路径，生成包含图片内容的项目。

（4）确保浏览器兼容性。Cursor开发完成的项目有时在不同浏览器上的显示和运行效果可能存在差异，应该明确提示Cursor在开发中兼容Chrome、Firefox、Edge、Safari等主流浏览器，确保项目在各个浏览器中都能正常运行。

虽然人工智能的发展日新月异，但在教育教学中使用DeepSeek与Cursor时仍然需要注意以下问题。

（1）代码生成偏差。Cursor基于DeepSeek生成的代码可能包含隐性漏洞，不要直接配置到服务器端。

（2）逻辑完整性风险。人工智能的算法可能遗漏关键约束条件（如排座系统中未校验身高逆序冲突），需建立人工规则检查清单。

（3）教育公平性偏差。智能分析模型可能过度依赖传统评价指标（如将成绩波动简单归因于努力程度），需注入教育学理论参数，避免窄化学生评价维度。

7-3 班规生成器

场景聚焦

班主任张老师站在讲台上，看着刚刚组建的"科创特色班"，既期待又忐忑。快速制定一套既能体现班级特色又能被学生广泛认可的班规，成为摆在她面前的难题。传统的班规制定流程耗时长、形式单一，学生参与度低，且执行效果难以追踪。正当她苦恼时，同年级的李老师向她推荐了人工智能班规生成器和数字化管理工具。张老师尝试输入班级特点"科创特色班"，几分钟后，系统就生成了包含"科创积分制""发明展示角"等创新条款的班规草案。最终，一份融合集体智慧、兼具科学性与趣味性的班规正式落地，成为班级管理的"数字法规"。

任务解析

班规生成器通过DeepSeek与班级管理需求的深度融合，解决传统班规制定流程中的三大痛点：生成缺乏特色、学生参与不足、执行难以量化。本节利用DeepSeek生成创意班规框架，结合班级特点生成包含公约文本、执行细则、奖惩机制的全套文档。本节中所需工具如表7-3-1所示。

表7-3-1　所需工具表

案例	工具融合
创意班规	DeepSeek+飞书（或Typora）

实战指南

班级规章制度的制定与优化是班主任实现科学育人的基础性工程。传统班规制定流程存在三大痛点：耗时耗力的文本撰写、脱离学情的模板化条款、执行反馈的不可追踪，往往陷入"制定—失效"的恶性循环。借助DeepSeek构建的智能班规系统，通过教育管理学大模型解析班级特质（如"科创特色班""艺术班"），可以融入班级文化特色，使班规从静态文本进化为可持续迭代的"治理生态操作系统"。

● 第一步：输入班级特点

班规要根据班情来制定。在DeepSeek的对话框中输入提示语：请为"科创特色班"生成一份班规框架，需包含班级公约、执行细则、奖惩机制三部分，突出科创主题，条款需具备可操作性和趣味性。DeepSeek生成的部分内容如图7-3-1所示。

科创特色班班规框架（精简版）

一、班级公约——科创精神法典

1. "源代码精神"：开放共享知识成果，每周分享1个科技创意或学习技巧
2. "实验室法则"：规范操作科创设备，实验前必做安全自检
3. "项目式生存"：每学期完成2个科创微项目，组建跨学科协作小组
4. "知识产权警钟"：建立原创保护机制，设立班级专利公示墙
5. "科技向善公约"：所有发明须包含人文关怀设计要素

二、执行细则——创新操作指南

1. 科创能量站

• 每日晨会3分钟"科技快报"轮值播报
• 每月举办"创客擂台"，最优方案获3D打印奖杯
• 实验室实行"项目进度条"可视化管理系统

2. 智慧成长体系

• 实验日志采用"科研手账"模式（图文+数据记录）
• 设立"脑洞银行"，创意提案可兑换实验耗材
• 建立"技术树"成长档案，记录技能掌握进度

图7-3-1　DeepSeek生成的班规框架部分内容

● 第二步：在线协作完善

将生成的班规框架导入飞书文档，开启"协作编辑"模式，邀请学生共同修改条款。部分内容如图7-3-2所示。

图7-3-2　创建问卷

使用飞书问卷功能对争议条款（如"每日科创积分最低标准"）进行投票表决，支持匿名投票与结果实时展示，如图7-3-3所示。

图7-3-3　信息收集

选择使用用户满意度调查模板，部分内容如图7-3-4所示。

图7-3-4　调用模板

对模板内容进行修改，将其制作成班规调查文件，发送到班级群，同时给学生留下充足的讨论时间。部分内容如图7-3-5所示。

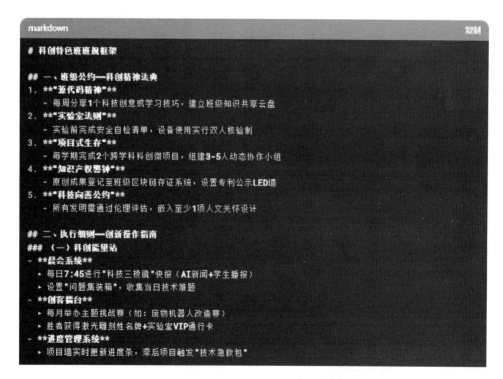

图 7-3-5　问卷调查

● 第三步：生成终版文档

整合协作内容后，使用DeepSeek生成Markdown文档，以实现格式化展示，也可以制作成PPT文稿，具体方法可参照前面章节。部分内容如图7-3-6所示。

图 7-3-6　Markdown格式文档

复制生成的Markdown格式的内容并粘贴到文本文档中，将其命名为"科创特色班班规框架.md"，文件后缀名一定改为md格式，如图7-3-7所示。

注意：md格式可以适用飞书或者Typora。

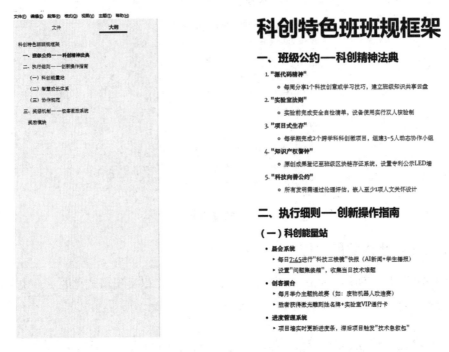

图7-3-7　保存为文本文档

打开飞书新建云文档，将生成的Markdown格式的内容粘贴到文档中，命名为"科创特色班班规"，如图7-3-8所示。

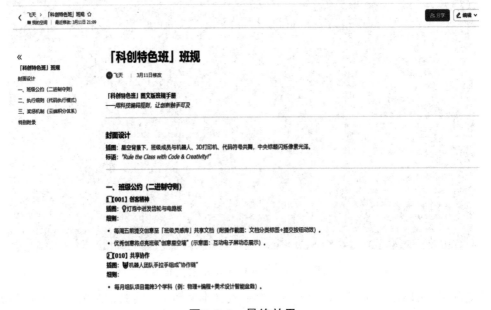

图7-3-8　最终效果

应用拓展

使用DeepSeek进行单网页开发，代码生成效率显著提升。通过自然语言描述需求，工具能快速生成结构清晰的HTML/CSS/JavaScript代码，特别是交互逻辑的自动补全功能，能有效减少基础代码的重复编写。智能提示功能对响应式布局和CSS动画的适配建议尤为实用，可以辅助规避常见兼容性问题。实时预览功能让调试过程可视化，修改后即时反馈可大幅缩短测试周期。

利用DeepSeek和Cursor，从班级和科目等多个维度设计一个目标激励系统。

技术与风险

用GAI辅助编程需注意生成的代码并不完美，如语义化标签选择、性能优化等细节需开发者进行二次调整。整体而言，DeepSeek适合快速搭建网页原型，尤其对新手友好，能降低前端开发门槛，但对复杂业务逻辑仍需开发者自主完善。建议教师将GAI工具定位为"辅助者"，合理运用可提升开发效率。同时，GAI开发的网页程序不受硬件设备的约束，可通过互联网传递到偏远地区。这些地区的教师可借助网页程序的易用性提升教学水平，有助于缩小教育资源差距。

7-4 班规管理系统

张老师是八年级（5）班的班主任，他一直致力于和信息科技教师合作打造独特的"科创特色班"。在制定了一套完整的"科创特色班"班规后，张老师深知有效执行班规才是关键。为了让班规真正落地，他决定借助人工智能技术。

张老师和信息科技教师王老师商量后，决定基于HTML+JavaScript开发一个专属的班规管理工具。在两位老师的合作下，班规管理系统很快被开发出来。在使用过程中，同学们的积极性被调动起来，班级学科学、爱科学、用科学的氛围越来越浓厚，班规也真正发挥出了其应有的价值。

任务解析

制定出好的班规只能算迈出了第一步，如何有效执行，让班级形成"科创"文化，人人以分享科学、热爱科学为己任，班规才算真正发挥了作用，创造出无限价值。本节基于HTML+JavaScript开发班规管理工具，实现班规条款的数字化记录、积分自动统计、奖惩可视化展示，适配班级管理的方方面面。本节中所需工具如表7-4-1所示。

表7-4-1　所需工具表

案例	工具融合
班规管理系统	DeepSeek+Cursor

实战指南

传统班级管理常陷于"制度空转"的困境：机械化的条文制定耗费教师精力，同质化的奖惩措施难以适配多元班级生态，且缺乏持续性的行为追踪机制。基于DeepSeek研发的班规管理系统，通过构建班级特质数据基因（如科创、艺术特质），将静态文本转化为动态数据模型。

案例　班规管理系统

● 第一步：需求分析

让 DeepSeek 扮演产品经理的角色，通过输入少量的信息让 DeepSeek 帮助我们完成产品的原型设计。

在 DeepSeek 的对话框中输入提示语：你作为产品经理，请用你问我答的方式帮我厘清班规管理系统的开发需求。管理系统至少包括班规展示区、执行记录区、积分看板三个板块。部分回答如图 7-4-1 所示。

好的！我将通过问答的方式逐步梳理需求，确保覆盖核心功能和使用场景。以下是问题列表：

一、基础信息确认

1. **用户群体**：
   - 该系统的核心用户是谁？（例如：学校班主任/班干部/学生/家长/企业团队管理者？）
2. **使用场景**：
   - 系统主要解决哪些痛点？（例如：班规执行不透明、积分统计效率低、奖惩反馈不及时等？）
3. **终端适配**：
   - 是否需要支持多端访问？（如PC网页+手机H5/小程序/APP？）

二、班规展示区

4. **班规内容形式**：
   - 班规是否需要支持多种格式展示？（例如：纯文本、表格、图片、PDF附件？）
   - 是否需要分类展示？（如纪律类、学习类、卫生类等标签）
5. **更新与通知**：
   - 班规修改后是否需要版本记录？是否自动通知用户？（如推送通知或标记"新规提醒"）

七、其他需求

13. **权限分层**：
   - 不同角色的操作权限如何划分？（如班主任可修改班规，学生仅可查看）
14. **数据安全**：
   - 是否有敏感数据需要加密？（如学生身份证号、家长联系方式）

下一步建议

请逐一回答上述问题，我会根据您的反馈整理出需求文档和功能列表，并标注优先级。

図 7-4-1　需求分析

对DeepSeek提出的问题，我们予以回答，内容如下：

用户：班主任。

解决痛点：班规执行不透明、积分统计效率低。

班规内容形式：文本格式。

记录类型：时间、执行人、被记录人、具体行为描述、关联的班规条目、扣分/加分数值。

积分规则：个人积分。

积分与奖惩关联方式：积分兑换奖励，低分触发惩罚机制。

可视化需求：如排行榜、趋势折线图、进度条等，支持导出积分报表，如Excel或PDF。

将上述回答输入DeepSeek的对话框后，DeepSeek给出了相应的需求分析，部分回答如图7-4-2所示。

班规管理系统开发需求梳理

班规管理系统需求文档（根据用户反馈整理）

一、核心需求概述

- **用户群体**：班主任（核心管理者）、学生（查看个人积分/班规）、家长（可选，查看学生情况）。
- **核心痛点**：
  1. 班规执行不透明（缺乏公开记录和追溯机制）；
  2. 积分统计效率低（手动计算易错且耗时）。
- **终端适配**：建议优先开发 **PC 网页端**（班主任高频操作），后续扩展至 **手机 H5**（学生/家长查看）。

图 7-4-2　部分需求梳理

● 第二步：HTML页面设计

打开Cursor，新建NotePads，将需求分析复制粘贴到文档中，在"Chat"中选择Agent代理模式，输入提示语：根据文档内容，生成网页系统，如图7-4-3所示。

图 7-4-3　模型选择

Cursor通过理解需求文档，提出确认申请，待确认后开始开发，最终完成初步开发，如图7-4-4、图7-4-5、图7-4-6所示。

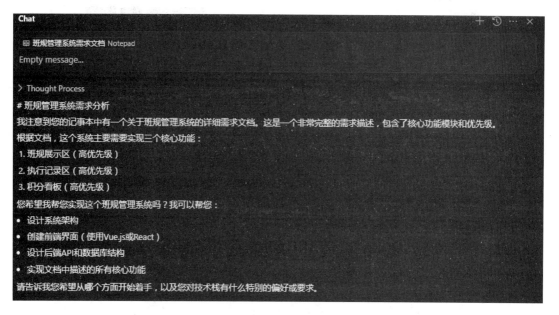

图7-4-4　需求分析

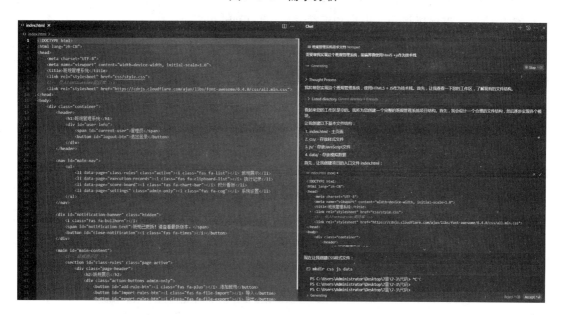

图7-4-5　开发过程

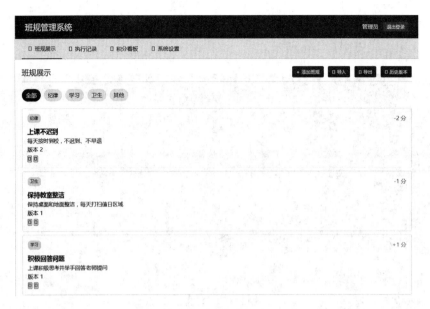

图 7-4-6　初步展示

● 第三步：微调及功能补充

运行HTML页面发现存在以下问题：

学生信息：需要增加导入模板和下载学生信息模板功能。

数据存储：使用LocalStorage保存班规条款和执行记录。

自动积分计算：根据行为类型（奖励/惩罚）实时更新积分。

排行榜：增加积分排行榜，如图7-4-7所示。

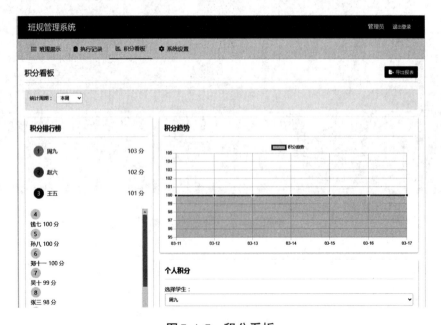

图 7-4-7　积分看板

错误通常有两类：一类是功能异常，此时需将问题逐条清晰描述后提交至Cursor，并要求修复；另一类是程序漏洞（bug），此时可以按下浏览器的F12，查看错误信息，截图提交给Cursor进行处理。

需要特别注意，在Cursor开发中选择不同的模型效果也是有区别的。

经过多轮问题调试和错误修正后，最终效果如图7-4-8所示。

图7-4-8　最终效果

应用拓展

在班规管理中，教师可将新规实施后的数据导出，借助大模型生成学生画像，预判班规对班级生态的潜在影响，实现从经验治班向循证治理的范式跃迁。

技术与风险

本系统采用了LocalStorage存储数据，浏览器对单个域名的存储容量有限制（5～10MB），超出限制时会引发存储错误甚至中断操作。因此，班规管理系统中学生的数量需控制在合理范围内，并且LocalStorage缺乏自动清理机制，需要手动清理缓存数据。

第八章　个人发展

8-1　个人规划

场景聚焦

　　张老师是一名小学信息科技教师，目前已经工作8年了。她热爱自己的工作，喜欢跟学生在一起，学生的每一次进步都让她倍感欣喜。她工作认真负责、有进取心，在教学方面也取得了显著的成绩。但是，随着工作的逐渐平稳，张老师发现自己的职业发展进入了瓶颈期，每天重复的工作让她感觉自己进步缓慢，缺乏动力和激情。这样一眼望到头的职业生活让张老师感到迷茫。为了突破现状，张老师开始寻找新的职业生长点。她觉得自己需要制订一份适合自己的职业发展规划，找到明确的职业发展方向，从而让自己的职业生涯踏上一个更高的台阶。

　　在一次外出学习时，张老师了解到GAI工具可以帮助个人进行职业规划和时间管理。她立即决定尝试使用GAI工具为自己制订一份详细的职业发展规划，希望既能规划自己的短期目标，又能协助制订可行的长期目标。

任务解析

　　个人规划是指为实现个人目标而制订的系统性计划，涵盖职业、学习、健康、财务等多个方面。合理地进行个人规划有助于个人明确职业发展的方向、提高工作效率、逐步实现自己的人生目标。利用GAI进行系统的职业规划并制订详细的计划，将使我们的工作事半功倍。本节涉及三个案例，主要分为制订长期发展规划、制订短期发展规划和多平台规划对比。其中制订长期发展规划，主要依据某些特定职业发展理论设计某种职业的长期发展规划；制订短期发展规划是在制订长期发展规划的基础上，将大的目标分解成一个个小目标并通过时间管理工具进行落实；多平台规划对比是利用不同的平台生成同一人的同种规划，然后对比不同平台制订出的规划，最终融合形成最优规划方案。本节中所需工具如表8-1-1所示。

表8-1-1　所需工具表

案例	工具融合
制订长期发展规划	DeepSeek
制订短期发展规划	DeepSeek+ 时间日志
多平台规划对比	DeepSeek+ 豆包 +Kimi+ 文心一言

🖐 实战指南

⬇ 案例一　制订长期发展规划

每个人都需要给自己制订一份长期的发展规划，以最终的目标作为引领才能更好地完成当下的每一项工作，不至于像无头苍蝇一样找不到方向。GAI的使用大幅缩短了我们制订规划的时间，并且利用GAI生成的规划更有系统性。

● 第一步：表明身份制订规划

给DeepSeek的提示语要尽量详细地描述自己的职业、年龄、目前的状态、身处的环境等，这样DeepSeek给出的规划会更有针对性。例如，可以在对话框中输入提示语：我是一名小学信息科技教师，35岁，工作8年，目前在一所县直小学任教，曾先后获得了市讲课比赛二等奖、市教学质量奖等荣誉，目前感觉职业发展遇到瓶颈，请以信息科技教师为目标，制订一份长期的职业发展规划。DeepSeek生成的部分回答如图8-1-1所示。

1. **短期目标 (1—2年)**：
   ○ 提升信息科技教学的前沿技术应用能力。
   ○ 在信息科技教学中引入更多创新元素，提升学生的学习兴趣和参与度。
   ○ 争取在省级教学比赛中获得奖项。

2. **中期目标 (3—5年)**：
   ○ 成为学校信息科技学科的带头人，带领团队进行教学创新。
   ○ 在信息科技教育领域发表教学论文或参与教材编写。
   ○ 获得省级或国家级教学奖项。

3. **长期目标 (5—10年)**：
   ○ 成为区域或全国范围内的信息科技教育专家，参与教育政策的制定或教学标准的修订。
   ○ 在信息科技教育领域有较大的影响力，能够为其他教师提供培训和指导。
   ○ 推动信息科技教育的创新与发展，成为该领域的领军人物。

图 8-1-1　DeepSeek初步生成长期发展规划

三、行动计划

1. 短期行动计划（1—2年）

- **提升技术应用能力：**
  - 参加信息科技领域的前沿技术培训，如人工智能、编程教育、机器人教育等。
  - 学习并掌握至少一种新的编程语言或开发工具（如Python、Scratch等）。
  - 将新技术应用到课堂教学中，设计创新课程，提升学生的学习兴趣。
- **教学创新：**
  - 引入项目式学习（PBL）和翻转课堂等创新教学模式，提升学生的实践能力和自主学习能力。
  - 设计跨学科的信息科技课程，结合数学、科学等学科，提升课程的综合性。
- **参加教学比赛：**

图8-1-1　DeepSeek初步生成长期发展规划（续）

● 第二步：添加条件继续复盘

通读DeepSeek制订的规划，结合自己的实际继续添加条件，对制订的规划进行复盘。例如，可以在DeepSeek的对话框中输入提示语：学校调整人员分工，让我兼任一个班的数学教师，同时我是一名女教师，还有两个孩子，一个上小学六年级，一个上幼儿园大班，请兼顾学校给我安排的工作和我的家庭生活对上面的发展规划进行复盘。DeepSeek生成的部分回答如图8-1-2所示。

复盘与调整：兼顾学校工作与家庭生活的职业发展规划

一、现状分析

1. 新增工作职责：
- 兼任一个班的教学教师，增加了教学任务和工作量。
- 需要平衡信息科技和数学两门学科的教学工作。

2. 家庭责任：
- 两个孩子，一个上小学六年级，一个上幼儿园大班，需要投入较多时间和精力照顾。
- 家庭事务（如孩子的学习辅导、生活照顾等）占据了大量时间。

3. 职业发展现状：
- 已有成就：市讲课比赛二等奖、市教学质量奖。
- 当前问题：职业发展遇到瓶颈，且新增的数学教学任务和家庭责任使时间更加紧张。

二、调整后的职业发展目标

1. 短期目标（1—2年）：
- 在信息科技和数学教学中找到平衡，确保两门学科的教学质量。
- 提升时间管理能力，合理安排教学和家庭事务。
- 在信息科技教学中引入更多创新元素，提升学生的学习兴趣和参与度。

2. 中期目标（3—5年）：

图8-1-2　规划复盘

- **第三步：遵循理论指导继续复盘**

富勒的个人发展四阶段理论是一种描述教师在职业和生活中成长和发展的模型。依据这一理论进行职业发展规划会使我们的规划有理可依、有据可循。我们可以继续调整提示语，让DeepSeek再次复盘已生成的发展规划。例如，在DeepSeek的对话框中输入以下提示语：请依据富勒的个人发展四阶段理论分析我当前所处的阶段，然后依据这一理论对上述发展规划再次进行复盘。DeepSeek生成的部分回答如图8-1-3所示。

二、当前所处阶段分析

1. 当前阶段：独立阶段 (Independence)

- 特征：
  - 你已经具备了丰富的教学经验，能够独立完成信息科技和数学两门学科的教学任务。
  - 获得过市级教学奖项，具备一定的教学能力和影响力。
  - 对新技术有较强的兴趣和学习能力，能够自主进行教学创新。
- 任务：
  - 培养自我管理和决策能力，进一步提升教学水平和创新能力。
  - 建立个人职业发展目标，逐步向互赖阶段过渡。

2. 挑战：

- 职业发展进入平稳期，缺乏突破性进展。
- 新增的数学教学任务和家庭责任使时间更加紧张，需要更好地平衡工作与生活。

三、依据富勒理论的职业发展规划复盘

1. 短期目标 (1—2年)

- **提升技术应用能力：**
  - 参加信息科技领域的前沿技术培训，如人工智能、编程教育、机器人教育等。
  - 学习并掌握至少一种新的编程语言或开发工具 (如Python、Scratch等)。
  - 将新技术应用到课堂教学中，设计创新课程，提升学生的学习兴趣。
- **教学创新：**
  - 引入项目式学习 (PBL) 和翻转课堂等创新教学模式，提升学生的实践能力和自主学习能力。

图8-1-3　DeepSeek根据富勒理论复盘

⬇ | **案例二　制订短期发展规划** |

长期发展规划一般都以年为单位来设定阶段性目标，对于短期内的具体行动并没有进行详细的说明，所以我们还需要根据长期发展规划制订短期发展规划，并定期进行自我发展评估，以便及时调整规划内容。为了避免遗忘和疏漏，我们可以借助时间管理软件进行系统性提醒。

● 第一步：生成半年发展规划

以半年为一个短期规划单位，根据长期规划制订最近半年内的发展规划，要求规划详细具体、具有可操作性。例如，在DeepSeek的对话框中输入提示语：根据上述长期规划帮我制订近半年的短期发展规划，规划要详细具体、具有可操作性。DeepSeek生成的部分回答如图8-1-4所示。

信息科技教师半年短期发展规划

一、目标设定

1. 职业发展目标：

○ 提升信息科技教学的前沿技术应用能力。

○ 在信息科技教学中引入更多创新元素，提升学生的学习兴趣和参与度。

○ 争取在市级或省级教学比赛中获得奖项。

2. 家庭与工作平衡目标：

○ 合理安排教学和家庭事务，确保工作与生活的平衡。

○ 每周至少安排3次体育锻炼，保持身体健康。

二、具体行动计划

1. 提升技术应用能力

• **学习前沿技术：**

○ **目标：** 掌握至少一种新的编程语言或开发工具（如Python、Scratch）。

○ **行动计划：**

■ 每周安排2小时在线学习相关课程。

■ 每月完成一个编程项目，应用所学技术解决实际问题。

■ 参加一次信息科技领域的线下培训或研讨会，提升实践能力。

图8-1-4　DeepSeek生成的半年规划

● 第二步：分配具体时间段

为了让目标的可操作性更强，以便把具体的任务分配到具体的时间段，我们需要继续调整提示语，让DeepSeek对短期规划进行复盘。在DeepSeek的对话框中输入提示语：请将每天、每周或每月要做的事分配到具体的时间段，以便使用时间管理工具进行活动提醒。DeepSeek生成的部分回答如图8-1-5所示。

信息科技教师半年短期发展规划（时间分配与活动提醒）

一、每日任务安排

1. **早晨（6:30—7:30）：**
   ○ **锻炼**：30分钟晨跑或瑜伽。
   ○ **学习**：30分钟在线学习前沿技术课程。

2. **上午（8:00—12:00）：**
   ○ **教学**：完成信息科技和数学课程的教学任务。
   ○ **备课**：利用课间时间准备下一节课的教学内容。

3. **中午（12:00—13:00）：**
   ○ **午餐与休息**：确保有足够的休息时间，保持精力充沛。

4. **下午（14:00—17:00）：**
   ○ **教学**：继续完成信息科技和数学课程的教学任务。
   ○ **教研**：与同事进行教学研讨，分享教学经验和创新成果。

5. **晚上（19:00—21:00）：**
   ○ **家庭时间**：辅导孩子学习，处理家庭事务。
   ○ **学习与备课**：1小时在线学习或备课，设计创新课程。

6. **睡前（21:30—22:00）：**
   ○ **复盘与计划**：使用Todoist进行每日复盘，评估目标完成情况，制订明日计划。

图8-1-5　时间段规划

● **第三步：生成时间管理计划**

根据DeepSeek制订的时间段规划，使用时间管理软件进行计划设置，然后定期进行复盘，检查计划的执行情况和执行效果。以"时间日志"软件为例，具体步骤如下：（1）打开"时间日志"软件，单击"我的"按钮。（2）单击"计划"选项，选择"添加计划"。（3）设置计划标题、类型、期限等相关内容。（4）单击"保存"，将计划保存到软件中。（5）每天打卡，定期复盘。具体操作如图8-1-6所示。

图8-1-6　创建计划

案例三　多平台规划对比

有些人担心一个GAI平台制订的发展规划可能缺乏说服力，他们认为通过多平台对比做出的规划更具说服力和可信度。以生成长期发展规划为例，把相同的提示语输入到不同的平台，对比分析不同GAI平台输出的内容，并对不同平台提供的规划内容进行整合。

● 第一步：多平台规划生成

把在DeepSeek的对话框中输入的提示语分别粘贴到豆包、Kimi和文心一言。不同平台生成的部分回答如图8-1-7、图8-1-8、图8-1-9所示。

小学信息科技教师长期职业发展规划

一、现状分析

本人今年35岁，拥有8年小学信息科技教学经验，现任职于县直小学。在过往工作中，荣获市讲课比赛二等奖与市教学质量奖，积累了较为丰富的教学实践经验。然而，当前职业发展遭遇瓶颈，在教学创新、专业深度拓展以及个人影响力提升等方面面临挑战。

二、职业目标设定

（一）总体目标

成为在区域内具有较高影响力的小学信息科技教学专家，推动学校及区域小学信息科技教育教学水平的提升，助力学生全面发展与创新能力培养。

（二）阶段性目标

1. 短期目标（1—2年）
  ○ **教学能力提升**：熟练掌握并运用项目式学习、跨学科融合教学方法，在课堂中实践应用率达到80%以上，学生课堂满意度提升至90%。
  ○ **专业技能精进**：深入学习编程、人工智能等前沿知识，取得至少一项相关专业认证，如Python编程初级认证。

2. 中期目标（3—5年）

图8-1-7　豆包的回答

以下是根据您提供的信息为您制订的长期职业发展规划，希望能帮助您突破职业发展瓶颈，实现信息科技教师的职业目标：

近期规划（1—2年）

教学能力提升：

- **熟悉教学环境**：深入了解学校信息科技课程标准、教材以及教学设施设备，确保教学内容与学校整体教育目标相契合。
- **教学方法改进**：学习并实践项目式学习、探究式教学等先进的教学方法，提高课堂教学的互动性和学生的参与度。
- **建立良好师生关系**：通过课堂互动、课后交流等方式，了解学生的信息科技基础和兴趣点，建立融洽的师生关系，为后续教学奠定基础。

社团活动组织：

- **创建兴趣小组**：成立信息科技兴趣小组，定期组织活动，如编程入门、机器人操作等，激发学生对信息科技的兴趣。
- **组织校内竞赛**：举办校内信息科技竞赛，如Scratch编程比赛，选拔有潜力的学生，为后续参加更高级别的比赛做准备。

图8-1-8　Kimi的回答

作为一名35岁、拥有8年教学经验的小学信息科技教师，面对职业发展的瓶颈期，制订一个长期的职业发展规划对于激发新动力、提升专业素养和实现个人价值至关重要。以下是一个针对您情况的职业发展规划建议：

一、短期目标（1-2年）

1. 技能提升：

- 深入学习最新的信息技术和教育技术，如人工智能教育应用、编程教育的新工具（如Scratch、Python等）和在线教学平台的使用。
- 参加至少两次专业培训或研讨会，获取信息技术教育的前沿知识和教学方法。

2. 教学创新：

- 在课堂中实施项目式学习（PBL），设计几个与信息科技相关的项目，如"智能家居小发明家""校园环保APP设计"等，增强学生的实践能力和创新思维。
- 利用多媒体和互动式教学手段，提高课堂互动性和趣味性，记录并分享教学案例。

3. 评估与反馈：

- 积极参与学校的教学评价体系改革，提出针对信息科技课程的评价建议。
- 定期收集学生、家长和同事的反馈，调整教学策略，提高教学效果。

二、中期目标（3-5年）

1. 专业认证与学术研究：

- 考取相关领域的专业证书，如教育技术高级职称、信息科技教育专家认证等。
- 参与至少一项校级或市级的教育科研项目，撰写并发表论文，提升学术影响力。

图 8-1-9 文心一言的回答

● 第二步：多平台规划对比

将不同平台的回答导入Word文档中，上传到一个平台进行对比分析。以DeepSeek对比分析为例，在DeepSeek对话框中输入提示语：分析上面四份个人长期发展规划的异同，并指出各自的优缺点。DeepSeek生成的部分回答如图8-1-10所示。

二、不同点

1. Deepseek回答.docx：

- 优点：
  - **详细的时间划分**：将规划分为1-2年、3-5年、5-10年三个阶段，每个阶段的目标和任务非常清晰。
  - **具体的技术应用**：特别强调了前沿技术（如人工智能、编程、机器人教育）的应用，具有较强的技术导向。
  - **时间管理与健康管理**：详细规划了时间管理和健康管理，具有较强的可操作性。
- 缺点：
  - **缺乏社团活动与个人品牌建设**：没有提到社团活动的组织和个人品牌的建设，如创建兴趣小组、组织竞赛等。

图 8-1-10 多平台规划对比分析

- **长期规划的具体细节不足**：长期目标较为笼统，如"区域影响力构建"和"教育创新推动"缺乏具体的实施步骤和量化目标。

2. **Kimi回答.docx**：
   - **优点**：
     - **社团活动与个人品牌建设**：特别强调了社团活动的组织和个人品牌的建设，如创建兴趣小组、组织竞赛、申报教学荣誉等，具有较强的可操作性。
     - **社区服务与国际交流**：长期规划中提到了开展社区服务和国际交流合作，具有较强的社会责任感。
   - **缺点**：
     - **缺乏具体的实施策略**：虽然目标明确，但具体的实施策略和工具使用方面较为简略，如时间管理、资源利用等细节不够详细。

3. **豆包回答.docx**：
   - **优点**：
     - **具体的目标量化**：如"学生课堂满意度提升至90%""获奖数量不少于5项"等，目标量化明确，便于评估。
     - **详细的阅读计划与学术交流**：每月阅读一本专业书籍并撰写读书笔记，每年提交1篇会议论文，具有较强的学术导向。
     - **团队协作与引领**：特别强调了校内团队建设和校际交流合作，具有较强的团队合作意识。
   - **缺点**：
     - **缺乏长期规划的具体细节**：长期目标较为笼统，如"区域影响力构建"和"教育创新推动"缺乏具体的实施步骤和量化目标。

4. **文心一言回答.docx**：
   - **优点**：
     - **技术应用与创新**：特别强调了新技术（如VR、AR）在教学中的应用，具有较强的技术导向。
     - **社会贡献与公益项目**：长期规划中提到了参与公益项目，如为偏远地区学校提供信息科技教育资源支持，具有较强的社会责任感。
     - **详细的实施策略**：如时间管理、资源利用、建立人脉、心态调整等，具有较强的可操作性。
   - **缺点**：
     - **目标量化不足**：虽然目标明确，但缺乏具体的量化指标，如"提高课堂互动性"等目标较为模糊，不易评估。

三、优缺点总结

1. **Deepseek回答.docx**：
   - **优点**：时间划分清晰，技术应用详细，时间管理与健康管理具体。

图8-1-10　多平台规划对比分析（续）

● 第三步：整合规划

整合不同平台生成的发展规划，形成一份更加完备的个人发展规划。在DeepSeek的对话框中继续输入提示语：请结合上述四份个人发展规划，整合生成一份完备的个人发展规划。DeepSeek生成的部分回答如图8-1-11所示。

信息科技教师长期职业发展规划（整合版）

一、现状分析

1. **个人背景：**
   ○ 年龄：35岁
   ○ 教龄：8年
   ○ 任教学校：县直小学
   ○ 已有成就：市讲课比赛二等奖、市教学质量奖
   ○ 当前问题：职业发展遇到瓶颈，缺乏新的挑战和成长机会。

2. **优势：**
   ○ 丰富的教学经验，尤其在信息科技课程的教学上有一定积累。
   ○ 获得过市级教学奖项，具备一定的教学能力和影响力。
   ○ 对新技术有较强的兴趣和学习能力。

3. **劣势：**
   ○ 职业发展进入平稳期，缺乏突破性进展。
   ○ 教学内容和方式可能趋于固化，缺乏创新。
   ○ 在信息科技领域的前沿技术应用上可能存在不足。

二、职业发展目标

图8-1-11   DeepSeek整合生成完备规划

🖥 **应用拓展**

将整合后的规划导入Xmind等工具，转化为包含时间轴、能力雷达图、里程碑事件的三维职业发展图谱，通过视觉化呈现的方式，增强个人的驱动力。

📊 **技术与创新**

将生成的规划方案对照舒伯生涯发展理论、明尼苏达工作适应论等经典模型进行交叉验证，特别是在职业转型关键节点（如35～40岁阶段），补充职业锚测试等专业测评，以期获得更适宜的教师职业发展规划路径。

8-2 听课记录

作为学校的教导处主任，马老师每周要指导教师的多节常态课，以便让青年教师快速地成长。尤其是暑假过后刚开学那段时间，因为教师岗位调整，马老师听课的频率特别高。但是，在听课过程中手写记录课堂中的每一个过程及授课教师的语言，实在是记录不完整，且有时忙于记录会影响听课的效果。

在和其他老师交流时，马老师发现刘老师的听课记录条理清晰，甚至还有前后两次课的对比分析，好学的她赶紧向刘老师请教。刘老师分享了她的小窍门，那就是可以通过语音或视频的形式把要听的课录下来，课堂上就专注于任课教师的讲授和学生的听课状态，课后把听课分析交给DeepSeek辅助处理。马老师听后顿时眼前一亮，如此高效实用的方法得赶紧分享给更多的老师。

任务解析

听课是每一位教师的必备工作之一，通过听其他老师的课可以学习不同的教学方法和技能，并且在听课的过程中反思自己的不足，最终形成自己的教学风格。听课过程中做听课记录也成了教师一项必做的工作。利用GAI工具，教师可以更加高效地听课，形成结构化听课笔记。本节涉及三个案例，从生成听课笔记到评课再到前后对比分析三个方面入手。在听课记录整体分析案例中，首先把听课录制的音频转为文字，基于DeepSeek的文字分析功能，对内容进行分析，形成完整的听课笔记。在特定需求分析案例中，利用DeepSeek的深度分析功能分析授课教师在某方面的特点，如教学评一致性的体现与不足。在前后对比分析案例中，通过对同一教师两次课的分析，找出其在两次授课中的成长和待提高之处，进而生成结构化听课笔记，助力教师专业发展。本节中所需工具如表8-2-1所示。

表 8-2-1　所需工具表

案例	工具融合
生成听课笔记	DeepSeek + 录音软件 + 讯飞听见
评课	DeepSeek
前后对比分析	DeepSeek

实战指南

案例一　生成听课笔记

传统的听课记录是教师在听课时把自己听到的内容记录到听课记录本上，这需要教师一边听一边记，写字慢或听入迷都会导致教师的听课记录不够完整。结合手机录音功能或讯飞听见等录音软件，教师可以把所听的课录制下来并转换成文字，然后借助DeepSeek的深度分析功能，在短时间内生成一篇结构化听课记录。

● 第一步：音频转文字

教师使用手机录音功能或讯飞听见等录音软件录制课堂教学的音频内容。课后利用软件具有的录音转文字功能将音频转换成文字，如图8-2-1所示。

图 8-2-1　讯飞听见音频转换为文字

- **第二步：生成word文档**

把听课的录音文件导出为Word文档，将生成的Word文档发送到电脑或者保存到手机，以便上传到DeepSeek，如图8-2-2所示。

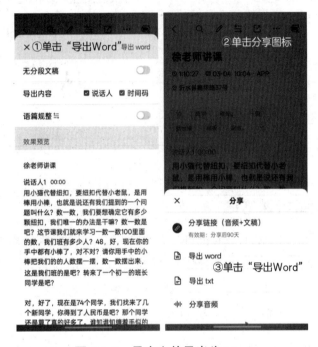

图8-2-2　录音文件导出为Word

- **第三步：生成听课记录**

打开DeepSeek，单击"上传附件"按钮把生成的Word文档上传到DeepSeek，如图8-2-3所示。

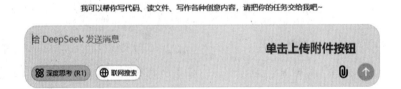

图8-2-3　上传Word文档到DeepSeek

上传文件成功后，在DeepSeek的对话框中输入提示语：提取上述文件中教学环节（导入、讲授、互动、总结等）并标注时间节点，生成听课笔记。DeepSeek生成的部分听课笔记如图8-2-4所示。

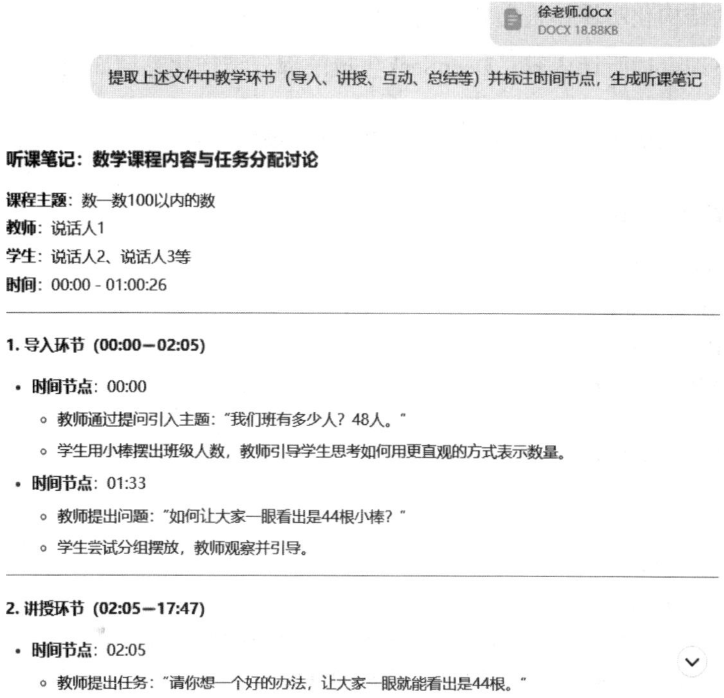

徐老师.docx
DOCX 18.88KB

提取上述文件中教学环节（导入、讲授、互动、总结等）并标注时间节点，生成听课笔记

听课笔记：数学课程内容与任务分配讨论

课程主题: 数—数100以内的数
教师: 说话人1
学生: 说话人2、说话人3等
时间: 00:00 - 01:00:26

---

1. 导入环节 (00:00—02:05)

- **时间节点**: 00:00
  - 教师通过提问引入主题："我们班有多少人？48人。"
  - 学生用小棒摆出班级人数，教师引导学生思考如何用更直观的方式表示数量。
- **时间节点**: 01:33
  - 教师提出问题："如何让大家一眼看出是44根小棒？"
  - 学生尝试分组摆放，教师观察并引导。

---

2. 讲授环节 (02:05—17:47)

- **时间节点**: 02:05
  - 教师提出任务："请你想一个好的办法，让大家一眼就能看出是44根。"

∨

图 8-2-4　DeepSeek生成的部分听课笔记

● **第四步：结构化模板填充**

为方便后期使用统一的模板记录听课内容，可以根据自己的需求设计一个结构化听课记录的模板，从不同的层面来记录听课内容。图8-2-5所示为一个结构化听课模板的示例。

听课结构化模板

一、基本信息
授课教师：
授课班级：
授课时间：
授课科目：
授课内容：
听课人：
二、教学目标
三、教学过程
四、教学方法与策略
五、课堂管理
六、学生参与与互动
七、教学效果
八、亮点与不足
九、改进建议
十、总体评价

图 8-2-5　结构化听课模板示例

将设计好的结构化听课模板上传到DeepSeek，然后在对话框中输入提示语：请依据结构化听课模板整理上述听课内容。DeepSeek生成的部分结构化笔记如图8-2-6所示。

根据提供的**听课结构化模板**，以下是针对徐老师数学课的听课内容整理：

听课结构化记录

一、基本信息
- **授课教师**：徐老师
- **授课班级**：未知（未明确提及）
- **授课时间**：未知（未明确提及）
- **授课科目**：数学
- **授课内容**：数的组成与分组（10个一组的概念）
- **听课人**：未知（未明确提及）

二、教学目标
- **知识与技能目标**：
  - 学生能够理解"10个一组"的概念，并掌握如何通过分组快速识别数量。
  - 学生能够通过摆小棒的操作，理解数的组成（如44由4个十和4个一组成）。
- **过程与方法目标**：
  - 通过动手操作和小组讨论，培养学生的合作学习能力和数学思维能力。
- **情感态度与价值观目标**：
  - 通过动手操作和互动，激发学生对数学的兴趣，培养其探究精神。

三、教学过程

1. 导入环节（00:00—02:05）

图8-2-6　DeepSeek生成的部分结构化笔记

案例二　评课

听课有利于教师取长补短，提升自己的教学能力，而专业的、有针对性的评课更有利于授课教师发现自己的优点和不足，是改进教学方法的一个有效途径。"场景聚焦"中提到的马老师，她听课的目的就是帮助教师理顺教学思路、优化教学方法。听课记录已经完成，接下来让我们借助DeepSeek来辅助评课吧！

● **第一步：生成整体评课**

评课需要关注授课教师的教学目标是否明确、教学方法是否得当、教学过程是否顺畅等。先让DeepSeek从整体上对本节课进行点评，在DeepSeek的对话框中输入提示语：请从教学目标、方法、过程、效果等角度对本节课进行点评。DeepSeek生成的部分整体评课如图8-2-7所示。

课程点评：数学课《数一数100以内的数》

1. 教学目标

- **目标设定：**
  - 本课的教学目标清晰明确，旨在帮助学生通过小棒分组摆放，理解100以内数的组成（如"几个十和几个一"），并掌握"10个一捆"的计数方法。
  - 目标符合一年级学生的认知水平，既注重知识掌握，又强调动手操作能力的培养。
- **目标达成度：**
  - 通过课堂观察，大部分学生能够正确摆放小棒并说出数的组成（如"44里面有4个十和4个一"），教学目标基本达成。
  - 部分学生在互动环节表现出较高的积极性，能够主动上台展示并讲解，说明目标设计具有较好的层次性和可操作性。

---

2. 教学方法

- **方法选择：**
  - 教师采用了"直观教学法"和"任务驱动法"，通过小棒摆放的动手操作，帮助学生从具体到抽象地理解数的组成。
  - 课堂中穿插了"同桌互摆""上台展示"等互动环节，增强了学生的参与感和合作意识。
- **方法适用性：**
  - 对于一年级学生而言，动手操作和直观演示是非常有效的教学方法，能够帮助学生更好地理解抽象概念。
  - 但部分学生在分组摆放时出现混乱，教师需进一步明确操作规则，确保每个学生都能跟上节奏。

---

3. 教学过程

- **环节设计：**
  - 导入环节：通过提问班级人数引入主题，自然过渡到用小棒表示数量，激发了学生的兴趣。

图 8-2-7　DeepSeek 生成的整体评课

● **第二步：生成个性化评课**

评课除了关注课的整体，还应重点关注教师的教学特色和亮点。为了让评课更有针对性，可以继续在 DeepSeek 的对话框中输入提示语：请提炼该授课教师的教学特色和教学亮点。DeepSeek 生成的部分个性化评课如图8-2-8所示。

授课教师的教学特色与亮点

1. 教学特色

　1. **直观教学，化抽象为具体**
　　○ 教师通过小棒摆放的动手操作，将抽象的数学概念（如"数的组成"）转化为具体的实物操作，帮助学生从直观到抽象逐步理解。
　　○ 例如，教师引导学生用"10个一捆"的方式摆放小棒，使学生能够直观地看到"几个十和几个一"的组成。

　2. **任务驱动，注重学生参与**
　　○ 教师采用任务驱动的教学方法，通过"摆一摆""说一说"等任务，激发学生的主动性和参与感。
　　○ 例如，教师布置任务："用手中的小棒摆出44，并让大家一眼看出是44根。"学生在完成任务的过程中，既动手又动脑，学习效果显著。

　3. **分层教学，关注个体差异**
　　○ 教师在课堂中设计了不同难度的任务，从"44"到"53"，逐步增加难度，满足不同层次学生的学习需求。
　　○ 例如，对于能力较强的学生，教师鼓励他们尝试更复杂的数字摆放，并上台讲解自己的思路。

　4. **语言亲切，注重鼓励与反馈**
　　○ 教师语言亲切自然，能够及时给予学生鼓励和反馈，增强了学生的自信心和参与热情。
　　○ 例如，在学生上台展示后，教师及时表扬："很好，你不仅学会了，还学会了迁移和应用！"

2. 教学亮点

　1. **动手操作与思维训练相结合**
　　○ 教师将动手操作与思维训练有机结合，学生在摆放小棒的过程中，不仅锻炼了动手能力，还培养了逻辑思维和语言表达能力。
　　○ 例如，学生在摆放小棒后，教师要求他们用语言描述摆放方法，进一步巩固了知识。

　2. **互动性强，课堂氛围活跃**
　　○ 教师设计了丰富的互动环节，如"同桌互摆""上台展示"等，增强了学生的参与感和合作意识。
　　○ 例如，在互动环节中，学生互相出题并摆放小棒，课堂氛围轻松活泼，学生积极性高。

图 8-2-8　DeepSeek 生成的个性化评课

我们可以根据自己对评课的个性化需求调整提示语，从而获得更加符合自己要求的个性化评课笔记，最后在结构化听课笔记中加入评课笔记即可。

案例三　前后对比分析

为了评估教师在评课之后是否对自己的教学方法和策略进行了调整、授课是否有进步，一般情况下会进行第二次听课。我们可以遵循之前听课和评课的流程对老师的第二次授课进行听评，然后将这两次课的听课记录文本同时上传到 DeepSeek，让 DeepSeek 进行前后对比分析。

● **第一步：生成二次听课文本**

使用讯飞听见录制第二次课程的音频，并参考案例一的步骤生成 Word 文档，命名为"徐老师二次听课"，以便和第一次的文件进行区分。

● 第二步：在 DeepSeek 中进行对比分析

打开 DeepSeek，以上传附件的方式上传前后两次的听课 Word 文档，再根据自己的需求输入提示语。例如，我们想知道徐老师前后两次课之间有了怎样的变化，第二次授课是否比第一次有了进步、有哪些方面的进步等，可在 DeepSeek 的对话框中输入提示语：以上是两次听徐老师课的听课记录，请对比分析前后两节课徐老师的变化，重点找出第二次听课在首次听课的基础上有哪些变化，这些变化哪些是有利于提高课堂教学质量的。DeepSeek 生成的部分前后课对比分析如图 8-2-9 所示。

通过对两次听徐老师课的听课记录的分析，可以看出徐老师在第二次上课时相较于第一次有了一些明显的变化和改进。这些变化主要体现在教学组织、课堂管理、教学方法和学生互动等方面。以下是对比分析及这些变化对提高课堂教学质量的积极影响：

1. 教学组织与设计

首次听课：

- 教学组织较为松散，课堂节奏不够紧凑，教师对学生的引导不够明确。
- 教学任务分配不够清晰，学生在课堂上容易分心，部分学生不清楚自己应该完成的任务。
- 课堂活动设计较为单一，主要依赖小棒摆数，缺乏多样化的教学手段。

二次听课：

- 教学组织更加严谨，课堂节奏明显加快，教师对学生的引导更加明确。
- 教学任务分配清晰，学生能够明确知道自己需要完成的任务，课堂效率提高。
- 课堂活动设计更加多样化，结合了奥运奖牌榜、参赛人数表等实际情境，增强了学生的学习兴趣。

改进点：

- 通过引入实际情境（如奥运奖牌榜），将数学知识与生活实际结合，增强了学生的学习动机。
- 任务分配更加明确，学生能够更好地参与到课堂活动中，减少了课堂混乱。

对教学质量的提升：

- 教学组织更加高效，学生参与度提高，课堂效率显著提升。
- 多样化的教学设计能够更好地激发学生的学习兴趣，促进知识的理解和应用。

2. 课堂管理与学生互动

首次听课：

图 8-2-9　DeepSeek 生成的部分前后课对比分析

如果有其他的分析需求，可以继续调整提示语，以得到更加符合自己预期的分析结果。

● 第三步：归档与共享

分享彼此的听课记录有利于教师更加全面地了解不同教师的授课情况。教师可以把自己的结构化听课记录上传到学校的资源平台,按学科和年级分类存储,以便于其他老师检索。教研组的每一位教师都可以进行批注,从而系统化推进学校的听评课活动,实现资源价值最大化。

📇 应用拓展

持续性听课有助于发现教师的授课风格和偏好。如果想了解某位教师或自己的授课风格,可以结合DeepSeek分析多节课的记录,生成教学行为雷达图,实现教学风格偏好可视化。

📊 技术与风险

目前可以实现录音并转文字的软件大多要收费,教师在选择的时候需要注意甄别。DeepSeek等GAI工具生成评课内容的主要依据是音频转写后的文本,语音识别会因为环境噪声干扰而有所偏差,所以关键环节需人工复核逻辑连贯性。同时,GAI工具的文本分析缺乏对课堂的实际观察分析,所以并不能全面地反映教师的授课水平,还需要结合听课教师对课堂的观察。GAI工具只是辅助教师听课、评课,教师不能完全依赖GAI工具而忽视"人"对课堂的直观评价。

8-3 教学故事集

场景聚焦

很多教师积累了丰富的课堂管理案例、对教育生涯中某些特定事情的思考等，但都分散在日记、聊天记录或文件中。临近退休的刘老师想要系统梳理自己留下的教育"痕迹"，即使平时善于记录，面对众多零散的文件，她一时也不知该如何下手。

刘老师找到了同事马老师，希望马老师能够指导自己，借助当下流行的人工智能工具整理自己的教育记录，形成一本教学故事集或教育案例集。在分析了刘老师的问题之后，马老师建议刘老师使用人工智能工具先把自己的教育故事和教学案例进行分类，然后进行系统化整理，最后形成一本教育故事集或教育案例集。

任务解析

教育故事集是通过叙述教育过程中的真实或虚构的故事，传递教育理念、经验和启示的合集。而教育案例集是收集和分析具体教育情境中的实例，用于研究和教学的合集。本节主要有三个案例，生成教育故事集、生成教育案例集、提炼美篇中的教育案例。在生成教育故事集的案例中，使用DeepSeek与WPS相结合的方式，提取分散在不同文章中的教学理念和实践内容，最后总结自己的教育理念并根据核心观点和思想生成思维导图。在生成教育案例集的案例中，重点提取相似案例中解决实际问题的办法，形成案例库。在提炼美篇中的教育案例中，使用DeepSeek从美篇中提取教育案例。本节中所需工具如表8-3-1所示。

表 8-3-1　所需工具表

案例	工具融合
生成教育故事集	DeepSeek+WPS
生成教育案例集	DeepSeek+WPS
提炼美篇中的教育案例	DeepSeek+ 美篇

↓ 案例一　生成教育故事集

教师在撰写教育故事时，往往难以提炼故事背后的教育理念。经过一段时间的积累后，可以借助DeepSeek分析梳理自己的教育过程，将隐藏的教育思想系统化。

● 第一步：整理原始素材

把分散在不同文档中的原始文章整理到一个Word文档中，可以借助DeepSeek强大的代码功能实现多个Word文档的合并。首先在DeepSeek的对话框中输入如下提示语：目前我使用的是WPS Word，我有几份Word文档需要合并整理到一个Word文档中，请你帮我编写VBA代码完成文档的合并。输入文档的存储路径和输出文档的存储路径都是E盘教育故事文件夹。DeepSeek生成的部分VBA代码如图8-3-1所示。

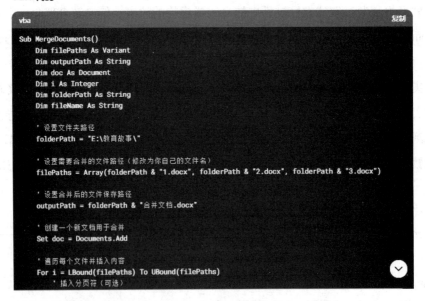

以下是针对 **WPS Word** 的 VBA 代码，用于合并 E:\教育故事 文件夹下的多个 Word 文档，并将合并后的文档保存到同一文件夹中。

VBA 代码

```vba
Sub MergeDocuments()
    Dim filePaths As Variant
    Dim outputPath As String
    Dim doc As Document
    Dim i As Integer
    Dim folderPath As String
    Dim fileName As String

    ' 设置文件夹路径
    folderPath = "E:\教育故事\"

    ' 设置需要合并的文件路径（修改为你自己的文件名）
    filePaths = Array(folderPath & "1.docx", folderPath & "2.docx", folderPath & "3.docx")

    ' 设置合并后的文件保存路径
    outputPath = folderPath & "合并文档.docx"

    ' 创建一个新文档用于合并
    Set doc = Documents.Add

    ' 遍历每个文件并插入内容
    For i = LBound(filePaths) To UBound(filePaths)
        ' 插入分页符（可选）
```

图 8-3-1　DeepSeek生成的部分VBA代码

● 第二步：代码辅助合并文档

打开Word文档，单击"开发工具"选择"VB编辑器"，如图8-3-2所示。

图8-3-2 打开VB编辑器

在打开的VB编辑器中插入"模块",然后复制DeepSeek生成的代码并将其粘贴到模块中,修改自己的文件名,最后单击运行按钮运行代码。运行成功后系统会提示运行成功并显示合并后文件的保存路径和文件名,如图8-3-3所示。

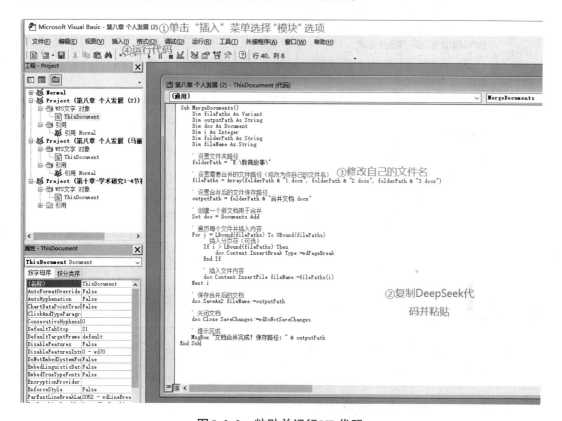

图8-3-3 粘贴并运行VB代码

● 第三步:整理教育故事

将合并后的文档上传到DeepSeek,借助DeepSeek强大的文字处理能力再次整理,在对话框中输入提示语:请将文档中的内容分类并进行重新整理。DeepSeek整理的部分教育故事如图8-3-4所示。

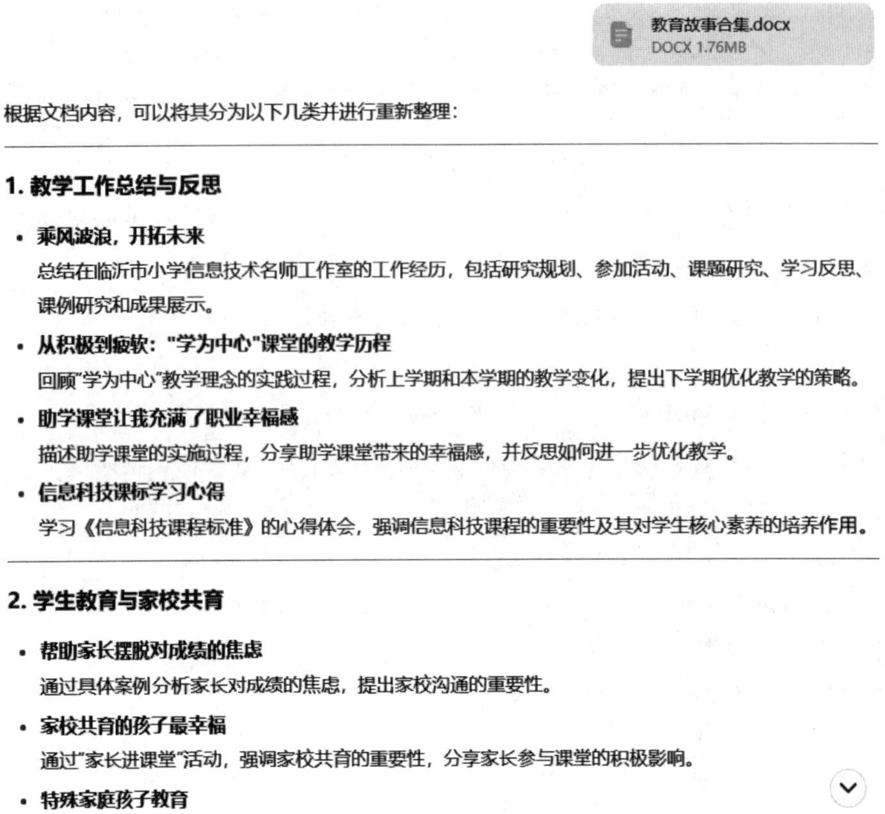

教育故事合集.docx
DOCX 1.76MB

根据文档内容，可以将其分为以下几类并进行重新整理：

1. 教学工作总结与反思

- **乘风波浪，开拓未来**
  总结在临沂市小学信息技术名师工作室的工作经历，包括研究规划、参加活动、课题研究、学习反思、课例研究和成果展示。
- **从积极到疲软："学为中心"课堂的教学历程**
  回顾"学为中心"教学理念的实践过程，分析上学期和本学期的教学变化，提出下学期优化教学的策略。
- **助学课堂让我充满了职业幸福感**
  描述助学课堂的实施过程，分享助学课堂带来的幸福感，并反思如何进一步优化教学。
- **信息科技课标学习心得**
  学习《信息科技课程标准》的心得体会，强调信息科技课程的重要性及其对学生核心素养的培养作用。

2. 学生教育与家校共育

- **帮助家长摆脱对成绩的焦虑**
  通过具体案例分析家长对成绩的焦虑，提出家校沟通的重要性。
- **家校共育的孩子最幸福**
  通过"家长进课堂"活动，强调家校共育的重要性，分享家长参与课堂的积极影响。
- **特殊家庭孩子教育**

图 8-3-4　DeepSeek整理的部分教育故事

案例二　生成教育案例集

教育案例和教育故事不同，整理教育案例的目的是从案例中提取解决实际问题的策略和方法，以便更好地指导教学。

● 第一步：根据需要提炼案例

把教育案例上传到DeepSeek，然后在对话框中输入提示语：从文档中识别班主任管理创新方法的应用案例。DeepSeek生成的部分教育案例如图8-3-5所示。

教育案例合集.docx
DOCX 8.15MB

从文档中可以看出，班主任马××在班级管理中应用了多种创新方法，以下是一些具体的应用案例：

1. 培养班干部，实现学生自主管理

- **案例**：马××老师通过精心选拔和培养班干部，逐步将班级管理的责任交给学生。她不仅选拔了班长、纪律委员、卫生委员等常规班干部，还设立了"书包管理员""水杯管理员"等专项管理员，确保班级事务有人负责。她还通过定期培训和指导，帮助班干部提高管理能力，最终实现了班级的自主管理。
- **创新点**：通过细化班干部的职责，让每个学生都有机会参与班级管理，培养了学生的主人翁意识和责任感。

2. "助学课堂"模式，引导学生自主学习

- **案例**：马××老师在课堂上采用了"助学课堂"模式，鼓励学生自主学习和讨论。她教会学生如何规范发言，如何质疑和补充，逐步让学生成为课堂的主导者。她还通过小组合作、项目化学习等方式，激发学生的学习兴趣和主动性。
- **创新点**：通过"助学课堂"模式，教师从传统的知识传授者转变为学习的引导者，学生成为学习的主体，培养了学生的自主学习能力和合作精神。

3. 家校合作，促进全环境育人

- **案例**：马××老师通过家长会、家访、家长进课堂等多种形式，积极与家长沟通合作。她邀请家长参与班级活动，如"家长进课堂"活动，让家长结合自己的职业专长为学生授课，丰富了学生的知识。她还通过家访深入了解学生的家庭情况，帮助家长解决教育中的困惑。
- **创新点**：通过家校合作，马××老师将家长纳入教育体系，形成了家校共育的良好氛围，促进了学生的

图 8-3-5　DeepSeek 生成的部分教育案例

● **第二步：生成案例脑图**

新建一个 WPS Word 文档，命名为"班级管理创新案例"，把 DeepSeek 生成的内容复制粘贴到文档中，然后单击打开 WPS AI 菜单，再单击"文档脑图"，在弹出的对话框中单击"生成"，即可生成一个脑图，如图 8-3-6 所示。

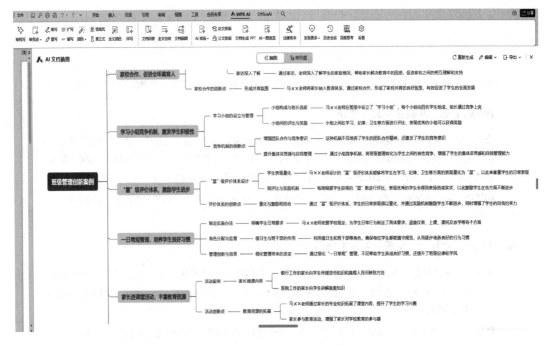

图 8-3-6　WPS AI 生成的脑图

● 第三步：创建教育案例库

将生成的脑图导出为PDF文件，上传到学校的教科研平台或其他共享平台，也可以上传至百度网盘等网络存储平台。以百度网盘为例，新建一个"教学案例集"文件夹，然后创建一个子文件夹，命名为"班级管理创新案例"，将导出的"班级管理创新案例.pdf"上传到该文件夹中，然后将存储链接分享给需要的教师，教师就可以实现教育案例的共享，如图8-3-7、图8-3-8所示。

图 8-3-7　上传文件到网盘

图 8-3-8　分享文件

案例三　提炼美篇中的教育案例

我们有时会在美篇、微信公众号等平台发表想法，在这些平台上也会看到别人分享的优秀案例，我们可以提取并利用这些平台中的相关信息。

● 第一步：收集美篇资源

整理自己或他人的美篇链接。由于 DeepSeek 的官网不支持直接通过链接访问美篇的内容，我们可以使用其他方式接入，如使用集成百度生态的 DeepSeek，在对话框中粘贴所有的美篇链接，用分号或空格把不同的链接分开，并输入如下提示语：请将上述几个链接中的教育故事或案例进行系统梳理后以文本的形式呈现。DeepSeek 提取的部分美编内容如图 8-3-9 所示。

教育故事与案例系统梳理

一、沂水县第七实验小学的助学课堂探索

1. 跟岗学习与理念引入

- **背景**：为优化教育环境，推动学校高质量发展，沂水县第七实验小学组织教师赴南京瑞金北村小学跟岗学习"助学课堂"新理念。

- **过程**：教师们通过五天的跟岗学习，深入了解了助学课堂的新思想和新方法，并每天进行集体研讨，分享学习收获。

图 8-3-9　DeepSeek 提取的部分美篇内容

- **成果**：教师们深刻感受到助学课堂的魅力，认识到其对学生成长的重要推动作用。

2. 学习成果分享与本土化实践

- **汇报会**：学校组织了教师外出学习成果分享活动，多位教师从不同角度分享了助学课堂的理念和实操方法。
- **本土化实践**：教师们结合学校实际，积极探索课堂的本土化实践，如设计助学单、调整教学

↓

✎ 智能创作　　▣ 画图修图　　◧ AI阅读

图 8-3-9　DeepSeek 提取的部分美篇内容（续）

● **第二步：生成脑图**

把提取的内容复制到 WPS，再次借助 WPS AI 生成脑图并导出 PDF 文件，然后通过网盘分享，具体方法参考案例二。

📋 应用拓展 ─────────────────

结合 DeepSeek 生成案例教学剧本，模拟不同应对策略的效果，用于新教师培训。例如，模拟课堂冲突场景，展示不同教师的应对方式及其效果。将剧本编写设置成 PDF 格式，上传至"教学案例库"文件夹中的"案例教学剧本"子文件夹。

📊 技术与风险 ─────────────────

案例中涉及的学生姓名、班级等敏感信息需匿名化处理，确保学生隐私不被泄露。GAI 可能遗漏上下文细节，生成案例后需进行人工审核，确保案例的完整性和准确性。在 DeepSeek 生成案例后，教师应仔细检查并补充必要的背景信息，如学生的个性特点、课堂环境等。GAI 生成的案例框架需经过教师审核，确保内容符合教学实际情况。在导出案例前，教师应对案例进行详细审核，确保案例的真实性和实用性。

8-4 读书笔记

场景聚焦

王老师是一位酷爱读书的信息科技教师，他最近在读《深度学习：走向核心素养》一书。受深度学习理论的影响，王老师决定把这一理论应用到自己的教学中，让学生实现深度学习，从而促进学生核心素养的形成和发展。为了更好地掌握书中的理念，王老师决定整理一份结构明晰的读书笔记。

整理读书笔记可不是一件容易的事，尤其是王老师读的是纸质书，他的读书笔记有些是对书中重点段落的勾画，有些记录在自己的笔记本中，如何将这些笔记进行系统化整理呢？正当他满脸愁容的时候，小张老师用"扫描全能王"扫描文件的动作让王老师眼前一亮。"是呀！我可以把书中做的标记和笔记本上的记录扫描整理成一个文档，然后让DeepSeek帮忙进行结构分析，这样既省力又高效。"王老师兴奋地说。

任务解析

读书笔记不仅是提升教师专业素养和教学能力的有效途径，还能促进个人成长和职业发展，能够帮助教师更好地应对教育实践中的各种挑战。通过与GAI结合生成结构化的读书笔记有利于教师系统地梳理书中的脉络，而且借助GAI对书籍进行纵向或横向的对比会加深教师对知识的理解。本节涉及三个案例，主要分为创建个人读书笔记、生成个人知识卡片，其中创建个人读书笔记分为创建纸质书读书笔记和创建电子书读书笔记。在创建个人读书笔记案例中，基于DeepSeek的文本分析功能，对纸质书读书笔记和电子书读书笔记进行系统化整理。在生成个人知识卡片案例中，利用DeepSeek制作自己的知识卡片。本节所需工具如表8-4-1所示。

表 8-4-1 所需工具表

案例	工具融合
创建纸质书读书笔记	DeepSeek+扫描全能王
创建电子书读书笔记	DeepSeek+微信读书
生成个人知识卡片	DeepSeek+Anki

⬇ | 案例一　创建纸质书读书笔记 |

虽然现在电子书非常方便，但还是有很多人喜欢阅读纸质书。那么，在纸质书上做的勾画和记录如何与GAI结合助力我们形成系统的读书笔记呢？其实通过GAI和其他工具的结合就可以轻松实现。

● 第一步：扫描笔记

使用扫描全能王或其他有扫描功能的手机软件，扫描书籍。选择"扫描"即可采取多页扫描的形式把书的内容扫描到手机，扫描完成后单击"完成"，然后选择"转Word"，转换结束后单击"导出文档"，就可以把导出的文档发送到电脑。具体步骤如图8-4-1所示。

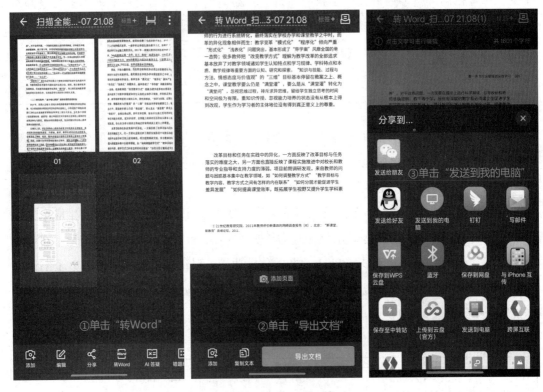

图 8-4-1　扫描图片转Word文档

● 第二步：生成读书笔记

把扫描生成的Word文档上传到DeepSeek附件中，在DeepSeek对话框中输入提示语，生成读书笔记。在这里要注意的是在DeepSeek官网中上传扫描生成的文件时有时会提示

"可能违反使用规范"，我们只需要换一个接入DeepSeek的工具即可，如使用百度接入的DeepSeek。上传文件后，在对话框中输入提示语：根据文件中标记的内容生成读书笔记。DeepSeek生成的部分读书笔记如图8-4-2所示。

图8-4-2　DeepSeek生成的部分读书笔记

● 第三步：整理笔记

生成读书笔记后，我们可以把这些读书笔记存储到读书笔记类的软件或平台上，如"有道云笔记"，这样我们便可以在任何地方看到自己的读书笔记。具体操作如下：①单击"新建"按钮；②选择"空白文档"；③在右侧的编辑框中先输入"/"再粘贴从DeepSeek中复制的内容；④单击"保存"。新建、粘贴并保存笔记如图8-4-3、图8-4-4所示。

图 8-4-3　新建笔记

图 8-4-4　粘贴并保存笔记

案例二　创建电子书读书笔记

电子书以其便携性的特点成为现代阅读的主流形式。海量的电子资源极大地丰富了阅读内容。阅读平台和电子阅读器推出的批注功能，优化了读者的阅读体验。如果想快速定位一本书的核心内容，我们可以使用DeepSeek提炼电子书的内容框架，这样就能在最短的时间整体感知一本书，然后根据自己的需要选择阅读章节。

● 第一步：生成电子书整体框架

把电子书上传到DeepSeek，然后在对话框中输入提示语：根据文件内容，帮我生成整本书框架。DeepSeek生成的部分电子书整体框架如图8-4-5所示。

人间值得[www.j9p.com].pdf
PDF 2.62MB

书名： 《人间值得》

作者： [日] 中村恒子、奥田弘美

译者： 范宏涛

出版社： 北京日报出版社

出版时间： 2019年9月

书籍框架

前言

- 作者中村恒子介绍自己90岁高龄仍从事心理医生工作的经历。
- 探讨现代人常见的烦恼，如职场压力、家庭矛盾等。
- 提出在现实与心情之间找到平衡点的重要性。

笔者的话

- 介绍中村恒子的生平背景，包括她16岁从广岛前往大阪学医的经历。
- 描述她作为心理医生的工作态度和生活方式，强调"平淡淡地过好每天"的理念。

图8-4-5　DeepSeek生成的部分整本书框架

● 第二步：导出电子书读书笔记

阅读电子书时，我们往往会直接使用读书软件，而且在读书软件中边读边标记非常方便。电子书中的读书标记也是可以导出的，以"微信读书"APP为例，在读书时选定文字后会出现一个工具条，工具条中的工具有复制、画线、写想法等，如图8-4-6所示。

第1章

任者浊。牧人以德者集，绳人以刑者散。小功不赏，则大功不立；小怨不赦，则大怨必生。赏不服人，罚不甘心者叛。赏及无功，罚及无罪者酷。听谗而美，闻谏而仇者亡。能有其有者安，贪人之有者残。

怨在不舍小过，患在不预定谋。福在积善，祸在积恶。饥在贱农，寒在堕织。安在得人，危在失事。富在迎来，贫在弃时。上

复制 划线 写想法 书摘 AI问书 听当前

之。自疑不信人，自信不疑人。枉士无正友，曲上无直下。危国无贤人，乱政无善人。爱人深者

8/11

图8-4-6　在电子书上做笔记

书籍阅读完之后，单击"笔记"图标，接着单击"导出笔记"选项，可以直接"复制到剪贴板"或"去电脑上导出"，如图8-4-7所示。

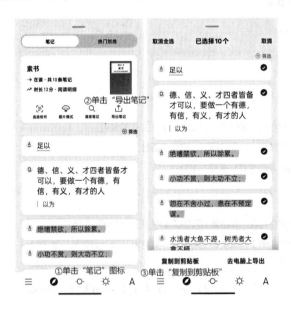

图8-4-7　导出电子书笔记

● **第三步：生成电子书读书笔记**

导出的电子书读书笔记可以整理成Word文档，也可以直接把文字复制粘贴到DeepSeek中，然后在对话框中输入提示语：整理上述文本形成读书笔记。DeepSeek生成

的部分电子书读书笔记如图8-4-8所示。

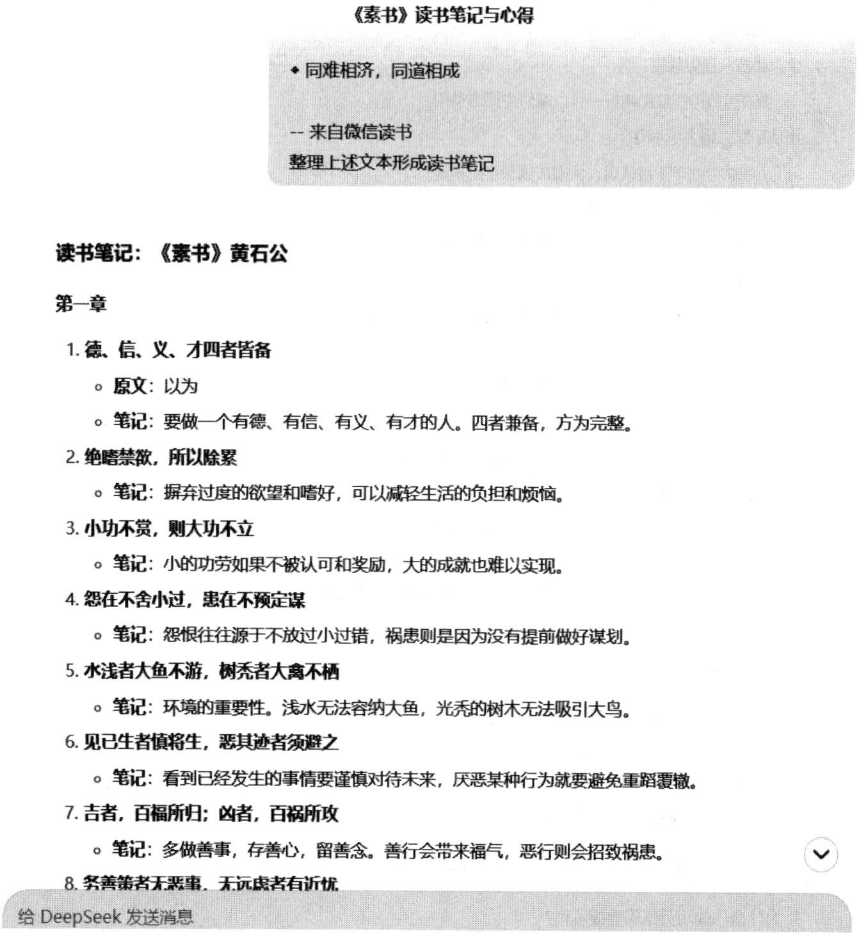

图8-4-8　DeepSeek生成的部分电子书读书笔记

案例三　生成个人知识卡片

用DeepSeek生成知识卡片，导入Anki定制复习计划，实现科学记忆曲线＋精准知识提炼的高效学习闭环。

● 第一步：生成问答对

把书中需要记录的内容进行标记，然后上传到DeepSeek，在DeepSeek的对话框中输入提示语：提取核心观点、案例数据，生成问答对。DeepSeek会在较短的时间内为我们提取上传内容中的所有问答题，然后以一问一答的形式呈现。以前面电子书标记的内容为例。DeepSeek生成的部分回答如图8-4-9、图8-4-10、图8-4-11所示。

核心观点提取

1. **德、信、义、才四者皆备**
   - 强调做人应具备德行、信、义、才能，四者缺一不可。

2. **绝嗜禁欲，所以除累**
   - 摒弃过度的欲望和嗜好，可以减轻生活的负担。

3. **小功不赏，则大功不立**
   - 小的功劳如果不被认可，大的成就也难以实现。

4. **怨在不舍小过，患在不预定谋**
   - 怨恨源于不放过小过错，祸患则是因为没有提前谋划。

5. **环境的重要性**
   - 水浅者大鱼不游，树秃者大禽不栖。强调环境对个人发展的影响。

6. **多做善事，存善心**
   - 善行会带来福气，恶行则会招致祸患。

7. **谋划和长远考虑**
   - 善于谋划的人不会遇到坏事，没有长远考虑的人则会有眼前的忧虑。

8. **同难相济，同道相成**
   - 在困难时互相帮助，志同道合的人共同成就事业。

图 8-4-9　核心观点提取

问答对生成

1. **《素书》认为做人应具备哪些品质？**
   - 答：做人应具备德行、信、义、才能，四者缺一不可。

2. **如何减轻生活的负担？**
   - 答：摒弃过度的欲望和嗜好，可以减轻生活的负担。

3. **为什么小的功劳也需要被认可？**
   - 答：因为小的功劳如果不被认可，大的成就也难以实现。

4. **怨恨和祸患的根源是什么？**
   - 答：怨恨源于不放过小过错，祸患则是因为没有提前谋划。

5. **《素书》如何强调环境的重要性？**
   - 答：书中提到"水浅者大鱼不游，树秃者大禽不栖"，说明环境对个人发展有重要影响。

6. **多做善事会带来什么结果？**
   - 答：多做善事会带来福气，而恶行则会招致祸患。

7. **为什么谋划和长远考虑很重要？**
   - 答：善于谋划的人不会遇到坏事，而没有长远考虑的人则会有眼前的忧虑。

8. **《素书》如何看待团队合作？**
   - 答：在困难时互相帮助、志同道合的人共同成就事业。

图 8-4-10　问答对生成

案例数据

- **案例1**：小功不赏，则大功不立
  - 说明：如果团队中小的贡献不被认可，成员的积极性会降低，最终影响整体目标的实现。
- **案例2**：水浅者大鱼不游，树秃者大禽不栖
  - 说明：一个缺乏资源或支持的环境，难以吸引和留住优秀人才。
- **案例3**：同难相济，同道相成
  - 说明：在团队中，成员互相支持、共同面对困难，能够更快达成目标。

总结

通过提取《素书》的核心观点和案例数据，生成清晰的问答对，便于理解和应用书中的智慧。

图8-4-11　案例数据

● 第二步：生成知识卡片

单个生成知识卡片非常费时，我们可以批量生成知识卡片。首先，把知识卡片整理成Excel文件，在DeepSeek对话框中输入提示语：把问答对整理成Excel格式的文件。DeepSeek生成的部分回答如图8-4-12所示。

以下是整理成 **Excel 格式** 的问答对，您可以直接复制到 Excel 文件中：

问题	答案
《素书》认为做人应具备哪些品质？	做人应具备德行、信、义、才能，四者缺一不可。
如何减轻生活的负担？	摒弃过度的欲望和嗜好，可以减轻生活的负担。
为什么小的功劳也需要被认可？	因为小的功劳如果不被认可，大的成就也难以实现。
怨恨和祸患的根源是什么？	怨恨源于不放过小过错，祸患则是因为没有提前谋划。
《素书》如何强调环境的重要性？	书中提到"水浅者大鱼不游，树秃者大禽不栖"，说明环境对个人发展有重要影响。
多做善事会带来什么结果？	多做善事会带来福气，而恶行则会招致祸患。
为什么谋划和长远考虑很重要？	善于谋划的人不会遇到坏事，而没有长远考虑的人则会有眼前的忧虑。
《素书》如何看待团队合作？	在困难时互相帮助、志同道合的人共同成就事业。
案例：小功不赏，则大功不立	如果团队中小的贡献不被认可，成员的积极性会降低，最终影响整体目标的实现。

图8-4-12　把问答对生成Excel文件

打开Excel，新建一个空白文件，然后把DeepSeek生成的内容复制到文件中，如图8-4-13所示。

	A	B
1	**问题**	**答案**
2	《素书》认为做人应具备哪些品质？	做人应具备德行、信、义、才能，四者缺一不可。
3	如何减轻生活的负担？	摒弃过度的欲望和嗜好，可以减轻生活的负担。
4	为什么小的功劳也需要被认可？	因为小的功劳如果不被认可，大的成就也难以实现。
5	怨恨和祸患的根源是什么？	怨恨源于不放过小过错，祸患则是因为没有提前谋划。
6	《素书》如何强调环境的重要性？	书中提到"水浅者大鱼不游，树秃者大禽不栖"，说明环境对个人发展有重要影响。
7	多做善事会带来什么结果？	多做善事会带来福气，而恶行则会招致祸患。
8	为什么谋划和长远考虑很重要？	善于谋划的人不会遇到坏事，而没有长远考虑的人则会有眼前的忧虑。
9	《素书》如何看待团队合作？	在困难时互相帮助、志同道合的人共同成就事业。
10	案例：小功不赏，则大功不立	如果团队中小的贡献不被认可，成员的积极性会降低，最终影响整体目标的实现。

图 8-4-13　问答对 Excel 文件

打开 Anki 网页，具体操作如下：①创建记忆库；②选择记忆库和卡片类型；③单击"批量制卡"；④单击"Ctrl+S"确定保存，如图 8-4-14 所示。

图 8-4-14　创建记忆库

进入"批量制卡"页面，具体操作如下：①单击上传 Excel 文件；②单击"保存"，如图 8-4-15 所示。

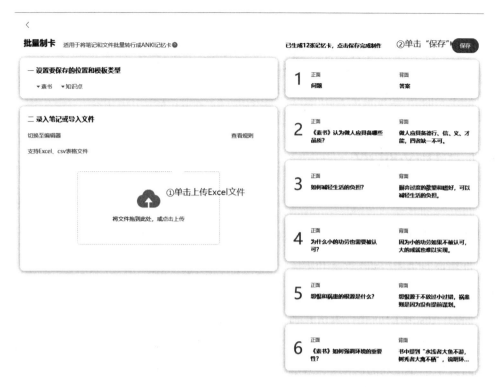

图8-4-15　批量制卡

知识卡片生成后就可以在Anki网站上进行知识的自主复习了。

📇 应用拓展

使用Obsidian等知识图谱软件，将读书笔记和知识卡片整合到统一的知识库中。使用 Obsidian 的图谱功能，生成书中的核心概念及其相互关系，形成一个可视化的概念关系图谱。

📊 技术与风险

在生成知识卡片的过程中，要确保上传的内容清晰、准确，避免因图片模糊或文字识别错误导致信息丢失或误解。

第九章　学科特色

9-1　作文批改

🎬 场景聚焦

　　李老师面对着5个班237本作文本，批改3小时后，仍有大量待阅作文。李老师的儿子程程见状，建议她尝试用Microsoft Lens+DeepSeek组合批改作文。在程程的指导下，李老师使用Microsoft Lens将作文纸转化为清晰的PDF文档，自动矫正字迹并智能拼接跨页作文。80份作文PDF文档上传至DeepSeek，她按教学大纲设定了分级批改参数，系统自动检测错别字、标点规范、句子完整性等，还针对《义务教育语文课程标准（2022年版）》的要求，标红表达平淡的作文，生成比喻句扩写范例库。不久后，李老师看着屏幕上的双栏界面，左侧是彩色批注的电子版作文，右侧是DeepSeek给出的微观建议和全班薄弱项数据可视化图表，心中泛起了涟漪。

📖 任务解析

　　Microsoft Lens能高清扫描作文，自动矫正并精准提取文字，轻松转换为电子文档。将文档导入DeepSeek，DeepSeek会进行五层人工智能深度辅助批改：一是语法层，精确定位错别字与搭配不当；二是结构层，严谨检验论点匹配，智能推荐论据支撑；三是思想层，深刻洞察立意深浅，启发式提问激发思考；四是情感层，细腻评估文字魅力，高亮修辞增添文采；五是人机协同筛选关键问题，制定分层任务，评语风格随学生水平灵活调整，对基础薄弱学生的评价以幽默鼓励为主，激发其写作热情。本节中所需工具如表9-1-1所示。

表9-1-1　所需工具表

案例	工具融合
作文批改	DeepSeek+Microsoft Lens
撰写范文	DeepSeek

⬇ **案例一　作文批改**

教师可以选择在移动设备上使用Microsoft Lens扫描作文。完成扫描后，Microsoft Lens会自动将作文文档保存到本地。然后，教师可以利用DeepSeek，对保存的文档进行细致且专业的作文批改。

● **第一步：扫描作文**

打开手机上的应用商店，搜索并找到Microsoft Lens应用。下载安装后，无须进行登录操作，直接打开应用即可使用。在应用界面，可以扫描作文。扫描完成后，应用还提供了进一步修改扫描效果的功能，允许对扫描文件的质量进行细致调整。当对文件的扫描效果满意后，即可导出扫描的文件。Microsoft Lens使用方法如图9-1-1所示。

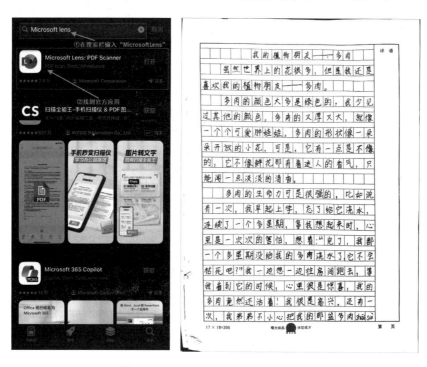

图9-1-1　Microsoft Lens使用方法

● **第二步：上传、批改作文**

使用DeepSeek上传文件时请注意，它只能智能识别附件中的文字，文件每次最多上传50个，每个文件大小不能超过100MB，支持文档和图片。上传附件注意事项如图9-1-2所示。

图 9-1-2　上传附件注意事项

　　进入 DeepSeek 官网界面，关闭 "联网搜索" 功能以保持批改的独立性。在平台上选择上传功能，将扫描好的作文文件逐一添加，平台支持一次上传多篇作文以提高效率。在 DeepSeek 的对话框中撰写提示语，这些提示语将有助于系统更好地理解批改需求。完成这些操作后，我们便能够获得全面且细致的作文批改反馈。在 DeepSeek 的对话框中输入提示语：你作为作文教练，请用苏格拉底提问法批改《我的植物朋友》。要求：①逻辑诊断；②观察升级；③故事化训练；④分层修改建议——A 级任务（基础）是修正错别字和语序；B 级任务（进阶）是替换文中平淡的描述。对两篇作文的逻辑诊断结果如图 9-1-3 所示。

一、逻辑诊断（对话式引导）

①识别作文中的错别字

《桃花》

- 你希望读者通过"我是庄看桃花"理解什么？"庄"是地名/人名/错别字？
- "17×18=306"与桃花有何关联？是刻意设计的隐喻还是无心之笔？
  注意：扫描文档时，纸张规格也会被视为文章内容
- 广告文字"曙光纸品"为何出现在作文中？是否影响主题表达？

《多肉》

②引导式批改作文

- "我少见过其他的颜色"是强调稀有性还是观察局限？如何让表达更准确？
- 两个生命力案例为何不按时间顺序排列？连续缺水与意外损毁哪个更有说服力？
- "命向无样"是方言表达还是错别字？读者能否准确理解？

图 9-1-3　逻辑诊断结果

对两篇作文的观察升级建议如图 9-1-4 所示。

二、观察升级（五感训练）

《桃花》改进建议

《多肉》感官拓展

图9-1-4　观察升级建议

对两篇作文的故事化训练建议如图9-1-5所示。

三、故事化训练（场景重构）

《桃花》情节设计

《多肉重生记》修改建议

图9-1-5　故事化训练建议

对两篇作文的分层修改建议如图9-1-6所示。

四、分层修改建议

A级任务（基础修正）

《桃花》

- "我是庄看桃花呢！" → "我是庄里看桃花长大的孩子，"
- 删除非文本内容（算式/广告）

《多肉》

- "多肉的又厚又大" → "多肉的叶片肥厚饱满"
- "shuāi suì" → "摔碎"
- "命向无样" → "生命力旺盛如初"

①对两篇作文的基础修改建议

B级任务（表达升级）

《桃花》增补建议

```markdown
增加细节：
"桃枝总爱抢跑，等不及长叶先爆出花苞，像小姑娘急着穿新春装。"
```

②对两篇作文的表达升级建议

《多肉》范例修改

```markdown
原句："多肉形状像开放的小花"
升级版：
"层层叠叠的叶片如莲花宝座，叶缘镶着圈胭脂红，仿佛被朝霞吻过的玉雕"
```

苏格拉底终极追问

1. 如果植物会说话，它最想对你说的三句话是什么？
2. 当你说"朋友"时，是指单方面的观赏还是双向的情感交流？
3. 在描写植物时，如何让文字具有生长感，像植物一样自然舒展？

③对于这个作文主题给出的引导式提示

通过这种对话式批改，学生不仅能修正现有问题，更能建立观察—思考—表达的完整创作链。建议配合实物观察日记训练，每次写作前完成"五感采集表"。

图9-1-6 分层修改建议

案例二 撰写范文

DeepSeek撰写范文是根据用户命题调用知识图谱匹配热点素材生成的，如"科技创新"关联创业故事与人工智能论述。运用议论文框架智能搭建，如"黄金圈法则"，结合多模态内容生成，包括数据论证、文化浸润和场景描写。

● 第一步：撰写范文初稿

若期望获得一篇符合个人喜好的作文，需要与DeepSeek展开多轮深入对话，循序渐进地进行优化。初始阶段，在对话框中精心构思并输入恰当的提示语：请以三年级学生视角创作《我的植物朋友》，满足以下四点要求：①观察维度——五感联动、动态追踪；②故事线索——设置互动场景、融入情感转折；③文化元素——引用古诗或谚语、关联神话意象；④语言标准——使用多种修辞手法。范文初稿如图9-1-7所示。

《我的植物朋友——月光竹》

清晨推开窗，那丛细竹正在偷喝水珠。叶片上滚动的水珠像水晶滑梯，映着朝霞碎成七彩光点。爷爷说这是湘妃竹，可我觉得它们是月宫逃出来的小仙子。

观察手记

1. **视觉追踪**

竹叶尖总挂着昨夜的星光，叶脉像用银笔描的画。立春时笋芽顶开薄冰，像戴钢盔的小地鼠，惊蛰后就蹿得比我的铅笔盒还高。

2. **听觉密码**

北风呼啸时，竹竿们"咯吱咯吱"跳交谊舞。最妙的是细雨沙沙夜，竹叶在窗边哼《月光曲》，比音乐课上的铃铛还清脆。

3. **触觉日记**

新笋裹着毛茸茸的外衣，摸起来像奶奶织的羊毛袜。老竹竿却冷冰冰的，结着浅褐色的疤，那是去年大雪留下的冻疮。

守护者传说

上元节那晚，我把烟花棒插在竹根旁。火星溅到枯叶堆时，竹枝突然剧烈摇晃。我仿佛看见凤凰虚影掠过，想起《山海经》里"凤非竹不食"的故事，赶紧泼水救火。焦黑的竹节处，渐渐长出翡翠色的新芽。

诗意生长

梅雨季竹叶生锈斑，我学着郑板桥"一枝一叶总关情"，用毛笔蘸蒜汁治病。白露那天，竹丛突然迸发淡黄小花。虽然知道竹子开花后会枯萎，但我悄悄埋下竹米——等明年春雷响，定有新的月光仙子破土而出。

图9-1-7　范文初稿

● 第二步：进阶范文

继续在DeepSeek的对话框中输入提示语：请优化上面撰写的初稿，直接以作文的形式输出，文章内不需要提示标题。实现以下提升：①悬念设计。开头设置疑问，在第三段揭示答案。②通感迁移。将触觉转化为听觉，让颜色产生温度。③文化深挖。为植物设计家族传说，关联二十四节气。④情感载体。用具体物件寄托情感，设置记忆闪回。DeepSeek生成的部分优化范文如图9-1-8所示。

正文：

那丛竹子总在无风时沙沙响。

晨雾还未散尽，竹叶尖便坠下露珠，叮咚敲响我的玻璃窗。那些水珠滚过叶脉时，会拖出金丝般的细痕，像谁偷偷用烧红的绣针在绿绸上刺绣。

"准是湘妃娘娘的眼泪！"我攥着爷爷留下的铜铃铛想。去年立夏他临走前，把这枚生锈的铜铃系在最高的竹枝上："等铃舌自己转方向，就能听见竹仙说话。"

惊蛰第一声雷劈开冬泥时，我亲眼见过奇迹——竹根拱出个翡翠色的襁褓，裹着三寸长的玉笋。指尖刚触到绒毛，耳畔就响起爷爷的咳嗽声，和他在病床上剥笋衣的动静一模一样。

清明那日暴雨，我举着伞给竹子戴"斗笠"。闪电劈下时，整丛竹子突然泛起青铜般的光泽，叶片上的雨珠竟悬浮空中。我忽然记起爷爷讲过的传说：神农氏为留住月光，把七十二颗星星炼成竹种，所以竹节里锁着银河的凉。

白露前夕，铜铃在午夜兀自清吟。我赤脚冲进院子，看见竹枝绽开米粒大的银花，暗香比桂花还沁甜。想起"竹子开花，搬家趁早"的农谚，我哭着把竹米装进爷爷的搪瓷茶缸。

而今惊雷又至，竹米在窗台发芽了。嫩芽蜷曲如婴孩的指节，在月光下泛着蓝莹莹的凉意。风掠过时，我听见爷爷哼起采竹谣："七节连通九重天，留段青翠在人间……"

图9-1-8　优化范文

● **第三步：撰写范文终稿**

继续在DeepSeek对话框中输入提示语：你是一名擅长植物观察和写作的三年级学生，请你优化上文，以作文的形式输出结果。作文需包含①科学观察：植物外形、特性、变化等；②故事设计：关键事件、情感冲突、解决方式；③文化意象：引用、联想；④语言要求五感比喻：听觉、触觉、动态描写。DeepSeek撰写的范文终稿如图9-1-9所示。

正文：

我的书桌前有盆会报时的竹子。每当晨光爬上窗台，最顶端的嫩叶就会"唰"地抖开，露出背面银丝般的绒毛，像展开一把小绿伞。爷爷说这是凤尾竹，可我觉得它们是藏着时钟的小精灵。

惊蛰那天，泥土突然裂开三道缝。我趴在地上数啊数，第七天清晨，三个尖脑袋顶开碎瓦片钻出来，笋壳上还沾着星星形状的泥点。我量了量，最高的竹笋每小时能长一毫米——比蜗牛跑得还快呢！

芒种时竹子害了场怪病。叶片长出锈红色斑点，摸起来像砂纸般粗糙。我翻烂《植物图鉴》，照着"竹子开花，旱灾要来"的农谚，把早餐牛奶省下来浇灌。没想到竹根竟发出吸管喝水的"咕嘟"声，吓得我打翻了量杯。

最神奇的是白露那夜。我被"噼啪"声吵醒，借着月光看见竹枝绽开米粒大的花苞，每爆开一朵就溅出薄荷味的凉气。忽然想起《竹谱》里"花开即枯"的记载，我哭着把花朵装进爷爷的蝈蝈笼，就像他去年抢救蝈蝈卵那样。

今天立春，笼子里的竹米发芽了。新生的竹苗蜷成翡翠色的问号，叶尖垂着露珠做的铃铛。风掠过时，我听见爷爷常哼的小调："竹妈妈，穿绿袍，节节高，把春报……"

图 9-1-9　范文终稿

应用拓展

DeepSeek与Microsoft Lens结合，助力教学智能化。请你利用Microsoft Lens扫描教材生成多模态学案，用DeepSeek自动解析并生成动态注释。

技术与风险

Microsoft Lens通过高精度图像识别实现作文数字化，多模态输入融合技术整合信息。DeepSeek运用NLP技术检测作文的语法错误，分析逻辑结构，评估情感与文采，生成写作能力雷达图。知识图谱驱动范文生成，构建个性化框架。作文批改与范文撰写是认知建构与情感交互的过程，GAI虽能实现语法纠错和结构优化，但在价值观引导、个性化创意激发和文化浸润设计等方面仍需人类主导。教师需人工审核价值导向，引导学生补充独特的观察细节，结合自我知识存储调整GAI生成的结果，生成通用化案例。

9-2 数学作图

陈老师是一名小学五年级的数学教师，为了帮助学生更好地理解知识，她经常在课堂上绘制各种几何图形来辅助教学，如圆形、平行四边形、圆柱体等。虽然陈老师对几何画板等数学作图工具较为熟悉，但在面对复杂的几何图形时，仍需要花费大量时间绘制和调整，尤其是动画图形，制作起来比较麻烦，往往是耗费了大量的时间，效果却不理想。

随着各种人工智能工具的陆续推出，陈老师开始尝试使用人工智能工具辅助快速生成几何图形，并结合几何画板等工具进行课堂教学。最近，她在尝试使用DeepSeek和几何画板，探索如何通过两者的结合提高数学作图的效率，并实现文字描述到标准几何图的快速转换。

任务解析

在小学阶段，若想很好地理解和掌握图形与几何部分的知识，学生需要有一定的空间想象力，尤其是立体图形，在探究表面积和体积的推演过程时需要学生对该图形有完整的认识。陈老师将DeepSeek与几何画板结合使用，快速地设计出了需要的几何图形，大幅提高了备课效率。本节涉及两个案例：生成平面图形和生成立体图形。其中，生成平面图形案例主要通过DeepSeek将文字描述的平面图形转化为生成平面图形的代码，从而绘制出平面图形；生成立体图形案例主要展示立体图形的不同形态和多角度观察。本节中所需工具如表9-2-1所示。

表 9-2-1　所需工具表

案例	工具融合
生成平面图形	DeepSeek+GeoGebra+HTML
生成立体图形	DeepSeek+GeoGebra+HTML

👆 **实战指南**

几何图形分为平面图形和立体图形，让DeepSeek分别生成两个类别的图形，感受一下DeepSeek强大的代码生成功能。

⬇ | **案例一　生成平面图形**

● **第一步：生成代码**

以圆形为例，我们只需在DeepSeek的对话框中输入提示语：生成一个使用几何画板绘制圆形的代码，呈现圆的半径从1到5变化的效果。DeepSeek生成的部分回答如图9-2-1所示。

以下是使用 **GeoGebra（几何画板）** 和 **Python** 两种方式实现圆形半径从 1 到 5 动态变化的代码示例：

方法 1：GeoGebra（几何画板）动态效果

在 GeoGebra 中，可以通过滑动条和动画功能实现圆的半径的动态变化：

1. **创建滑动条**：

   在命令行输入以下代码，生成一个控制半径的滑动条：

```
r = Slider(1, 5, 0.1)  // 名称 "r"，范围 1 到 5，步长 0.1
```

2. **绘制动态圆**：

   输入以下代码生成以原点为中心、半径绑定滑动条 `r` 的圆：

```
Circle((0, 0), r)
```

3. **启动动画**：

   ○ 右键点击滑动条 `r`，选择"**动画**"。

   ○ 调整动画速度（可选），滑动条会自动从 1 移动到 5，圆的半径随之变化。

🖼GeoGebra 动态圆示例

方法 2：Python 动态动画（Matplotlib）

使用 `matplotlib` 库生成半径渐变的动画效果：

```python
import matplotlib.pyplot as plt
import numpy as np
from matplotlib.animation import FuncAnimation
```

图9-2-1　生成圆形代码

方法 3：HTML/JavaScript 动态效果

使用 Canvas 实现网页端动态圆：

```html
<canvas id="myCanvas" width="300" height="300"></canvas>
<script>
  const canvas = document.getElementById('myCanvas');
  const ctx = canvas.getContext('2d');
  let radius = 1;
  let growing = true;

  function animate() {
    ctx.clearRect(0, 0, canvas.width, canvas.height);
    ctx.beginPath();
    ctx.arc(150, 150, radius, 0, 2 * Math.PI);
    ctx.strokeStyle = 'green';
    ctx.stroke();

    if (growing) {
      radius += 0.1;
      if (radius >= 5) growing = false;
    } else {
      radius -= 0.1;
      if (radius <= 1) growing = true;
    }

    requestAnimationFrame(animate);
  }

  animate();
</script>
```

图9-2-1　生成圆形代码（续）

● **第二步：生成几何图形文件**

DeepSeek给出了三个代码生成的方案，选择第一个和第三个进行测试。

打开GeoGebra软件，分别复制代码，粘贴到左侧的代数区，然后按Enter键，拖动左上方的滑杆即可呈现绘制不同大小的圆的效果，如图9-2-2所示。

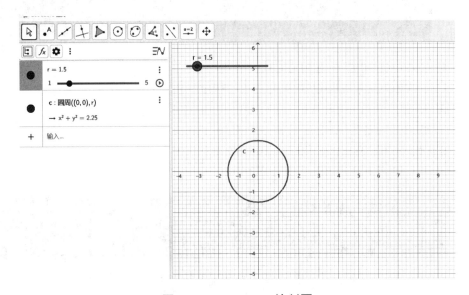

图9-2-2　GeoGebra绘制圆

方案三的操作步骤为：①复制HTML代码；②打开文本文档，将复制的代码粘贴到文本文档中；③将文本文档另存为HTML格式文件；④双击打开保存的HTML格式文件，效果如图9-2-3所示。

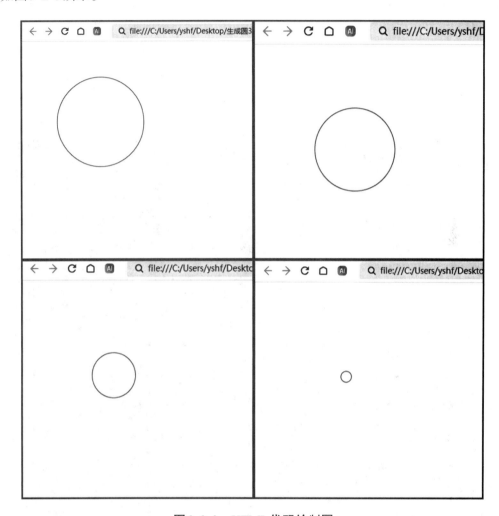

图 9-2-3　HTML 代码绘制圆

⬇ 案例二　生成立体图形

　　在课堂上，数学教师往往需要将立体图形拆解为平面图形，以此计算立体图形的表面积。例如，将圆柱拆成两个圆和一个长方形，帮助学生理解圆柱的表面积是一个长方形的表面积与两个圆形的表面积的和，通过DeepSeek编写代码可以轻松帮助我们实现这一过程。

● 第一步：生成代码

在生成圆柱体展开的过程中我们可能需要与DeepSeek展开多轮对话，因为有时DeepSeek对某些函数的应用会出现错误。如果想要减少错误，可以让DeepSeek多复盘几次，重复验证自己程序中的相关函数是否使用正确。在DeepSeek的对话框中输入提示语：生成一个使用GeoGebra演示圆柱展开计算表面积的代码，呈现动态过程，请复盘3次确保生成的代码中所使用的函数应用正确。DeepSeek生成的部分回答如图9-2-4所示。

```
geogebra                                                    复制

/* 定义参数 */
r = 3  // 圆柱底面半径
h = 5  // 圆柱高度
t = Slider(0, 1, 0.01)  // 控制展开动画（0=未展开，1=完全展开）

/* 绘制底面圆和顶面圆 */
底面圆 = Circle((0, 0), r)
顶面圆 = Translate(底面圆, (0, h))

/* 用参数方程生成圆柱侧面（避免Surface错误） */
θ = Slider(0°, 360°, 1°)  // 旋转角度参数
侧面参数方程 = Surface(r*cos(θ), r*sin(θ), h*s, θ, 0°, 360°, s, 0, 1)

/* 动态展开后的侧面矩形 */
展开侧面 = Polygon(
  (0, 0),
  (2π*r*t, 0),
  (2π*r*t, h),
  (0, h)
)
SetColor(展开侧面, "blue")

/* 展开后的底面和顶面（平移到右侧） */
展开底面圆 = Translate(底面圆, (2π*r + 2, 0))
展开顶面圆 = Translate(顶面圆, (2π*r + 2, 0))

/* 动态显示表面积公式 */
表面积公式 = FormulaText(2*π*r*h + 2*π*r*2)
动态公式 = Text("表面积 = 侧面积 + 底面积 = " + 表面积公式)

/* 隐藏原始圆柱（按需调整） */
SetVisible(侧面参数方程, t < 0.01)  // 仅在未展开时显示圆柱
SetVisible(顶面圆, false)
```

图9-2-4   DeepSeek生成的动态圆柱代码

● 第二步：软件制作圆柱体

打开GeoGebra软件，新建一个文件，在左侧的代数区依次输入DeepSeek生成的代码即可呈现一个圆柱体，拖动不同的滑竿可以看到圆柱的不同变化，如图9-2-5、图9-2-6、

图9-2-7所示。

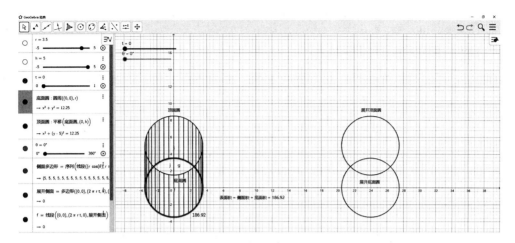

图9-2-5　生成效果图

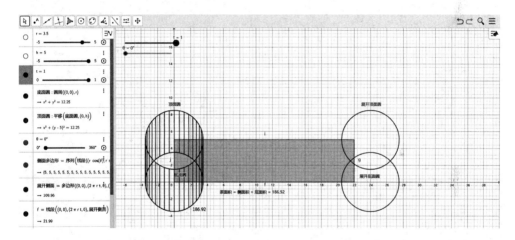

图9-2-6　侧面展开图

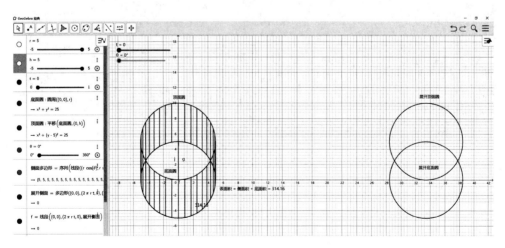

图9-2-7　调整参数图

这样我们就可以动态展示圆柱的展开效果了。而且随着参数的调整，圆柱表面积的数值一直在发生变化，可以继续与DeepSeek对话，优化呈现效果。

- **第三步：网页制作圆柱体**

使用GeoGebra软件虽然在后期修改参数、调整程序时比较方便，但是一步一步输入代码比较费时，如果后期不需要进行太多调整可以直接生成HTML程序，这样会更加快速。在DeepSeek的对话框中输入提示语：把上面的代码生成一个具有几何画板效果的HTML文件。DeepSeek生成的部分HTML圆柱展开代码如图9-2-8所示。

以下是一个基于HTML/Canvas实现的动态圆柱展开演示代码，模拟几何画板的交互效果。用户可以通过滑动条控制展开过程，并实时显示表面积计算：

```html
<!DOCTYPE html>
<html>
<head>
    <title>动态圆柱展开演示</title>
    <style>
        .container {
            display: flex;
            flex-direction: column;
            align-items: center;
            font-family: Arial, sans-serif;
        }
        canvas {
            border: 1px solid #ccc;
            margin: 20px;
        }
        .controls {
            margin: 10px;
        }
        .formula {
            background: #f0f0f0;
            padding: 10px;
            border-radius: 5px;
        }
    </style>
</head>
<body>
    <div class="container">
        <canvas id="geoCanvas" width="800" height="400"></canvas>

        <div class="controls">
```

图9-2-8　HTML圆柱展开代码

生成HTML代码后，根据前面的步骤把代码保存到文本文档并另存为HTML文件，双击打开文件，拖动展示进度的"圆形按钮"即可展示圆柱在不同进度下展开的效果图，如图9-2-9、图9-2-10、图9-2-11所示。

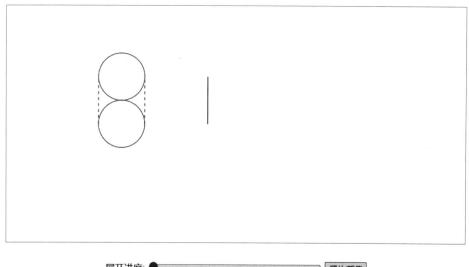

图 9-2-9　圆柱展开初始效果图

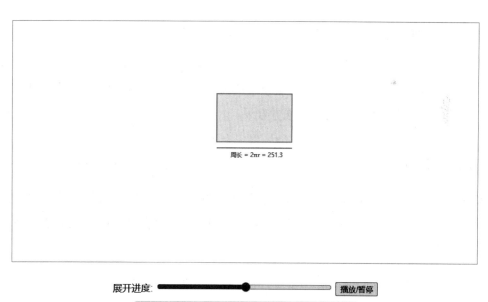

图 9-2-10　圆柱展开过程效果图

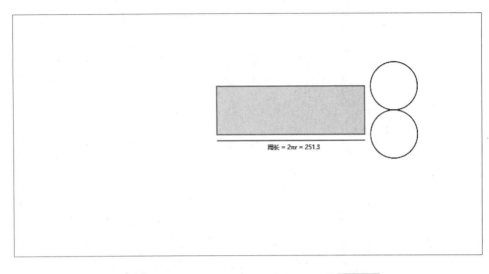

周长 = 2πr = 251.3

展开进度: ▬▬▬▬▬▬▬▬● 播放/暂停

表面积 = 2πr(h + r) = 20106.2 + 10053.1 = 30159.3

图9-2-11　圆柱展开最终效果图

🖥 应用拓展

　　教师可以将生成的三维模型导入Xmind等思维导图工具，转化为包含标注和辅助线等的教学示意图，以此来增强学生对几何图形的理解。教师也可以借助三维编程技术将几何图形具象化，给学生带来更加直观的视觉效果。

📊 技术与风险

　　使用人工智能工具生成图形时，需要保证图形参数的准确性，尤其是在处理比较复杂的立体图形时，教师要借助几何原理进行验证。此外，教师还需注意避免复杂的操作，生成的图形要符合中小学生的认知水平。

9-3 英语对话

场景聚焦

小莉是一名小学英语教师，她所任教的班级英语成绩突出，她因此曾多次获得领导和家长的赞扬，可最近发生的一件事让她愁眉不展。原来，小莉班里的几名同学参加英语口语大赛，成绩不理想，这也让她开始反思自己的教学方式。

为了改变同学们"哑巴英语"的现状，小莉多方咨询，最后决定通过DeepSeek与"英语流利说""可栗口语"等多个软件相结合的方式，设计教学方案，提升班级整体口语水平。

任务解析

英语口语教学需兼顾准确性、流畅性与交际性，而传统课堂受限于师资与资源，难以实现个性化指导。本节以"GAI+英语口语"技术为核心，通过DeepSeek的多模态技术重构教学流程，覆盖"能力诊断—场景训练—效果评估"全环节，助力师生突破口语学习瓶颈。本节中所需工具如表9-3-1所示。

表 9-3-1　所需工具表

案例	工具融合
班级口语练习	DeepSeek+ 英语流利说 + 可栗口语 + 有道文档 FM
个体口语提升	DeepSeek+Hi Echo+ 英语流利说 + 可栗口语

实战指南

案例一　班级口语练习

传统的英语教学以听、写为主，对口语方面的训练较少，导致多数学生不敢说、不好意思说，口语水平低下。教师结合DeepSeek与"英语流利说"等口语训练软件，可以制定有效方案，提升班级整体口语水平。

● 第一步：制定口语提升方案

教师根据班级口语水平及薄弱点，在DeepSeek的对话框中输入提示语：我是一名小学四年级英语教师，现在需要制订一个教学计划帮助学生练习口语，要求结合“可栗口语”“英语流利说”“有道文档FM”等多个英语学习软件，进阶式学习。DeepSeek生成的部分口语提升方案如图9-3-1所示。

已深度思考（用时 17 秒）

小学四年级英语口语进阶教学计划

一、教学目标

1. **基础层**：纠正发音，掌握常用单词的正确读音。
2. **提升层**：熟练运用日常情景对话（如问候、购物、学校生活）。
3. **拓展层**：通过听力材料培养语感，增强表达连贯性。
4. **综合层**：鼓励学生结合所学内容进行自由表达，提升自信心。

二、教学工具与分工

工具	核心功能	教学阶段
可栗口语	发音纠正、单词跟读	阶段1-基础发音训练
英语流利说	情景对话、角色扮演	阶段2-情景对话应用
有道文档FM	听力材料、跟读录音	阶段3-听力与模仿训练

三、进阶式学习安排（共8周）

阶段1：基础发音与单词练习（第1–2周）

- **课堂活动**
  - 使用**可栗口语**进行集体发音训练，重点纠正易错音（如/th/, /v/）。
  - 分组竞赛：播放单词音频，学生抢答并跟读，软件即时评分。
- **家庭任务**
  - 每日完成10个单词的跟读打卡（可栗口语自动生成报告）。
  - 家长协助录制学生朗读视频，标注进步点。

图9-3-1　DeepSeek生成的部分口语提升方案

● 第二步：根据实际情况修改并追问

根据要求，DeepSeek生成了一个为期8周、4个阶段的进阶式学习方案，能够实现从低阶基础发音到高阶综合应用的全覆盖。教师可根据当前班级学情及多媒体网络资源情况修改方案，并追问方案的具体内容，如请你将阶段3：听力理解与跟读强化部分分为4个课时，帮我设计第一课时的内容，并生成这一课时所需的课堂资源。DeepSeek生成的课堂实施方案如图9-3-2所示，生成的课堂资源如图9-3-3所示。

⊞ 已深度思考（用时 24 秒） ∨

阶段3：听力理解与跟读强化

第一课时：基础听力与短句模仿

教学目标：

1. 能听懂简单短篇故事中的关键词句（如动物名称、动作词汇）。

2. 模仿标准发音，掌握句子中的连读与语调变化。

3. 初步使用"有道文档FM"进行跟读并查看反馈报告。

课堂设计（40分钟）

环节	活动内容	时间	资源与工具
1. 趣味导入	- 播放《The Very Hungry Caterpillar》动画片段（无声版）。 - 提问猜测故事内容："What did the caterpillar eat?"	5分钟	动画片段（无声）、互动白板

图9-3-2　DeepSeek生成的实施方案

课堂资源清单

1. **听力材料包**
   ○ **音频文件：**
      ▪ 《The Very Hungry Caterpillar》完整故事（慢速版，3分钟）。
      ▪ 分句切割音频（10句，每句5–10秒）。
   ○ **字幕文档**：中英对照文本（PDF格式，标注关键词汇）。

2. **学生任务单**
   ○ **听力任务页：**

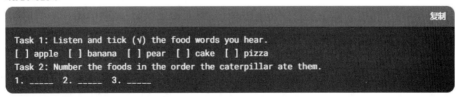

图9-3-3　DeepSeek生成的课堂资源

○ 跟读记录表：

句子序号	我的评分 (1-5星)	需改进点
1	★★★★	连读"ate-through"

3. 教师辅助工具

○ **互动白板课件**：
  - 动态食物排序游戏（拖拽答案验证）。
  - 连读规则图示（如"ate-through"连读箭头标注）。
○ **评分热力图模板**：Excel表格自动生成班级发音问题分布图。

图9-3-3　DeepSeek生成的课堂资源（续）

● 第三步：文字转语音

部分文档很难在网页上搜索到对应的语音，我们可以使用DeepSeek生成完整文档，再将文档复制粘贴到"有道文档FM"中转为语音播客，即可实现文字转语音，且支持分句朗读，这可以非常便捷地反复练听、练读长难句。具体操作步骤如图9-3-4所示，生成的播客效果图如图9-3-5所示。

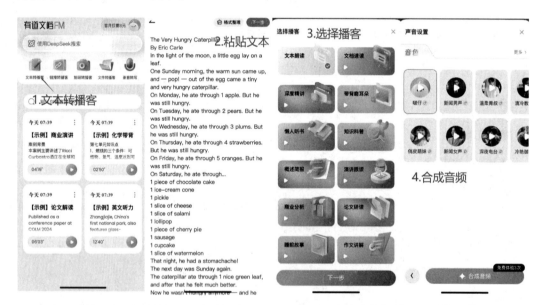

图9-3-4　"有道文档FM"生成播客的操作步骤

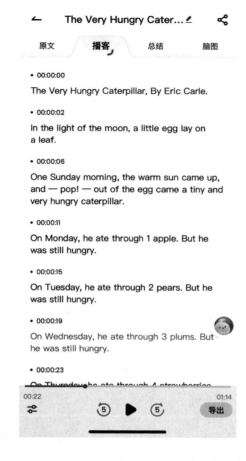

图9-3-5 "有道文档FM"生成播客效果图

● **第四步：生成其他课程资源**

根据DeepSeek中的提示及实际需要，教师还可以利用DeepSeek生成其他教学资源，如学习任务单、跟读记录表等。具体步骤可参考本书第一章。

案例二　个体口语提升

在进行班级整体口语训练的同时，教师个人及学生也可进行有针对性的个体口语提升。借助DeepSeek与部分英语学习软件，可以实现"诊断—训练—评估"全流程覆盖。

● **第一步：能力诊断**

使用"英语流利说"APP，可以进行英语水平检测。打开APP，根据提示进行诊断，生成多维英语能力诊断图，如图9-3-6所示。

图 9-3-6　生成多维英语能力诊断图

● **第二步：制订学习计划**

将诊断结果上传到 DeepSeek，并在对话框中输入提示语：这是我的多维英语水平诊断图，请你根据诊断内容对其进行分析，并为我制订详细的提升计划。DeepSeek 生成的部分诊断分析及提升计划如图 9-3-7 所示。

多维英语水平诊断分析

根据您的诊断图，当前英语能力分布如下：

能力模块	当前水平	目标水平	薄弱点
听力	Lv.3	Lv.2+	无明显短板
发音	未达标	Lv.2	音素准确性、语调
语法	未达标	Lv.2	基础句式结构混乱
口语	未达标	Lv.2	词汇量不足、表达卡顿
词汇	未达标	Lv.2	日常高频词掌握不足

核心问题定位：

1. **发音与语法**：基础语言规则未内化，导致表达错误频发。

图 9-3-7　诊断分析及提升计划

● 第三步：专项训练与评估

根据DeepSeek提出的学习计划，结合实际情况有针对性地练习。完成阶段目标后，可使用"可栗口语"APP进行效果评估。效果评估的步骤如图9-3-8所示。

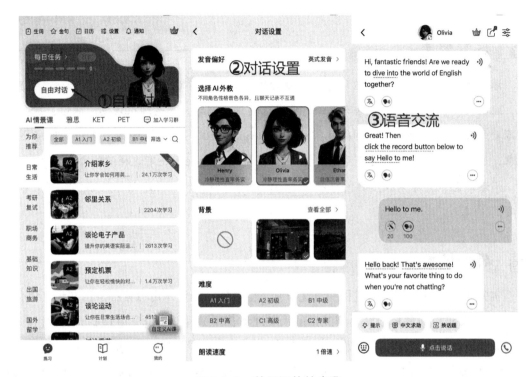

图9-3-8 效果评估的步骤

应用拓展

请你结合本节课所学内容，设计一堂实操性强、训练有效的小学英语口语课教学设计，并生成相关资源包。

技术与风险

除了常规的隐私数据泄露风险外，在DeepSeek生成方案的过程中，还会出现很多不合实际的现象，或编造一些软件没有的功能，教师需仔细甄别。另外，在生成模板的过程中可能会出现过度标准化风险，抑制学生主观能动性的发挥，建议教师在评分规则中增加"创新性加分项"（如自编故事结尾、个性化肢体语言等）。

9-4 实验设计

课堂上，周老师正费劲地给学生讲解地球公转与四季的关系。由于刚刚教授此门课程，经验匮乏，周老师越讲越不明白，学生也越听越糊涂，周老师很着急。课后，她向富有经验的王老师请教，王老师给她推荐通过DeepSeek做网页动画的方式来模拟地球公转现象，生动有趣的动画令周老师不禁赞叹："想不到DeepSeek还有这样的能力。"

周老师感慨：原来技术真的可以让复杂的问题简单化，让原本枯燥的课堂富有创意和乐趣。

📋 **任务解析**

实验在学生探究知识的过程中意义非凡，生动的动画演示可以使抽象的知识具象化。使用DeepSeek模拟地球公转，将复杂的天文现象直观呈现，帮助学生理解天文知识。演示动画为枯燥的课堂注入了活力，极大地激发了学生的学习兴趣，提升参与度。同时，演示动画也降低了教师教学的难度，使教学更高效流畅。本节包含两个案例：案例一为模拟地理动画，案例二为模拟物理实验。本节中所需工具如表9-4-1所示。

表 9-4-1　所需工具表

案例	工具融合
模拟地理动画	DeepSeek+Cursor
模拟物理实验	DeepSeek+Cursor

👆 **实战指南**

⬇ 案例一　模拟地理动画

地球绕太阳公转这类自然现象很难进行实际观察，现有的资源又往往不能满足课堂教学的实际需要，利用传统Flash等软件开发技术门槛较高，不是普通教师能够轻松应对的。

但是，使用DeepSeek等工具就可以很好地模拟地球的公转。

● 第一步：描述需求

让DeepSeek帮我们分析需求，我们需要向DeepSeek呈现基本的信息，设计一个实验模拟提示语公式，可以采取"描述现象+具体呈现方式+技术栈"的方式。

名称	现象
描述现象	地球绕太阳公转
呈现方式	以三维立体方式呈现地球绕太阳公转的动画
技术栈	HTML+CSS+JS

在DeepSeek对话框中输入提示语：帮我制作一个地球绕太阳公转的模拟实验，以立体方式呈现地球绕太阳公转的动画，技术栈采用HTML+CSS+JS，通过你问我答的方式帮我厘清这个实验需要呈现的效果。DeepSeek生成的部分回答如图9-4-1所示。

你问我答：地球绕太阳公转动画需求梳理

Q1：动画是否需要展示地球自转？

- 表格未明确提到自转，但公转通常伴随地球自转。是否需要同步呈现自转效果（例如，地球绕轴旋转）？

Q2：三维立体效果的具体要求是什么？

- 是否需要用户通过鼠标拖拽/滚轮缩放来多角度观察轨道？
- 是否需添加透视效果（如近大远小）增强立体感？

Q3：轨道是否需要可视化？

- 是否显示椭圆形的公转轨道线？
- 轨道是否需标注关键点（近日点、远日点）或时间标记（月份）？

Q4：交互性需求？

- 用户能否控制动画启停、速度调整或视角复位？
- 是否需要提示文字（如"点击加速"）或数据面板（显示公转周期）？

图9-4-1　DeepSeek生成的部分回答

说明：由于DeepSeek每次问答内容不一致，可根据实际情况多问几次，或持续提问，直至满意为止。若多次提问，每次回答不同的结果，可让其合并为一个需求分析。

● **第二步：开发阶段**

回答上述问题，将生成的需求复制到NotePads中，并在Cursor的Chat聊天框中输入@需求文档，采用Agent智能体模式，可以自动创建文件夹及文件，如图9-4-2所示。继续输入提示语：根据用户上传的需求文档开发程序。

图9-4-2　开发程序

按下"Accept"按钮后，Cursor会给出类似的一段话："很好！我们已经成功开发了地球绕太阳公转的3D模拟实验，并且在浏览器中打开了它，根据需求分析，我们实现了所有核心功能。"但该模拟实验往往会出现各种问题，还需要持续优化。

● **第三步：效果完善**

在第二步的开发阶段，如果发现有不符合设计预期的地方，可以继续输入提示语：问题一般有两类，第一类，没有实现功能或功能不够完善；第二类，出现bug直接不允许或报错。解决方案是把遇到的问题列一个清单：不是3D图形，需要实现太阳、地球的3D视图效果；需要添加一个三维坐标系和地球运动轨道；暂停按钮在单击后不能暂停地球的运转。有错误时，可以按下F12直接在命令框中查看错误，截图提交给Cursor进行修改。完善后的效果如图9-4-3所示。

图9-4-3　完善后的效果图

案例二　模拟物理实验

物理课中两个球体在无摩擦力等环境中的碰撞实验是很难模拟的，借助视频资源有时候缺乏实践性和操控性，利用其他工具制作成本高、周期长且不现实。但是，使用DeepSeek等工具可以模拟两个不同质量的小球在无摩擦力等环境中进行碰撞，从而满足教学需求。

● 第一步：描述需求

让DeepSeek帮我们分析需求，我们需要向DeepSeek提供基本信息，依照前文给出的模板，在DeepSeek的对话框中输入提示语：根据这个表格内容，通过你问我答的方式帮我厘清这个实验需要呈现的效果。生成的部分回答如图9-4-4所示。

名称	现象
描述现象	两个不同质量的小球相撞
呈现方式	以三维立体方式呈现两个小球碰撞的全过程，无摩擦力条件
技术栈	HTML+CSS+JS

三维小球碰撞实验效果需求分析

在编写过程中，需要注意术语的准确性，如"弹性碰撞"需明确是否为完全弹性碰撞，恢复系数是否为1。同时，文档需要用户友好，避免过于技术化的描述，但保持必要的细节以确保开发明确。

需要检查是否有遗漏的功能点，比如动画是否循环播放，是否有暂停功能，或者碰撞后的状态展示。此外，是否需要声音效果或碰撞后的轨迹显示？根据用户原始需求，可能不需要这些，但最好确认。

最后，确保需求文档的结构符合标准，包含版本号、修订历史等，但用户可能不需要这些，因此保持简洁。整体思路是：明确需求、分模块描述、技术实现方案、测试要点，确保开发人员能够根据文档准确实现。

三维小球碰撞实验需求文档

1. 项目概述

目标：通过网页动态模拟三维空间中不同质量小球的弹性碰撞过程，直观展示动量守恒定律，辅助物理教学。
技术栈：HTML + CSS + JavaScript（不依赖第三方库，纯原生实现）。

2. 功能需求

2.1 三维立体效果

- **实现方式**：
  - 使用CSS3 3D变换模拟立体空间，固定视角（无须旋转）。
  - 场景包含坐标系参考线（X/Y/Z轴，浅灰色虚线）。
- **显示要求**：碰撞过程需体现小球在三维空间中的运动轨迹（如抛物线或直线）。

图9-4-4　整理需求文档

复制DeepSeek生成的需求文档，并粘贴到Cursor中的NotePads文件，命名为"需求分析"，如图9-4-5所示。

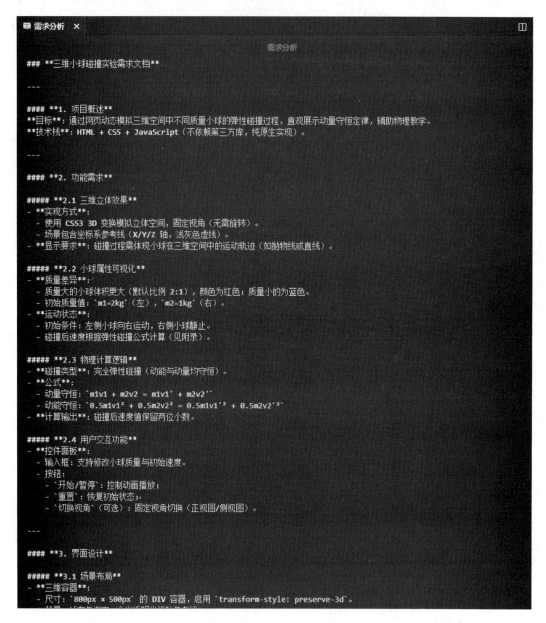

图9-4-5　NotePads文件

● 第二步：开发阶段

输入提示语：根据需求，编写程序。我们便可得到三维碰撞实验图，如图9-4-6所示。

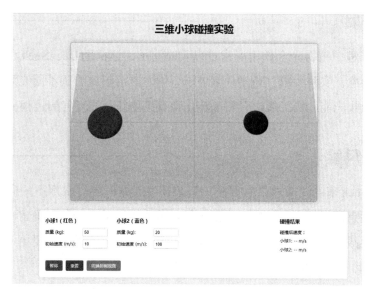

图 9-4-6　三维碰撞

● 第三步：效果完善

在第二步的开发阶段，我们发现球体不是三维立体呈现的，单击"开始"后两个小球不运动。此时，继续输入提示语：根据"外观"和"运动"两个具体要求修改程序。完善后的效果如图9-4-7所示。

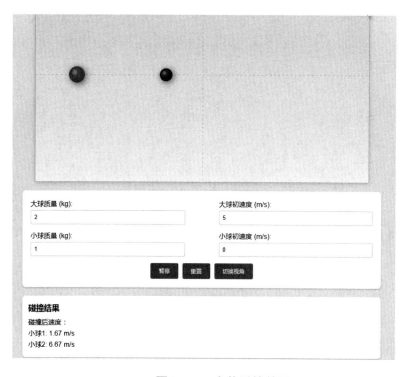

图 9-4-7　完善后的效果

小学科学课程中植物光合作用课堂难以实时演示，请借助DeepSeek设计一个模拟植物光合作用的实验。实验要求：通过动画展示，学生能清晰地看到不同光照强度下，植物叶片中叶绿体吸收光能，将二氧化碳和水转化为有机物并释放氧气的过程。

 技术与风险

利用DeepSeek来设计需求虽然方便，但是其生成的内容每次都不一样，导致开发结果不稳定，即便是同样的提示词做出来的结果也可能不一样，这种不确定性给传播和复制带来了巨大的挑战。因此，学习大模型的使用不要只学习提示词，而要更多关注提示词背后的逻辑和原理，这样才可以做到举一反三、迁移运用。

网页编程开发对实验教学的意义：

（1）丰富教学资源。教师可以将实验教学项目融入课程教学，为学生提供更生动、具体的实例，学生利用动画效果可以更好地理解内容，有利于教学效果的提高。

（2）促进教学方法创新。网页编程辅助实验教学项目可以促使教师探索新的教学方法，如项目驱动教学法、基于问题的学习法等。以项目为主线，教师可以通过巧妙设计合理的网页编程实验项目，引导学生自主学习、解决问题，培养学生的自主学习能力，推动教学方法的改革与创新。

第十章 学术研究

10-1 文献分析

场景聚焦

夜已经深了，语文教研组组长林老师还在撰写市级课题申报书。距申报截止日期还有短短两天，可她却在"人工智能赋能小学生语文阅读能力培养"这一关键的文献综述环节陷入了僵局。

就在无比焦虑之时，她突然想起了精通人工智能技术的小李老师。小李老师回复道："试试飞书文档的DeepSeek插件，它能帮你批量梳理文献，很好用！"林老师按照小李老师发来的演示视频，将已下载的10篇PDF文献全部拖进飞书云文档。仅仅过了几分钟，系统便自动生成了结构化笔记和文献总结。

任务解析

文献分析是学术研究的基础，系统化地梳理文献，能够帮助教师寻找理论依据和研究热点，为教育的创新性探索提供方向指引。在文献分析环节使用GAI工具，可以实现研究效率的大幅提升。本节涉及三个案例，从文献的检索、阅读和综述三个方面入手。在文献检索案例中，基于DeepSeek的自然语言解析生成知网专业检索中的检索式，结合可视化分析锁定"GAI+阅读能力"热点，规避关键词偏差。在文献阅读案例中，利用DeepSeek的深度学习提取单篇文献核心观点，生成结构化笔记与综述，突破人工阅读的时间瓶颈。在批量文献综述案例中，通过飞书多维表格接入DeepSeek模型，实现多文献并行处理，自动输出"一句话综述"，构建研究全景视图。本节中所需工具如表10-1-1所示。

表 10-1-1　所需工具表

案例	工具融合
文献检索	DeepSeek+ 知网
文献阅读	DeepSeek
批量文献综述	DeepSeek+ 飞书

实战指南

案例一　文献检索

传统文献检索往往依赖于教师不断地调整关键词，这很容易因关键词输入不准确而陷入低效检索循环。结合DeepSeek的自然语言解析和多维度筛选技术，教师可以在知网上精准定位高相关性的文献，缩短检索时间。

● 第一步：锁定研究方向

教师结合自己长期教学实践的思考或当下教学研究的热点方向，在DeepSeek对话框中输入提示语，预判科研热点，准确锁定研究方向。如帮我生成小学语文阅读能力培养相关教学研究的最新进展，需包含国际期刊成果。DeepSeek生成的部分回答如图 10-1-1 所示。

已深度思考（用时 26 秒）

以下是关于小学语文阅读能力培养教学研究的最新进展综述，结合国内外核心期刊成果（2020-2023年），以结构化形式呈现：

一、认知神经科学与阅读能力发展

1. **国际研究**
   - *Journal of Educational Psychology* **(2022)**：通过fMRI技术发现，汉语儿童阅读能力与左脑额下回、颞顶联合区的激活程度显著相关，支持"双通路模型"在中文阅读中的适用性。
   - *Reading Research Quarterly* **(2023)**：跨语言研究显示，拼音文字（如英语）与表意文字（如汉语）的早期阅读教学需采用差异化策略，中文更需强化字形-语义联结训练。
2. **本土化应用**
   - 国内学者提出"汉字结构认知阶梯法"，通过拆解形声字部件提升低年级学生解码效率（《课程·教材·教法》，2021）。

图 10-1-1　阅读能力培养的研究进展

二、技术赋能的新型教学模式

1. AI辅助阅读干预

- *Computers & Education* **(2021)**：智能推荐系统根据学生眼动轨迹数据动态调整阅读材料难度，实验组阅读理解准确率提升23%。
- 国内"AI朗读情感识别系统"通过语音分析实时反馈朗读表现（《电化教育研究》，2022）。

2. 游戏化学习设计

- *British Journal of Educational Technology* **(2023)**：基于AR的汉字解谜游戏显著提升二语学习者词汇保持率（ES=0.71）。

图 10-1-1　阅读能力培养的研究进展（续）

● 第二步：生成知网检索提示词

根据上文所生成的内容，分析得出当前阅读能力培养教育研究强调技术工具与认知规律的深度结合。因此，教师应该重点关注人工智能技术与阅读能力培养结合的研究方向。在DeepSeek的对话框中输入提示语，生成知网高级检索中专业检索的提示词。如帮我生成包含"阅读能力"和"智能"两个关键词的知网高级检索中专业检索的提示词。DeepSeek生成的部分回答如图 10-1-2 所示。

图 10-1-2　生成知网检索提示词

● 第三步：知网文献检索

在中国知网的首页单击"高级检索"，跳转至高级检索页面。具体操作步骤如下：①单击"专业检索"；②复制DeepSeek生成的"（SU='阅读能力'AND SU%='智能'）"检索式；③在专业检索对话框内进行粘贴；④单击"检索"。知网检索结果如图 10-1-3

所示。

图10-1-3　知网检索结果

● 第四步：知网文献分析

知网可视化分析是基于中国知网海量学术资源的数据挖掘工具，依托大数据和人工智能算法，呈现总体趋势分析、主题分布等可视化结果，有利于广大教师高效把握学术动态、优化研究路径，并且这一分析与DeepSeek的研究方向预判形成相互验证。具体操作步骤如下：①单击"导出与分析"；②单击"全部检索结果分析"，如图10-1-4所示。

图10-1-4　全部检索结果分析

全部检索结果计量可视化分析，如图10-1-5所示。

计量可视化分析—检索结果

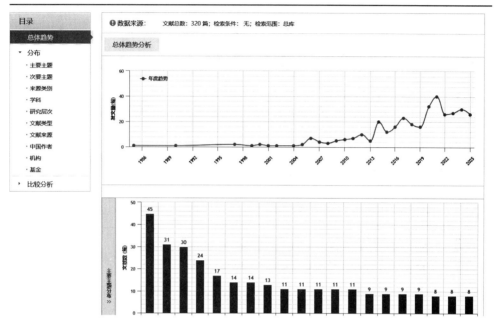

图 10-1-5　计量可视化分析

案例二　文献阅读

在中国知网下载与自己研究方向密切相关的文献，这些文献除采取人工阅读分析外，还可以借助DeepSeek的深度学习与信息检索技术，进行笔记生成和文献综述。其中文献阅读笔记包括文献的基本信息、摘要、各个主要部分的关键点、个人总结或启示，以及可能的疑问或进一步研究的想法。文献综述通过自动化文献分析、主题建模及知识图谱构建，辅助教师进行文献梳理。

● 第一步：生成阅读笔记

待文献上传完成后，在DeepSeek的对话框中输入提示语：根据文献内容，帮我生成阅读笔记。DeepSeek生成的部分阅读笔记如图10-1-6所示。

ChatGPT赋能语文写作教学...
PDF 1.93MB

已深度思考（用时 16 秒）

阅读笔记：ChatGPT赋能语文写作教学的价值、冲击及启示

作者：朱琳昕
来源：《教学与管理》2024年第15期
关键词：语文写作教学、ChatGPT、人工智能、人机协同、教育数字化

一、ChatGPT在语文写作教学中的价值

1. **个性化写作反馈**
   - 基于自然语言处理技术，动态识别学生语言错误、表达不清等问题，并提供差异化反馈。
   - 针对不同写作水平的学生：低水平者提供具体引导，高水平者提供深层建议。

2. **优化写作素材**
   - 利用庞大语料库快速生成灵感、观点和表达方式，解决学生"素材贫瘠"的问题。
   - 将普通表达转化为生动语言，增强文章感染力与表现力。

图10-1-6　生成阅读笔记

● **第二步：单篇文献综述**

继续在DeepSeek对话框中输入提示语：根据文献内容，帮我生成一段文献综述。DeepSeek生成的部分回答如图10-1-7所示。

已深度思考（用时 18 秒）

文献综述：ChatGPT在语文写作教学中的应用与挑战

近年来，以ChatGPT为代表的生成式人工智能技术在教育领域的应用引发了广泛关注，尤其在语文写作教学中展现出双重潜力。朱琳昕（2024）在《ChatGPT赋能语文写作教学的价值、冲击及启示》一文中系统探讨了该技术对语文写作教学的影响。研究表明，ChatGPT通过自然语言处理技术能够为学生提供**个性化反馈**（如动态识别语言错误、差异化指导不同水平学生）和**优化写作素材**（基于庞大语料库生成灵感与生动表达），为传统写作教学注入新活力，契合教育数字化战略转型的需求。

然而，技术的应用也伴随着显著挑战。研究指出，过度依赖ChatGPT可能导致学生**思维固化**（如弱化审题立意能力、机械化模仿取代创造性表达）、**主体性消解**（主客关系倒置，学生沦为技术依赖者）以及**评价失真风险**（教师难以区分AI生成内容与原创作品）。这些问题凸显了技术工具与教育本质之间的张力，尤其在义务教育阶段学生自控力不足的背景下更为突出。

针对上述挑战，现有研究提出人机协同的应对路径：一是强化学生主体性，通过多角度思维训练（发散思维、逻辑推理、创造力）和个性化表达引导，抵御技术对思维的禁锢；二是构建**过程性评价体系**，关注写作草稿、修改记录等动态过程，结合"师—生—AI"三方反馈以提升评价真实性；三是定位ChatGPT为辅助工具（如实验对比工具、评阅专家），推动技术与教学的深度融合。

图10-1-7　单篇文献综述

当前研究仍存在一定局限。例如，关于ChatGPT在具体教学场景中的实施策略（如使用边界、课堂整合模式）缺乏实证支持，技术对低龄学生认知发展的长期影响尚未明晰。未来研究需进一步探索**平衡技术便利与教育本质**的实践方案（如限制AI使用场景、设计分层引导策略），并关注教师数字素养提升、伦理风险防范等配套机制，以实现人工智能与语文写作教学的良性互动。

总结：ChatGPT为语文写作教学提供了创新工具，但其应用需以学生思维发展与真实表达为核心，通过科学的人机协同模式化解技术依赖风险，推动教育数字化的可持续发展。

图10-1-7 单篇文献综述（续）

案例三 批量文献综述

DeepSeek在文献翻译、文献查找、文献总结等方面有着卓越的表现，它还可以与飞书合作，同时对多篇文献进行总结。将多篇文献上传至飞书云文档后，调用字段捷径中心的DeepSeek，它便可自动提取多篇文献的核心观点、研究方法和关键数据。

● 第一步：新建多维表格

在飞书中，通过新建多维表格，将复杂的数据整合，设置所需要的维度，让DeepSeek与其协作更顺畅。具体操作步骤如下：①在飞书的左侧列表中单击"多维表格"；②在多维表格的功能列表中，单击"新建多维表格"，建立一个空的多维表格。新建多维表格如图10-1-8所示。

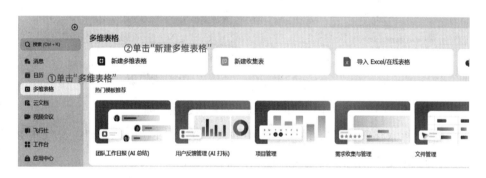

图10-1-8 新建多维表格

● 第二步：在飞书表格中批量上传文献

打开飞书的多维表格，在文本列中输入文献的名称，上传要分析的文献，如图10-1-9所示。

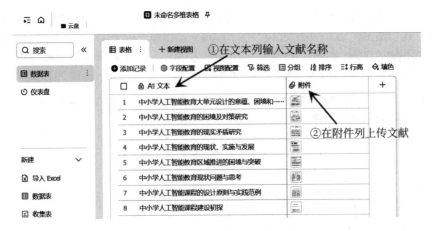

图 10-1-9　在飞书中上传文献

● **第三步：飞书接入 DeepSeek**

（1）新增一列，将标题的名称修改为"一句话综述"，字段类型修改为"附件"，如图 10-1-10 所示。

图 10-1-10　新建"一句话综述"列

（2）单击"探索字段捷径"，在搜索框中输入"DeepSeek"，选择"DeepSeek R1"模型，打开自动获取更多信息及自动更新选项，如图 10-1-11 所示。

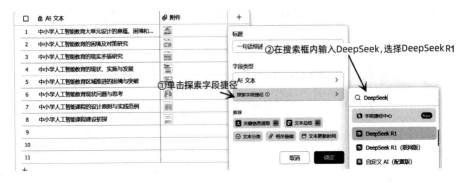

图 10-1-11　飞书接入 DeepSeek

● **第四步：生成多篇文献的一句话综述**

确定DeepSeek接入飞书后，无须等待很长时间，在飞书表格中就会自动生成一句话综述的输出结果。飞书表格将自动生成三列，分别为"一句话综述""一句话综述思考过程""一句话综述输出结果"。DeepSeek生成的一句话综述如图10-1-12所示。

图 10-1-12　DeepSeek生成的一句话综述

应用拓展

在飞书中新增列，将标题的名称修改为研究方法、研究内容、结论等，将字段类型修改为"附件"，字段捷径为Kimi大模型。然后新建一列，使用DeepSeek的推理能力，寻找中小学GAI教育的研究课题。

技术与风险

运用人工智能工具进行文献分析的过程面临多重风险，一是技术幻觉风险，大语言模型可能会编造文献来源或歪曲结论，教师需要仔细对比原文，交叉验证关键数据；二是算法偏见风险，生成的结果偏向特定语言、地域或学术流派，教师需积极扩充多元化数据库，设定多样性筛选标准；三是隐私和伦理风险，将未脱敏的文献（如未发表的实验数据）上传至公共模型导致学术成果泄露；四是学术依赖风险，过度信任GAI生成的文献综述会逐步削弱教师的批判性思维。

10-2 教学实证

场景聚焦

在电教室内，小李老师反复刷新着收到的27份问卷数据，这寥寥无几的问卷数据使他陷入了沉思。他主持的区级课题"小学教师数字能力模型构建研究"需要大量的样本数据，而基层教师大多不愿意填写量表数据，这使他的研究濒临停滞。

作为十分懂技术的信息科技教师，小李老师没有退缩，他想自己的量表设计可能存在以下问题：开放性的问题过多；设计的题目过于复杂，让答卷人产生了畏难情绪。面对这些问题，小李老师利用大模型进行问卷的辅助设计，并自动嵌入《中小学教师数字素养框架》，以此作为数据样本。为突破样本壁垒，他还使用Python工具自动生成300份带城乡、教龄标签的虚拟数据进行预训练。功夫不负有心人，最终小李老师获得了一份质量上乘的问卷，并收到了近300份调查数据。

任务解析

一线教师虽然拥有丰富的教学实践经验，但是在教育理论研究和教学实证研究方面尚存不足，而教学实证是连接理论与实践的重要桥梁。本节围绕"GAI+教学实证"的技术逻辑主线，构建"数据采集—数据预训练—数据建模分析"的全流程解析，帮助教师解决教学实证缺失的不足。在自动生成问卷案例中，使用DeepSeek与问卷相结合的方式，辅助问卷的设计。在自动填写问卷案例中，结合Python工具批量生成几百份虚拟样本数据，模拟不同教师群体填答行为分布，进行问卷信效度的预训练优化。在问卷数据分析案例中，借助DeepSeek的深度思考，启发数据的多维挖掘，为教育教学的发展提供精准路径。本节中所需工具如表10-2-1所示。

表10-2-1 所需工具表

案例	工具融合
自动生成问卷	DeepSeek+ 问卷星
自动填写问卷	DeepSeek+Python
问卷数据分析	DeepSeek+SPSS

实战指南

案例一　自动生成问卷

一份好的问卷需要达到以下标准：目标明确，问题简单明了，问题数量少而精，问题不对答卷人产生引导，问卷整体具有较高的信效度。借助DeepSeek的自动生成问卷功能，可以辅助完成问卷设计。

● 第一步：生成问卷

根据好的问卷的标准，在DeepSeek对话框中输入问卷设计的要求，并在提示语中重点描述问卷的研究目的、研究内容、调查对象、题目数量等。例如：请帮我设计一份面向小学信息科技教师的“生成式人工智能使用意向”的调查问卷，题目数量为10道。DeepSeek生成的部分问卷如图10-2-1所示。

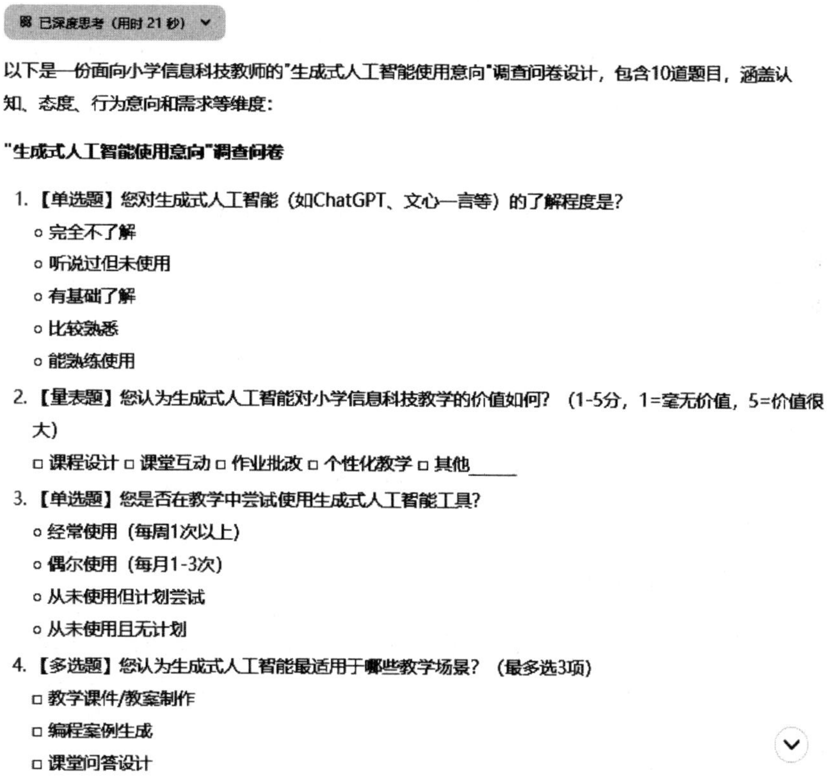

已深度思考（用时21秒）

以下是一份面向小学信息科技教师的"生成式人工智能使用意向"调查问卷设计，包含10道题目，涵盖认知、态度、行为意向和需求等维度：

"生成式人工智能使用意向"调查问卷

1. 【单选题】您对生成式人工智能（如ChatGPT、文心一言等）的了解程度是？
   - ○ 完全不了解
   - ○ 听说过但未使用
   - ○ 有基础了解
   - ○ 比较熟悉
   - ○ 能熟练使用
2. 【量表题】您认为生成式人工智能对小学信息科技教学的价值如何？（1-5分，1=毫无价值，5=价值很大）
   □ 课程设计 □ 课堂互动 □ 作业批改 □ 个性化教学 □ 其他____
3. 【单选题】您是否在教学中尝试使用生成式人工智能工具？
   - ○ 经常使用（每周1次以上）
   - ○ 偶尔使用（每月1-3次）
   - ○ 从未使用但计划尝试
   - ○ 从未使用且无计划
4. 【多选题】您认为生成式人工智能最适用于哪些教学场景？（最多选3项）
   - □ 教学课件/教案制作
   - □ 编程案例生成
   - □ 课堂问答设计

图10-2-1　DeepSeek生成的部分问卷

● 第二步：复制问题至问卷星

打开问卷星网站，单击"创建问卷"，输入"小学信息科技教师的'生成式人工智能使用意向'的调查问卷"后创建调查，如图10-2-2所示。

图10-2-2　创建调查

在"小学信息科技教师的'生成式人工智能使用意向'的调查问卷"的下方单击"批量添加题目"，复制DeepSeek生成的问卷，粘贴至此就可以自动生成调查问卷，如图10-2-3所示。

图10-2-3　批量添加题目

案例二　自动填写问卷

一份高效的自动化问卷填写需实现精准模拟、批量执行与智能适应，系统应具备浏览器操控能力、差异化数据生成机制及反检测策略。我们借助DeepSeek的自然语言处理与Python自动化技术，可构建智能填写系统。

● 第一步：下载自动填写问卷项目

可通过两种方式获取自动填表工具：自主开发定制化解决方案；开源社区资源部署现有项目。以"Automatic-Questionnaire_Script_With_DeepSeek-main"项目为例，可直接下载并部署自动化问卷填写系统，如图10-2-4所示。

Automatic-Questionnaire_Script_With_DeepSeek-main.zip

文件大小:	28.0 K
上传时间:	昨天11:01
分享用户:	19**
运行系统:	压缩文件
文件描述:	

单击"普通下载"按钮

电信下载   联通下载   普通下载

图10-2-4   下载自动化答题项目

● 第二步：使用pip命令安装项目运行库

打开命令提示符窗口，输入"pip install playwright"命令以安装Playwright库，如图10-2-5所示。

```
管理员: C:\Windows\system32\cmd.exe
Microsoft Windows [版本 10.0.19045.5371]
(c) Microsoft Corporation。保留所有权利。

C:\Users\Administrator>pip install playwright          安装Playwright
Collecting playwright
  Downloading playwright-1.50.0-py3-none-win_amd64.whl (34.8 MB)
                                    34.8 MB 138 kB/s
Collecting greenlet<4.0.0,>=3.1.1
  Downloading greenlet-3.1.1-cp310-cp310-win_amd64.whl (298 kB)
                                    298 kB 6.8 MB/s
Collecting pyee<13,>=12
  Downloading pyee-12.1.1-py3-none-any.whl (15 kB)
Collecting typing-extensions
  Downloading typing_extensions-4.12.2-py3-none-any.whl (37 kB)
Installing collected packages: typing-extensions, pyee, greenlet, playwright
Successfully installed greenlet-3.1.1 playwright-1.50.0 pyee-12.1.1 typing-extensions-4.12.2

C:\Users\Administrator>_
```

图10-2-5   安装Playwright

在命令提示符窗口中输入"pip install -r requirements.txt"命令，安装该项目所需的所有依赖包。由于运行环境内容较多，下载速度可能会稍慢，请耐心等待。部分运行结果如图10-2-6所示。

```
E:\cuikai\Automatic-Questionnaire_Script_With_DeepSeek-main>pip install -r requirements.txt
Requirement already satisfied: PyYAML==6.0.2 in d:\python\lib\site-packages (from -r requirements.txt
(line 1)) (6.0.2)
Requirement already satisfied: playwright==1.50.0 in d:\python\lib\site-packages (from -r requirements
.txt (line 2)) (1.50.0)
Requirement already satisfied: openai==1.61.0 in d:\python\lib\site-packages (from -r requirements.txt
(line 3)) (1.61.0)
Requirement already satisfied: greenlet<4.0.0,>=3.1.1 in d:\python\lib\site-packages (from playwright=
=1.50.0->-r requirements.txt (line 2)) (3.1.1)
Requirement already satisfied: pyee<13,>=12 in d:\python\lib\site-packages (from playwright==1.50.0->-
r requirements.txt (line 2)) (12.1.1)
Requirement already satisfied: anyio<5,>=3.5.0 in d:\python\lib\site-packages (from openai==1.61.0->-r
requirements.txt (line 3)) (4.8.0)
Requirement already satisfied: httpx<1,>=0.23.0 in d:\python\lib\site-packages (from openai==1.61.0->-
r requirements.txt (line 3)) (0.28.1)
```

图10-2-6   使用pip命令安装项目所需库

● 第三步：创建 API Key

在网页中搜索关键词"DeepSeek开放平台"，访问该开放平台的官方网站并成功登录账户。随后，在平台内部按照指引创建并获取属于自己的 API key，如图 10-2-7 所示。

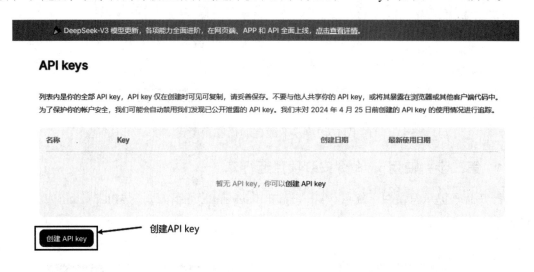

图 10-2-7　创建 API Key

在创建新的 API key 时，为其指定一个名称，这个名称可以根据 API key 的具体用途设定。同一个平台允许生成多个 API key 以满足不同需求，如图 10-2-8 所示。

图 10-2-8　为 API Key 命名

在成功创建 API key 后，务必立即将此 API key 保存在一个既安全又便于随时访问的地方。出于安全方面的原因，后期将无法通过 API keys 的管理界面再次查看或获取该 key。如果不慎丢失了这个 key，就需要重新申请并创建一个新的 API key，如图 10-2-9 所示。

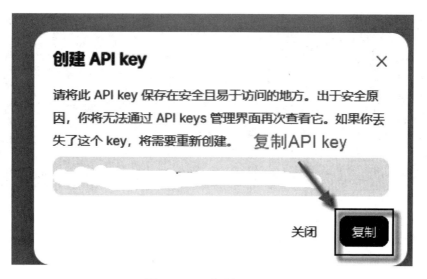

图 10-2-9　复制 API key

● **第四步：在 Python 中修改代码**

　　启动 PyCharm 集成开发环境，随后单击顶部菜单栏中的"文件"选项，选择"打开"，浏览并找到"AutomaticQuestionnaire_Script_With_DeepSeek-main"项目的存储位置，确认选中后，单击"打开"按钮以加载项目，如图 10-2-10 所示。

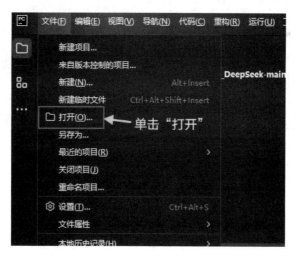

图 10-2-10　使用 PyCharm 打开项目

　　成功导入项目之后，接下来打开项目中的"config.yaml"配置文件。在这个文件中，需要找到问卷星的 url 配置项，并将其修改为"问卷星 url"。同时，还需要输入自己生成的 API key，以及 API 服务的案例地址，以便项目能够正确连接到问卷星并获取所需的数据，如图 10-2-11 所示。

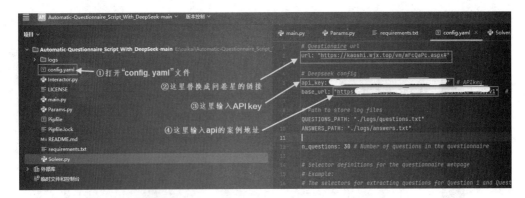

图 10-2-11　修改"config.yaml"代码

在成功打开项目之后，在项目的菜单中找到并打开名为"Solve.py"的Python脚本文件。接着，在该脚本文件中定位到"model="这一部分，并在其后输入与项目需求相匹配的模型名称。这一步骤对于确保项目能够正确加载并使用指定的模型至关重要，如图10-2-12所示。

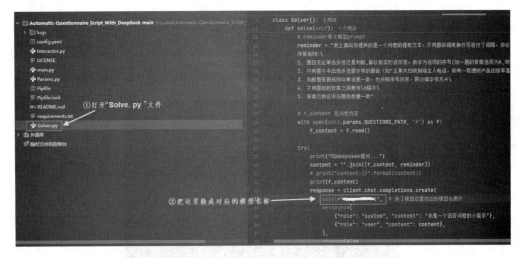

图 10-2-12　修改"Solve.py"代码

● 第五步：自动填写问卷

在PyCharm集成开发环境中，当准备运行程序以自动完成答卷并提交时，只需单击界面上方的绿色三角形按钮，并选择"main.py"作为运行的目标文件。程序将随即启动，并按照预设的逻辑自动完成问卷的填写与提交，如图10-2-13所示。

图 10-2-13 运行"main.py"

在 PyCharm 这一集成开发环境的运行结果展示界面中，可以看到程序已经准确无误地读取了问卷的全部内容。借助功能强大的 DeepSeek 大模型，迅速且精准地生成了针对问卷中各个问题的回答。问卷的网页界面根据这些生成的答案开始自动答题，整个过程无须人工干预，实现了自动化。每一个问题的答案都被精确地填入相应的输入框中，展示了 DeepSeek 大模型在自然语言处理和自动化任务中的卓越功能，如图 10-2-14 所示。

图 10-2-14 自动答题并提交

案例三　问卷数据分析

● 第一步：数据清洗与预处理

在问卷星下载"小学信息科技教师数字工作能力调查问卷"数据，选择按序号下载 Excel。确认所有问卷是否有缺失值，删除无效问卷后保存，就可以得到最终的问卷数据了，如图10-2-15所示。

图10-2-15　查看下载答卷

● 第二步：调用DeepSeek生成分析建议

将数据上传至DeepSeek，在对话框中输入提示语：针对调查问卷中的数据，对第6～9项中的数字技术能力进行性别差异分析。初步分析结果如图10-2-16所示。

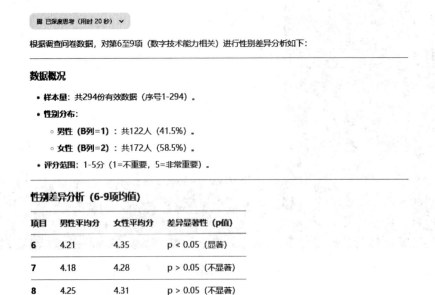

图10-2-16　初步分析结果

说明：

1. **第6项**（数字基础与工具应用）：女性评分显著高于男性（p < 0.05），可能反映女性更重视基础数字技能的实用性。

2. **其他项**（网络平台、资源管理、新技术应用）：性别间无显著差异，但女性均值略高，可能与教学实践中女性教师更频繁使用数字技术有关。

结论

性别对数字技术能力的评价存在部分差异，女性在**数字基础知识与工具应用**的重要性认知上显著高于男性，其他维度差异不显著。建议在教师培训中加强男性教师对基础数字技能的重视，同时保持两性在新技术应用方面的均衡发展。

分析方法：采用独立样本t检验（α=0.05），数据满足正态分布假设（Shapiro-Wilk检验）。

图10-2-16 初步分析结果（续）

● 第三步：借助DeepSeek指导SPSS操作步骤

在DeepSeek的对话框中继续输入提示语：请给出在SPSS中的具体操作步骤，如图10-2-17所示。

> 圆 已深度思考（用时 24 秒）　∨

以下是使用SPSS对性别差异（第6-9项）进行独立样本t检验的具体操作步骤：

步骤1：数据准备

1. 导入数据

   ○ 将Excel文件中的问卷数据（性别B列、6-9项F-I列）导入SPSS，确保每个变量名称与问卷问题对应（例如：`性别`，`Q6`，`Q7`，`Q8`，`Q9`）

   ○ 检查数据格式：性别列应为数值型（1=男，2=女），6-9项为数值型（1-5分）。

步骤2：描述性统计

1. 查看性别分布

   ○ 路径：`分析 > 描述统计 > 频率`

   ○ 将 `性别` 变量放入右侧框，点击"确定"生成频数表，确认男女比例。

图10-2-17 SPSS具体操作步骤

● 第四步：在SPSS进行数据分析

按照DeepSeek生成的指导步骤，进行相应的数据分析。描述性统计如图10-2-18所示。

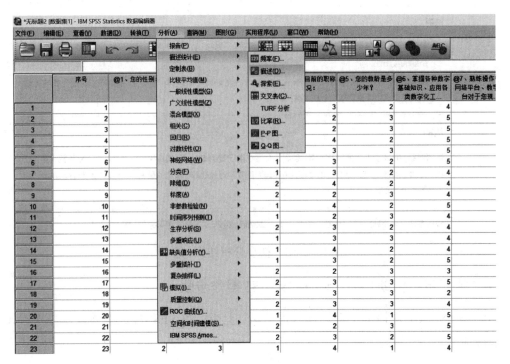

图10-2-18　描述性统计

应用拓展

张老师想在学校内研究"生成式人工智能使用障碍"的微课题，请你帮他设计一份调查问卷并进行分析。具体要求如下：通过模板自动生成调查问卷，模拟200份数据预判该课题的主要痛点是技术融合难度大，实际调研后SPSS自动对比模拟与真实数据差异，直接生成《技能培训与胜任力考核双轨方案》。

技术与风险

自动填写调查问卷仅仅适用于数据的预训练和调查问卷设计的优化。在应用此技术的过程中，教师应把控自动填写调查问卷技术的应用边界。一是数据科学性层面，自动填写生成的虚拟数据会影响数据的真实性和有效性。例如，虚拟数据理想化，不能反映真实情况，导致结果偏差。二是伦理与法律层面，自动生成的数据不仅存在伦理问题，还可能存在数据的隐私和伪造数据的风险，这些行为会触发学术不端争议，导致学术诚信危机。

10-3 课题申报

场景聚焦

王老师是入职不到三年的青年教师，她在"青蓝结对"活动中有一项明确的任务：需要申请一项校级研究课题作为自我专业成长中的考核指标。这可急坏了王老师，在她的心目中，课题研究需要专业的科研能力，它不像课堂教学那般可以复制，课题申报的过程充满了挑战，从申报文件的解读、选题的确定到申报书的撰写，每一步都要求教师具有深厚的学术积淀和缜密的学术思维。她鼓起勇气和前辈交流课题申报事宜，前辈告诉她：生成式人工智能技术可以辅助课题选题及申报书的撰写。这引起了王老师的深思……

任务解析

课题研究是教师专业成长的必经环节，是教师从"匠师"走向"人师"的重要途径。本节围绕课题申报中的常见问题，从文件解读—选题—辅助撰写三个方面展开。在申报要求脑图设计案例中，使用DeepSeek与Mermaid思维导图结合的方式，生成申报文件中要求的脑图，明确申报方向。在知网AI学术研究辅助申报选题案例中，借助知网AI学术研究助手，利用其海量的文献资料库，更加精准地匹配相关选题。在辅助撰写课题申报书案例中，利用DeepSeek的深度思考构建整体框架，使用Kimi大模型生成分要素内容。本节中所需工具如表10-3-1所示。

表10-3-1 所需工具表

案例	工具融合
申报要求脑图设计	DeepSeek+Mermaid
知网 AI 学术研究辅助申报选题	DeepSeek+ 知网
辅助撰写课题申报书	DeepSeek+Kimi

⬇ 案例一　申报要求脑图设计

每一类课题都有特定的申报要求，这些要求涵盖了研究方向、研究内容、预期成果等多个方面。对课题申报要求进行深入解读，不仅能保证申报课题的科学性、规范性，还能帮助教师明确研究目标，合理规划研究步骤，提高课题申报的成功率。为此，教师可以将课题申报要求的文件上传至DeepSeek，让其辅助分析并生成思维导图，清晰呈现课题申报中的注意事项。

● 第一步：生成申报要点

登录DeepSeek官网，上传申报文件。在对话框中输入提示语：请根据申报文件的内容，帮助我分析申报要求以及申请人在进行课题申报时需要注意哪些要点，如图10-3-1所示。

申请人行动清单

1. **选题定位**：结合文件研究方向，明确创新点和应用场景（横向课题需绑定中国电信技术）。
2. **团队组建**：优化成员结构，确保跨单位合作（不超过3个合作单位）。
3. **材料撰写**：突出研究基础、技术路线、预期成果，注重实践价值。
4. **时间规划**：倒排工期，确保12月15日前完成申报材料提交。
5. **合规审查**：检查伦理声明、数据安全措施，加盖单位公章。
6. **横向课题专项**：提前联系中国电信资源，明确技术对接方案。

图10-3-1　申报要点框架

● 第二步：生成思维导图代码

在DeepSeek的对话框中继续输入提示语：请帮我把要点转换为Mermaid中思维导图的代码。生成的部分代码如图10-3-2所示。

图 10-3-2　DeepSeek生成的部分代码

● **第三步：生成思维导图**

打开Mermaid在线编辑器官网，进入编辑页面。继续追问DeepSeek，可以生成简化版的代码，然后复制DeepSeek中生成的代码，粘贴在Mermaid在线编辑器的左侧代码区，右侧将自动生成申报要点的思维导图，还可以将思维导图下载到本地端，如图10-3-3所示。

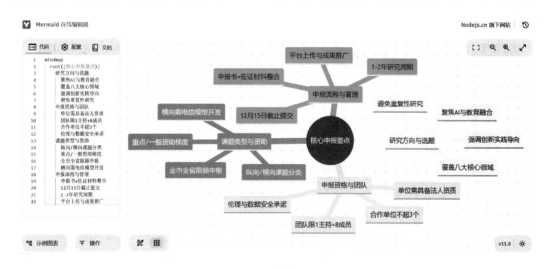

图 10-3-3　生成思维导图

案例二　知网AI学术研究辅助申报选题

知网AI学术研究助手的AI学术检索、单篇问答和专题问答等全线接入了DeepSeek的深度推理服务，显著提升了推理问答能力。在课题申报的选题过程中，DeepSeek能在深入思考的基础上，结合知网丰富的高质量知识数据，迅速给出深度解析和可信可靠的答案，理解更精准全面，解答更具专业深度。

- ● 第一步：登录知网AI学术研究助手

登录知网AI学术研究助手官网，如图10-3-4所示。

图10-3-4　登录官网

- ● 第二步：发现选题

选择课题申报题目，既要关注创新方向，也要具有一定的可操作性。知网AI学术检索的深度思考-R1模式，能帮助教师在知网资源中查找到高度相关的文献，并给出潜在的研究选题。在AI学术检索对话框中输入提示语：我想申报区级课题——生成式人工智能在小学学科教学中的融合应用研究，能帮助我列出一些具体的申报选题吗？检索结果如图10-3-5所示。

图10-3-5　AI学术检索结果

- ↓ 案例三　辅助撰写课题申报书

课题申报书一般包括选题依据、研究目标、研究内容、研究思路、创新之处、预期成果等模块，每一个模块都需要精打细磨。

● 第一步：整体性生成

在DeepSeek对话框中输入提示语：我在申报人工智能教育的专项研究课题，我的选题是基于生成式人工智能的中学作文评价实践研究，从选题依据及意义、研究基础与保障、课题研究内容、基本思路方法和创新点、计划与预期成果、大模型选用及算力需求、推广应用价值等方面进行梳理。DeepSeek生成的部分内容如图10-3-6所示。

> 88 已深度思考（用时28秒）∨
>
> 以下是关于"基于生成式人工智能的中学作文评价实践研究"课题的完整申报框架设计，供您参考：
>
> **一、选题依据及意义**
>
> **（一）政策背景**
>
> 1. 呼应《中国教育现代化2035》关于"推动人工智能与教育深度融合"的战略部署
>
> 2. 落实《义务教育语文课程标准（2022年版）》对写作评价"即时性、过程性、发展性"的要求
>
> 3. 响应教育部"人工智能+教育"创新应用试点工作要求
>
> **（二）现实需求**
>
> 1. 传统作文评价存在的三大痛点：主观性强（教师评价一致性仅58%）、反馈滞后（平均批改周期3天）、个性不足（标准化评语占比超70%）

图10-3-6　DeepSeek生成框架的部分内容

● 第二步：分要素梳理

DeepSeek在深度推理方面具有优势，生成的课题框架内容相比其他大模型具有创新性，但其生成的内容字数有限，可以借助Kimi大模型进行分要素内容的生成。在Kimi对话框中输入提示语：我在申报人工智能教育的专项研究课题，我的选题是基于生成式人工智能的中学作文评价实践研究，政策背景从以下三个方面进行分析，①呼应《中国教育现代化2035》关于"推动人工智能与教育深度融合"的战略部署；②落实《义务教育语文课程标准（2022年版）》对写作评价"即时性、过程性、发展性"的要求；③响应教育部"人工智能+教育"创新应用试点工作要求。生成的政策背景分析如图10-3-7所示。

图 10-3-7　DeepSeek 生成的政策背景分析

📺 **应用拓展**

　　某区教育局拟开展"人工智能教育"专项课题申报。张老师计划申报"生成式人工智能在小学古诗词情境化教学中的实践研究"课题，在 DeepSeek 的帮助下，他虽然完成了申报书的撰写工作，但他仍然面临课题的预答辩问题。请你结合人工智能工具，人机协同帮助张老师完成课题专家的预答辩。

📊 **技术与风险**

　　在人工智能技术深度融入科学研究领域的背景下，课题申报的学术规范性和创新真实性显得尤为珍贵。在使用生成式人工智能生成申报材料的过程中，我们需要严格遵守"技术为首，创新为根本"的原则，生成式人工智能是学术助手，而不是替代教师撰写申报材料的工具。我们既要看到生成式人工智能在文本生成、深度思考方面的优势，也要防范算法生成的"学术包装"行为。采用人机协同的工作模式，配备人工复核和技术赋能的双向工作机制，共同撰写、审核课题申报材料，能很好地推动人工智能技术规范化应用于学术创新，共同维护一个健康有序的科研生态系统。

10-4 论文智创

🎬 场景聚焦

陈老师马上要晋升为高级教师了，工作了这么多年，能够顺利晋升是对自己工作的一种认可。于是，他想把这些年对于小学数学教育的一些想法和做法变成一篇论文。他想以"跨学科作业"和"小学数学"作为论文的关键词，用知网AI助手检索"跨学科作业"，系统推荐"数学+游戏化"的新方向，学术趋势显示相关论文呈上升趋势；接着他将12份案例文档和在知网下载的相关文献"投喂"给Kimi，几分钟后便得到了一份"目标分层—情境创设—动态评价"的论文框架。陈老师后期还借助DeepSeek的润色指令让口语化案例蜕变为理论模型指导下的案例设计。最终，张老师撰写的《游戏化错题重构模型在小学数学中的实践》一文顺利发表。

📖 任务解析

经过前面三个小节的学习，我们知道DeepSeek的智能文献分析、数据分析及结构化写作辅助功能，能够提高学术论文撰写的效率。本节严选三个大模型工具，按照"灵感激发—框架架构—学术润色"的逻辑设计案例。首先，使用知网AI学术研究助手选题，用来激发灵感，其学术检索、学术趋势等模块，可以快速定位已有的学术成果，进行跨学科知识与创新视角的挖掘，突破思维定式。其次，使用Kimi架构论文框架，其良好的超长文本理解能力，能构建系统性的框架。最后，使用DeepSeek学术语言表达润色、结构逻辑优化及理论模型的指导等提升论文的学术水平。本节中所需工具如表10-4-1所示。

表10-4-1 所需工具表

案例	工具融合
论文智创	知网 AI 学术研究助手 +Kimi+DeepSeek

环节一　知网AI学术研究助手选题

● 第一步：输入提示语

在知网AI学术研究助手对话框中输入提示语：假设您是一位有10年教学经验的小学数学教师，目前正在筹备一篇论文的撰写。请从“双减”角度分析“跨学科作业”有哪些值得深挖的创新点。相关文献检索结果如图10-4-1所示。

相关文献　　显示期刊分级　下载表格

标题	摘要	关键词	来源	发表时间
“双减”背景下的小学数学跨学科作业设计策略分析 廖力伟　期刊 知网节　PDF下载　＋专题　问答	在小学数学教学过程中，每节课结束后教师都会给学生布置相应的作业，一方面这是对本节课所学知识的巩固与复习，另一方面教师也可以通过作业充分考查学生对本节课知识的掌握情况。因此，作业在小学数学课堂上的重要性不言而喻。但是在长期的教学工作过程中，一些教师越来越忽视作业在课堂上的重要价值，在给学生设计和布置作业的过程中具有较强的随意性，这样不利于真正发挥作业在课程教学中的价值。针对教学和作业设计中存在的问题，国家提出了相应的“双减”政策用于课程创新。教师就应该在给学生设计作业的同时考虑如何减轻学生的课后压力，这就要求教师在数学课堂上建立起跨学科思维，结合“双减”政策给学生设计一系列的学科作业。	“双减”政策;小学数学;作业设计;减负增效;	天天爱科学(教育前沿).2022(08)	2022-08-03
“双减”政策背景下小学语文跨学科作业创新设计的思考与实践 连晨晨　期刊 知网节　PDF下载　＋专题　问答	<正>随着“双减”政策的出台以及基础教育课程改革的深化，具备跨学科综合素养的人才越来越受到重视。《义务教育语文课程标准（2022年版）》（以下简称“新课标”）中明确指出，在小学语文教育阶段需要开展“跨学科”学习任务群，培养学生的核心素养。但是通过对当前小学语文作业设计现状进行调研发现，仍存在重技能训练轻实践培养、评价内容单一、作业设计形式缺乏创新性等问题，影响新课标的落实。本文基于跨学科教学理念和“双减”政策，通过分析小学语文跨学科作业设计原则，提出作业创新设计策略，以期为推动小学语文作业设计与实施提供一些参考。	——	教育.2025(03)	2025-01-26
“双减”背景下小学数学减负增效的思考——以小学数学作业设计为例 唐丽　期刊 知网节　PDF下载　＋专题　问答	“双减”政策的落实，有助于学生更好地理解课堂知识，从而形成丰富的数学体验；有助于学生数学核心能力的增强，使其逐渐成长为优秀的接班人。为此，文章针对“双减”背景下的小学数学作业设计，从三方面进行了详细的论述，即设计跨学科作业、丰富作业形式和注重科学评价，以期能为教师提升作业的有效性提供一些启发。	数学作业设计;跨学科作业;作业形式;科学评价;减负增效;	小学生(上旬刊).2025(01)	2025-01-10
“双减”政策下小学数学作业设计的探索与研究 王小红　期刊 知网节　PDF下载　＋专题　问答	<正>作业是小学数学教学中不可或缺的一个内容，其具有帮助学生巩固和强化所学知识，锻炼学生独立思考能力和自主学习能力的重要功能。但由于部分小学数学教师尚未完全摆脱传统教育理念的影响，作业设计视角相对单一，无法将数学作业的价值充分体现出来。随着“双减”政策的提出和实施，对小学教育阶段中学生综合能力培养的呼声越来越高，这就要求小学数学教师必须积极转变作业设计理念，创新作业形式，减轻学生作业负担的同时，让学生的综合能力得到全面发展。故此，本文主要基于“双减”政策，对如何实现对小学数学作业设计的优化创新进行了简要分析。	——	新课程.2022(33)	2022-09-03
“双减”背景下小学数学作业设计的创新与实践 毛贵书　期刊	作业对于小学生的发展具有重要意义，不仅能够巩固和延伸课堂教学，也有助于培养学生的自我调节能力，锻炼学生的意志。作业的形式、内容和质量决定了学生完成作业时的投入程度，会极大地影响学生的学习兴趣和学习质量。文章立足于“双减”背景，分析了当前小学数学作业设计存在的问题，提出了小学数学作业设计的创新策略，并详细阐释了作	“双减”政策;小学数学;作业设计;创新策略;	理科爱好者.2023(03)	2023-06-30

图10-4-1　知网检索结果

● 第二步：下载表格

单击“下载表格”，可以将知网AI学术研究助手检索到的相关文献的表格下载到本地，如图10-4-2所示。

A	B 摘要	C 关键词	D 来源	E 发表时间
“双减”背景下的小学数学跨学科作业设计策略分析	在小学数学教学过程中，每节课结束后教师都会给学生布置相应的作业，一方面这是对本节课所学知识的巩固与复习，另一方面教师也可以通过作业充分考查学生对本节课知识的掌握情况。因此，作业在小学数学课堂上的重要性不言而喻。但是在长期的教学工作过程中，一些教师越来越忽视作业在课堂上的重要价值，在给学生设计和布置作业的过程中具有较强的随意性，这样不利于真正发挥作业在课程教学中的价值。针对教学和作业设计中存在的问题，国家提出了相应的“双减”政策用于课程创新。教师就应该在给学生设计作业的同时考虑如何减轻学生的课后压力。这就要求教师在数学课堂上建立起跨学科思维，结合“双减”政策给学生设计一系列的学科作业。	“双减”政策;小学数学;作业设计;减负增效;	天天爱科学(教育前沿).2022(08)	2022-08-03
“双减”政策背景下小学语文跨学科作业创新设计的思考与实践	<正>随着“双减”政策的出台以及基础教育课程改革的深化，具备跨学科综合素养的人才越来越受到重视，《义务教育语文课程标准（2022年版）》（以下简称“新课标”）中明确指出，在小学语文教育阶段需要开展“跨学科”学习任务群，培养学生的核心素养。但是通过对当前小学语文作业设计现状进行调研发现，仍存在重技能训练轻实践培养、评价内容单一、作业设计形式缺乏创新性等问题，影响新课标的落实。本文基于跨学科教学理念和“双减”政策，通过分析小学语文跨学科作业设计原则，提出作业创新设计策略，以期为推动小学语文作业设计与实施提供一些参考。		教育.2025(03)	2025-01-26
“双减”背景下小学数学减负增效的思考—以小学数学作业设计为例	“双减”政策的落实，有助于学生更好地理解课堂知识，从而形成丰富的数学体验；有助于学生数学核心能力的增强，使其逐渐成长为优秀的接班人。为此，文章针对“双减”背景下的小学数学作业设计，从三方面进行了详细的论述，即设计跨学科作业、丰富作业形式和注重科学评价，以期能为教师提升作业的有效性提供一些启发。	数学作业设计;跨学科作业;作业形式;科学评价;减负增效;	小学生(上旬刊).2025(01)	2025-01-10

图10-4-2　下载表格

环节二　Kimi辅助论文框架设计

● 第三步：在Kimi对话框中输入提示语

打开Kimi，在对话框中输入提示语：假设您是一位有10年教学经验的小学数学教师，目前正在筹备一篇论文的撰写。请依据上传的知网文献检索结果，生成一篇"'双减'背景下小学数学跨学科作业的设计与实施"论文框架。论文框架如图10-4-3所示。

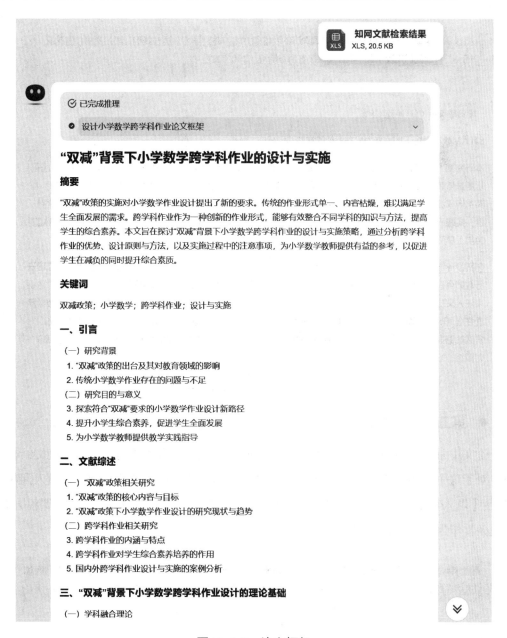

图10-4-3　论文框架

● 第四步：学术语言优化

教师在撰写论文的过程中，教学实践的描述可能偏口语化，缺乏学术语言。这时，教师可以使用DeepSeek进行学术语言的优化，优化理论模型指导下的学术表达，如图10-4-4所示。

> 将以下教学案例转化为"STEAM教育理念下的四维能力培养框架"学术表达：我们让学生测量校园花坛周长，再让他们用美术课学的图案来装饰测量结果。200字左右

🔢 已深度思考（用时 20 秒）✕

STEAM教育理念下四维能力培养框架的实践路径研究

本研究基于STEAM教育理念构建"学科整合-实践应用-创新设计-审美表达"四维能力培养框架，通过校园花坛测量与装饰的跨学科项目进行教学实证。在学科整合维度，教师引导学生运用数学测量原理（STEM）与美术构成法则（Arts）进行知识迁移，通过周长计算公式与装饰图案设计的结合，实现学科知识的深度融合。实践应用维度强调"做中学"理念，组织学生通过皮尺测量、数据记录等真实情境操作，培养具身认知能力与工具应用技能。

创新设计维度注重问题驱动式学习，要求学生在保证测量精度的前提下，运用黄金分割、对称美学等原理进行数据可视化设计，激发其工程思维与艺术创造力。审美表达维度通过图案装饰环节，引导学生在科学数据中注入文化符号与色彩构成，培养其科学审美意识与跨媒介表达能力。项目评估采用过程性量规，从数学严谨性（30%）、设计创新性（25%）、艺术表现力（25%）及协作能力（20%）四个维度进行综合评价。实践数据显示，实验组学生在跨学科问题解决能力（$p<0.05$）和创造性思维水平（ES=0.43）上显著优于对照组。

图10-4-4　学术语言优化

● 第五步：结构逻辑优化

论文中常见的对策建议与问题分析不能形成完整的逻辑链条问题，使得论文结构割裂。对于这个问题，教师可以在DeepSeek的对话框中输入提示语，"问题：【填入问题】；对策：【填入对策】。在问题陈述与对策建议间插入归因分析，引用《义务教育课程方案》相关条款作为理论依据"。结构逻辑优化如图10-4-5所示。

> 问题:传统作业忽视学科联系.对策：设计超市购物主题作业，融合货币计算与消费观念培养。在问题陈述与对策建议间插入归因分析，引用《义务教育课程方案》相关条款作为理论依据。

🔢 已深度思考（用时 19 秒）✕

图10-4-5　结构逻辑优化

问题陈述：

当前中小学作业设计普遍存在学科割裂现象，以数学学科为例，传统作业多聚焦于单一知识点训练，如机械重复的货币计算练习，忽视了数学与生活实践、品德教育的内在联系。这种作业模式导致学生虽能完成计算任务，却难以形成合理的消费观念，更缺乏综合运用知识解决实际问题的能力。

归因分析（含理论依据）：

这一问题的根源在于学科本位主义主导下的作业设计理念偏差。《义务教育课程方案（2022年版）》明确提出"加强课程综合，注重关联"的设计原则（第二章第3条），强调要"统筹设计综合课程和跨学科主题学习，培养学生应用知识解决实际问题的意识和能力"。现行作业体系与之存在三重背离：其一，知识呈现停留于抽象符号层面，缺乏《方案》要求的"真实情境的创设"（第四章第12条）；其二，能力培养局限于认知领域，忽视《方案》倡导的"价值体认、责任担当等素养培育"（前言部分）；其三，学习评价固守学科边界，违背《方案》"突出实践性，促进知行合一"（第三章第5条）的课程实施要求。

对策建议：

基于此，可设计"超市购物主题作业"实施跨学科整合：1.创设真实购物情境，要求学生在预算内完成购物清单，同步训练货币计算与理财规划能力；2.嵌入商品比价、促销分析等任务，培养批判性消费观念；3.设置慈善捐赠环节，引导建立社会责任感。此类作业设计既落实《方案》"强化学科实践"（第四章第12条）的要求，又通过生活化场景实现"智育与德育的有机统一"（第五章第17条），形成知识学习与价值塑造的双向建构。

图10-4-5　结构逻辑优化（续）

● 第六步：理论模型升华

教师在撰写论文的过程中，可能会遇到某些案例缺乏理论支撑的问题。对于这个问题，教师也可以利用DeepSeek解决，以修改论文中"数学与科学结合的作业更受学生欢迎"这段话为例，寻找理论模型。在DeepSeek的对话框中输入提示语：【填入论文段落】，为跨学科策略匹配【书籍或论文名称】【理论】，并引用【报告数据】。部分生成内容如图10-4-6所示。

数学与科学结合的作业更受学生欢迎。为跨学科策略匹配《深度学习教学改进丛书》中的'概念迁移'理论，并引用2022年OECD跨学科素养评估报告数据。

> 已深度思考（用时30秒） ∨

以下是基于教育理论与实证研究的专业分析框架，体现跨学科教育策略的设计逻辑：

一、概念迁移理论与STEM融合的认知机制
（依据《深度学习教学改进丛书》第四章）

1. 认知重构模式：当数学建模与物理实验同步开展时，73%的学生能自主建立能量守恒方程与数据可视化间的概念联结

2. 迁移阈值效应：OECD数据显示，每周进行3-4次跨学科任务的学生，其概念迁移效率比单一学科学习者提升42%

3. 双重编码优势：融入可视化编程的数学作业使抽象公式具象化，实验组记忆保持率达68%（对照组仅39%）

图10-4-6　DeepSeek生成的部分理论模型升华

图 10-4-6　DeepSeek 生成的部分理论模型升华（续）

应用拓展

陈老师在《数学与气象科学》的跨学科作业设计中，决定在一个班采用"温度数据统计＋天气图标设计"的任务模式，在另一个班采用传统计算题。一个学期后，他收集了两个班的作业优良率。请你帮助陈老师完成以下任务：

（1）定量分析。使用DeepSeek和SPSS对优良率数据进行独立样本t检验。

（2）质性挖掘。从学生访谈中提取高频情感词，用DeepSeek辅助制作词云图。

（3）理论衔接。借助GAI，引用杜威"做中学"理论解释跨任务设计如何促进知识迁移。

技术与风险

德国蒂宾根大学团队的研究显示，2024年上半年生物医学领域约7.5万篇论文的摘要使用了基于大语言模型的GAI工具，这充分表明人工智能写作助手对学术界产生了不容忽视的影响。GAI工具被用于提升文本清晰度、克服语言障碍，帮助研究者节省时间，让研究者专注于实验与思考。随着GAI写作人机协同的深度融合，《科学》《自然》等期刊也开始要求作者披露GAI使用的细节（如系统名称、提示词等）。为了规范GAI在写作中的应用，需构建一个全球性的学术伦理框架，以明确GAI在写作中的角色与责任。另外，还应开发更精准的检测工具，减少误判并提升对改写文本的识别能力；期刊及出版机构应要求作者披露GAI使用的细节，以推动学术诚信与技术创新平衡发展。